Sun Bear und Wabun Wind

Die Erde liegt in unserer Hand

SUN BEAR und WABUN WIND

DIE ERDE LIEGT IN UNSERER HAND

Eine Vision unseres Planeten

Aus dem Amerikanischen
von Sibylle Weingart

Goldmann Verlag

Der Goldmann Verlag
ist ein Unternehmen der Verlagsgruppe Bertelsmann

1. Auflage

Satz: IBV Satz- und Datentechnik GmbH, Berlin
Printed in Germany · Presse-Druck Augsburg
ISBN 3-442-30565-9

Ich widme dieses Buch dem Großen Geist
und der Mutter Erde,
allen Angehörigen des Bärenstammes,
die für die Verwirklichung meines Traumes
arbeiten und mit besonderem Dank und
in Liebe Jaya Houston.

Inhalt

2. Buch
HELLER TAG

ANHANG

Danksagung

Ich möchte den vielen Menschen auf der ganzen Welt danken, die mich mit Information für dieses Buch versorgt haben. Ich verdanke den Kontakten mit der Welt der Geister unseres Volkes sehr viel; sie schenkten mir Visionen und halfen mir, das Vorbild in der Vergangenheit zu finden, das in die Zukunft weist.

Herzlicher Dank gebührt auch Matt Ryan, der als Herausgeber der Zeitschrift *Wildfire* und aus persönlicher Verantwortlichkeit viele der Informationen über die Veränderungen auf der Erde für mich sammelte, sowie Dr. James Demeo für seine hervorragende Veröffentlichung *Pulse of the Planet.* Ich möchte auch all meinen Schülern und Freunden danken, die mir Informationen zusandten.

Viele Leute halfen Wabun Wind und mir während der verschiedenen Phasen, die dieses Buch durchlaufen hat. Mit Dawn Songfeather Davies' sehr kompetenter Hilfe konnten wir das Manuskript schneller fertigstellen, als es eigentlich unser Plan vorsah. Gaia, Jim Gavitt und Chuck Engler halfen uns, das Manuskript zu tippen und zu korrigieren.

Wir danken auch dem Verleger und dem Lektorat des Goldmann Verlages, mit deren Unterstützung es sich schließlich in das vorliegende Buch »Die Erde liegt in unserer Hand« verwandelte. Jerry Chasen hat uns sehr bei der

Vertragsarbeit geholfen, ein herzliches Dankeschön an ihn und an Mark Ryan, den Verleger von Bear Tribe Publishing.

Wabun möchte allen Menschen danken, die ihr bei der Arbeit an diesem Buch geholfen haben, als sie in Peru war.

Schließlich danken wir dem Design Team für den wunderschönen Umschlag.

1. Buch
Dunkle Dämmerung

1
Die natürliche Gestalt der Erde

Wenn wir die Veränderungen verstehen wollen, die sich zur Zeit auf unserer Mutter Erde vollziehen, müssen wir unseren Umgang mit der Erde vollkommen neu überdenken. In der Vorstellung der nordamerikanischen Indianer ist die Erde Mutter alles Lebendigen – nicht nur des Menschen, sondern der gesamten Schöpfung. Die Indianer, wie auch alle anderen Naturvölker, glauben, daß alle Wesen – Steine, Pflanzen, Tiere, Geister – dasselbe Recht auf Dasein und Leben haben wie der Mensch.

Sie versuchen, in Harmonie mit der Natur zu leben, nicht aber, sie gewaltsam zu bezwingen. Ihre Philosophie lehrt, daß wir niemals etwas von der Erde nehmen, ohne zuerst ein Gebet dafür gesprochen zu haben. Bevor wir auf die Jagd gehen, sprechen wir Gebete und versuchen, Zeremonien des Dankes zu vollziehen. Bevor wir ein Tier töten, sagen wir: »Ich muß dir das Leben nehmen, kleiner Bruder, kleine Schwester, damit ich selbst am Leben bleibe. Du stirbst, doch auch für mich wird die Zeit kommen, mein Leben der Erde zurückzugeben. Und so nehme auch ich am Zyklus des Lebens teil. Mein Körper wird Nahrung für Pflanzen, Tiere und Insekten sein. So wird aus meinem Weiheopfer neues Leben entspringen.«

Wenn wir eine Pflanze brechen, nehmen wir niemals die

erste, auf die wir stoßen. Für uns ist sie ein Vorfahr, und so sprechen wir zu ihr: »Wir kommen zu deinem Pflanzenvolk, um uns davon zu ernähren oder um daraus Heilmedizin zu bereiten. Wir weihen dir ein Opfer und bitten, daß ihr, du und deinesgleichen, immer auf der Erde leben werdet.« Nach diesem Gebet können wir von den umstehenden Pflanzen ihrer Art einige nehmen, aber nur so viele, wie wir brauchen.

Wir folgen dem heiligen Pfad. Und leben in der Sicherheit, daß genug von allem für die nächste Generation vorhanden sein wird.

Die Philosophie aller Naturvölker basiert auf diesen Grundlagen. Sie schreibt vor, niemals zu töten, was nicht zur Nahrung benötigt wird. Kein einziges Leben darf sinnlos vergeudet werden. Dies ist ein Teil unserer Religion, unserer Kunst, in Gleichklang mit der Erde zu leben. Als die ersten Europäer nach Nordamerika kamen, verwahrten die Indianer ihre heiligen Medizinräder an geweihten Orten. Und sie feierten in religiösen Handlungen alle Teile der Schöpfung.

Dem heiligen Weg zu folgen, heißt in vollkommener Harmonie, in völliger Ausgeglichenheit zu leben, den vollkommenen Rhythmus von Geben und Nehmen zu leben. Wir besingen dies in unseren rituellen Tänzen. Nur so kann die Erde geheilt werden.

Wenn die Blätter zu Boden fallen, nähren sie die Erde und die anderen Pflanzen, die dort wachsen. Von den keimenden Gräsern und Pflanzen werden die Frösche satt, die später von anderen Vierbeinern gefressen werden. Ein Pakt, eine geheime Übereinkunft verbindet alle Lebewesen. Er bildet die Grundlage für Ausgeglichenheit und Harmonie auf der Erde.

Seit Tausenden von Jahren sagen die Naturvölker: »Dies ist unsere Mutter Erde. Du kannst nicht immer nur von ihrer Fülle nehmen, du mußt ihr auch wieder etwas davon zurückgeben. Du darfst nicht nur immer nehmen. Du sollst deine Gebete sprechen und nur das nehmen, was du wirklich brauchst. Du mußt eine harmonische und ausgewogene Verbindung zur Erde erhalten.«

Wir fühlen, daß alle lebende Natur, die uns umgibt, mit Intelligenz begabt ist und genauso viele Rechte auf ein irdisches Dasein hat wie wir. Für uns ist die Mutter Erde ein lebendes, denkendes Wesen.

Heute müssen wir erneut über diese Weltanschauung nachdenken, denn sie ermöglichte den Indianern, auf dem nordamerikanischen Kontinent gut 20000 Jahre zu überleben.

Als die Europäer auf diesen Kontinent kamen, erschien er ihnen als wunderschöne, noch unberührte Wildnis, als wahres Paradies. Als die ersten Europäer auf das Territorium der heutigen Vereinigten Staaten kamen, lebten dort etwa drei Millionen Indianer. Als die Europäer Anfang des 20. Jahrhunderts den Völkermord an der indianischen Nation beendet hatten, gab es noch etwa 300000 Indianer. Seitdem ist unser Volk wieder gewachsen: auf mittlerweile ungefähr 1250000 nordamerikanische Indianer.

In den vierhundertfünfzig Jahren seit der »Landnahme« durch die Europäer wurde der nordamerikanische Kontinent von zahllosen ökologischen Katastrophen überrollt. Sieh nur, was in dieser Zeitspanne passierte, und frage dich selbst nach den Gründen.

Nachdem die Europäer unser Land erobert hatten, gingen wir Indianer zu ihnen und zeigten ihnen, wie sie die Felder bestellen sollten. Wir säten Saatkorn, Bohnen und Kürbis und vermischten die Reste eines Fisches mit den Samenkörnern in der Erde. Eindringlich erklärten wir den Europäern: »Ihr müßt der Erde Nahrung geben.« Sie aber antworteten: »Das ist nur Brauch bei Wilden.« Sie begriffen überhaupt nicht den Sinn dessen, was wir ihnen zu erklären suchten.

Erst nachdem die Erosion in den Staaten von Neuengland gewütet hatte, wurde den neuen Siedlern allmählich bewußt, was wir sie hatten lehren wollen. Als sich beispielsweise 1930 der große Sandsturm erhob, der die fruchtbare Bodenschicht von Tausenden Morgen Land davontrug, bezeichneten sie uns immer noch als Wilde. Wir Indianer aber nannten sie »Weizen-Wilde«, denn sie hatten ein Jahr nach dem anderen Weizen angebaut, bis sie damit den Boden in einem Gebiet zerstört hatten, der nun so ausgelaugt war, daß hier nichts mehr gedieh.

Dieser tragische Fehler hat sich immer wiederholt. Wach auf, Bruder! Wir müssen lernen, der Erde, die ein lebendes Wesen ist, Liebe und Respekt zu erweisen, wir müssen *jetzt* den heiligen Pfad beschreiten!

Zu Beginn des 19. Jahrhunderts kamen die Vertreter der amerikanischen Regierung zu Joseph, Häuptling der Nez-Percé-Indianer, und versuchten ihn zu überreden, ihnen sein Land zu verkaufen. Er schaute über die Weite seines Landes und sprach: »Die Erde ist unsere Mutter. Wir können unsere Mutter nicht verkaufen.«

Später verleitete ein General einen christlich missionierten Indianerstamm dazu, den Vertrag anzunehmen, indem dessen Angehörige behaupteten, das Recht zu haben, das Land von Josephs Sippe zu verkaufen. Der General kam also wieder zu Häuptling Joseph und sprach: »Du mußt dieses Land verlassen. Du besitzt es nicht mehr, Joseph.«

Häuptling Joseph zeigte auf einen Hügel, auf dem Pferde weideten, und fragte zurück: »Wessen Pferde sind dies?«

Der General antwortete: »Es sind deine Pferde, Joseph.«

»Hast du meine Pferde gekauft?« fragte Joseph weiter.

»Nein«, erwiderte der General.

»Wenn du also nicht meine Pferde gekauft hast«, schloß Joseph, »wie kannst du den Boden unter meinen Füßen erwerben, ohne daß ich ihn dir zum Verkauf angeboten hätte?«

Indianische Geschenke

Diese vollständig unterschiedlichen Vorstellungen von Land verursachten Konflikt über Konflikt zwischen Indianern und Europäern. Die Indianer hatten die Europäer zuerst freundlich aufgenommen und sie wie Könige behandelt. Unser Glauben gebietet uns, einen Fremden so zu behandeln, als sei er der Große Geist in Menschengestalt. Dies ist der Charakter echter indianischer Gastfreundschaft, die uns bis heute heilig ist. Als die Indianer jener Zeit also auf Fremde trafen, machten sie ihnen Geschenke. Doch die Menschen von jenseits des Großen Wassers sprachen verächtlich: »Diese dummen, zurückgebliebenen Wilden halten uns doch tatsächlich für Gottheiten!« Der Hochmut überkam sie, denn sie konnten unsere heiligen Werte nicht verstehen.

Die eigentliche Wurzel des Problems ist eine völlig unterschiedliche Auffassung, eine gänzlich andere Lebensphilosophie, die letztlich all die Zerstörung um uns verursacht hat.

Anfangs baten die zunächst nicht sehr zahlreichen Europäer die Indianer, mit ihnen zu teilen. Sie flehten die Indianer an, ihnen, den armen Einwanderern, doch ein Stückchen Land zu geben, damit sie wieder ein Zuhause hätten. Die Gastfreundschaft der Indianer war groß. Sie sprachen: »Ja, ihr seid unsere Brüder. Wir haben eine gemeinsame Mutter, hier habt ihr Land.« Nach einiger Zeit wollten sich die Europäer damit nicht mehr zufriedengeben. Und wieder ersuchten sie die Indianer: »Zieht noch ein Stück weiter, wir brauchen mehr Land.«

Während die Einwanderer so die indianische Gastfreundschaft im Übermaß beanspruchten, begannen sie, die Indianer mit Gewalt von ihrem Land zu vertreiben. Sie fingen an, oft unter Androhung von Gewalt, mehr und mehr Land zu besetzen. So vollzog sich die Geschichte.

Die Indianer konnten lange Zeit nicht begreifen, was die Siedler unter Landbesitz verstanden. Sie dachten, die Europäer würden das Land auf dieselbe Weise nutzen wie sie, was beinhaltete, daß auch andere Menschen dieses Land betreten durften. Bald brach Streit wegen dieser unterschiedlichen Auffassungen aus, und die Europäer fingen an, Indianer sogar zu töten. Die Indianer aber gingen, um weitere Konflikte zu vermeiden, zurück zu ihren Ursprungsgebieten, in denen sie früher gefischt und Beeren gesammelt hatten; auf diese Weise glaubten sie, weitere Konfrontationen mit den neuen Siedlern verhindern zu können.

Anfangs hatten die Indianerhäuptlinge den Europäern Geschenke gemacht, um sie zu ehren. Als diese aber sahen, wie die Europäer die Indianer töteten, forderten sie ihre Geschenke zurück. »Ihr habt unsere Geschenke nicht in Ehren gehalten. Ihr habt euch nicht als Freunde erwiesen.«

Dies ist die indianische Antwort auf die Gewohnheit der Europäer, Verträge oder Vereinbarungen zu brechen. Diese Ereignisse bewiesen dem indianischen Volk, daß das Geschenk der Freundschaft oder eines Stück Lands für den Empfänger keinen Wert mehr besaß.

Jedes kleinste Stück Land ist dem Indianer heilig. Als die europäischen Siedler das Land nahmen, verstanden sie dessen heiligen Charakter nicht. Sie achteten das Land nicht, und deshalb leisteten die Indianer ihnen erbitterten Widerstand. Ich habe gelesen, daß der Tod eines einzigen Indianers die amerikanische Regierung das Leben von acht Armeesoldaten kostete, die bald überall im ganzen Land kämpften.

Spanier beschrieben die Indianer als »Volk mit gebräunter Haut, das wußte, wie man zu sterben hatte«. Viele Indianer zogen es eher vor zu sterben, als sich zu ergeben.

Zu der Zeit, als die Europäer sich überall auf dem amerikanischen Kontinent breitmachten, zerstörte der europäische Siedler im Durchschnitt den Boden dreier Farmen. Er rodete die Waldflächen, ließ die Baumstämme achtlos auf der Erde liegen oder zündete sie an und verbrannte so den wunderschönen Urwald, damit er an seiner Stelle Getreide anbauen konnte. Dies geschah beispielsweise in den Staaten von Neuengland. Man kann hier noch heute Landstriche finden, in denen alte Steinmauern das Unterholz durchziehen. Diese Steinmauern waren die Grenzmarkierungen von Farmen, die zuerst bewirtschaftet, später aber verlassen wurden.

Diese Menschen entzogen dem Boden seine ganze Kraft. Sie verschwendeten keine Gedanken an eine besondere Pflege des Bodens oder auf spezifische Anbauweisen. Ergebnis war, daß sie schon bald weiter westwärts ziehen mußten. Und wieder fällten sie die Wälder, und wieder töteten sie die Indianer. Diese Politik massiver Abholzung und des Völkermords ist der berühmte »ruhmvolle« Zug nach Westen.

Als die Siedler in die großen Ebenen kamen, trafen sie auf die dort lebenden Büffelherden und ließen ihre landwirtschaftliche Tätigkeit für einige Zeit ruhen. In einer Zeitspanne von etwa 40 Jahren machten diese »amerikanischen Helden« etwa 50 Millionen Büffel nieder. Warum? Weil dies ihnen einfacher schien und außerdem mehr Geld einbrachte als die Landwirtschaft.

Zuerst töteten sie diese Tiere wegen ihrer Felle und Zungen, die im westlichen Teil des Landes und in Europa hoch bezahlt wurden.

Als schließlich die Eisenbahnstrecken gebaut waren, schossen viele Menschen aus einer Art sportlichem Ehrgeiz auf die Büffel, ließen die toten Tiere in der Prärie liegen und verrotten. Sie töteten bis zu 1000 Büffel auf einer einzigen dieser »sportlichen Exkursionen«. Sie benutzten diese wunderschönen Tiere als lebende Zielscheiben für ihre Schießübungen. Dies zeigt, wie die Europäer mit dem Land der Indianer und mit seinen Bewohnern umgingen.

Als die Einwanderer endlich im westlichen Teil der Vereinigten Staaten angelangt waren – an der Westküste von Oregon nahe Tillamock oder im reizvollen Willamette Valley – wollten sie sich nicht lange mit Rodungsarbeiten aufhalten, um das Land bebauen zu können. Sie schnitten tiefe Löcher in diese wundervollen Kiefern und Tannen, von denen manche über hundert Meter hoch waren. Der Lebenssaft dieser Bäume strömte aus tiefen Wunden, und anschließend legten diese wahrhaft »heldenhaften« Eroberer Feuer an die Stämme. Die Bäume verwandelten sich in lebende Fackeln und starben an ihrem eigenen brennenden Pech.

Auf diese Weise brannten die Siedler Tausende Morgen Wald nieder, um den Boden zu bestellen. Die europäischen Einwanderer zerstörten die herrlichen Bäume, ohne sich um die weiteren Folgen zu kümmern. Sie rodeten auch die Bergspitzen, ohne sich um eine Wiederaufforstung zu sorgen, die ja noch mal extra Geld gekostet hätte. Wenn du heute den Westen der Vereinigten Staaten überfliegst, kannst du all die baumlosen Bergspitzen sehen. Die Bäume wurden gefällt, nichts ist an ihrer Stelle gepflanzt worden.

Schließlich an der Westküste angelangt, hatten die Siedler nicht nur ihre Methoden der Entwaldung verfeinert, sondern auch ihr Verhalten gegenüber den Indianern. Sie erschossen sie nun nicht mehr, sobald sie ihrer ansichtig wurden – sie luden sie vielmehr zum Mahl ein. Sie sagten dann: »Besucht uns zu einem Festessen!« Sie mischten aber Gift in die Speisen. Die Indianer, die dort aßen, wurden augenblicklich krank und starben. Falls einer versuchte, sich zu retten, wurde er von seinen Gastgebern erschlagen. Dies war eine ihrer Methoden, das Indianerproblem zu lösen. Und auch dies ist ein Teil des berühmten Zuges nach Westen, über den bis heute so viel romantischer Kitsch verbreitet wird.

Die ganze Schöpfung

Bevor wir Indianer je daran denken, ein neues Element in unser Leben zu bringen, sprechen wir ein Gebet. Wir fragen: Welchen Einfluß wird dies auf unser Leben haben? Welchen Einfluß wird dies auf den Rest der Schöpfung haben? Welchen Einfluß wird dies auf unsere Beziehung zum Schöpfer und alle späteren Generationen haben?

Diese Fragen müssen wir uns stellen, bevor wir uns erlauben können, unseren Lebenspfad um ein neues Stück zu erweitern. Wir wissen, daß wir nicht nur um unserer selbst willen hier sind. Wir sind verantwortlich für all das, mit dem wir in Kontakt treten. Dem muß Rechnung getragen werden. Dies lehrt man uns schon in unserer Kindheit.

Das gilt auch, wenn wir in die Schwitzhütte gehen. Schon beim Eintritt sprechen wir die Worte: »Ich danke euch, all meine Verwandten.«

Wir meinen damit alle anderen Teile der Schöpfung auf der Erde; sie alle sind unsere Verwandten. Wir drücken ihnen unsere Dankbarkeit aus. Auch wenn wir eine heilige Pfeife stopfen, danken wir der ganzen Schöpfung, denn wir wissen, jeder und jedes lebt wie wir. Wir besitzen ein altes Wissen, daß alles mit allem verbunden ist. Wir bemühen uns, dessen immer bewußt zu sein.

Viele Menschen wollen heute die Verbindung aller Dinge und Geschöpfe auf der Welt nicht erkennen und lehnen die Verantwortung ab, die mit solch einer Erkenntnis einhergeht. Wir Indianer versuchen, die aufgeschlossenen Menschen zu erreichen und ihnen Lehrer zu sein. Das ist unsere Aufgabe, wenn auch heute noch immer eine schwierige Arbeit.

Ich wünsche mir von ganzem Herzen, daß mehr Menschen die Vorgänge auf unserem Planeten verstehen. Ich versuche, dir eine Botschaft und ein Verständnis dessen zu vermitteln, damit du anfängst zu lernen, wie du weiterleben kannst, wie du weiter am Leben bleiben kannst.

Ich spreche in diesem Buch zu dir als Indianer. Ich trinke Wasser, ich atme die Luft wie du und bin daher dein echter Bruder. Wir müssen alle Dinge miteinander teilen. Niemand wird sich den Lebensbedingungen entziehen können, die jetzt auf der Erde herrschen. Wir müssen diese Lebensbedingungen auf unserem Planeten genau überdenken. Das ist der Grund, warum ich mich Menschen mitteile. Und ich brauche auch und gerade *deine* Aufmerksamkeit. Wir müssen gemeinsam verstehen, warum sich unser Leben auf der Erde so sehr verändert.

Wir müssen unsere Wirklichkeit begreifen und den Gegensatz der zwei Betrachtungsweisen näher beleuchten, die heute für uns bestimmend sind. Auf der einen Seite steht die Philosophie der Indianer und anderer Naturvölker, die uns lehrt, in Harmonie mit der Erde zu leben, Teil von Natur und Kosmos zu sein. Sie ist der heilige Pfad, dem wir Naturvölker überall auf dem Planeten folgten.

Die Menschen, die von jenseits des Großen Wassers kamen, haben im Gegensatz dazu das entwickelt, was ich »das Leitermodell« nenne. An der Spitze dieses Modells steht Gott, auf ihn folgt der Mann, in unmittelbarer Reihenfolge danach die Frau, das Kind, die Katze, der Hund und dann der Rest der Schöpfung, je nachdem, wie nutzbringend das jeweilige Element für den Menschen scheint. Dieses Konzept beinhaltete für den Menschen das höchste Recht, mit allen, die ihm auf diese Weise »unterstanden«, das zu machen, was er wollte. Er kannte keinen Respekt, keine Verantwortlichkeit für die gesamte Schöpfung.

Wir Indianer dagegen stellen uns – wie alle Naturvölker – das Leben als Kreis vor. Alle Dinge, alle Geschöpfe sind Teil dieses Kreises. Alle Teile der Schöpfung haben dieselben Rechte wie wir. Das Tier, die Pflanze, der Stein, die Elemente, alle Teile der Schöpfung bilden diesen Kreis. Es gibt hier kein Unten und kein Oben.

Wir stellen uns die Dinge rund vor. Alle Dinge haben eine ihnen eigene Rundheit: Erde, Sonne, Mond, Sterne. Die Bäume sind für uns rund, ebenso die Steine und auch die Menschen. Wenn wir unsere Hütten bauen, unsere Schwitzhütte oder unser Tipi, geben wir auch ihnen diese runde Gestalt, weil wir damit des gesamten Schöpfungskreises um uns gedenken.

Scharfe Kanten

In dieses indianische Verständnis von »Rundheit« brachen die Europäer ein und erbauten ihre quadratischen Scheußlichkeiten. Schon die Form des Quaders allein beinhaltet für uns eine gewisse Härte; seine scharfen Kanten ragen überall hervor. Die für uns grobe Form der Häuser bestimmte stark das Denken dieser Menschen. Als sie dann in ihren kleinen quadratischen Blocks wohnten, führten sie auch ein quadratisch abgezirkeltes Leben.

Früher begingen die Menschen in Deutschland und auch in den anderen europäischen Ländern ein Leben in Gemeinschaft. Sie wohnten in Dörfern zusammen. Ihre Kühe standen in Ställen im Untergeschoß des Hauses und erzeugten einen Teil der natürlichen Wärme. Das Vieh weidete auf dem Land und kam abends wieder in seine Ställe zurück. Die Bauern bewohnten das Dorf und bewirtschafteten ihre Felder außerhalb.

Dies bildet einen Widerspruch zur jetzigen Gesellschaft, in der jeder ein kleines viereckiges Häuschen oder eine Wohnung hat, und in dem sogar das Land in kleine Quadrate aufgeteilt ist. Die Menschen, die in dieser Gesellschaftsform leben, denken, daß es damit schon seine Ordnung habe. Ihre ganze Vorstellung entspricht den harten, schroffen Kanten ihrer Häuser und spiegelt ihr Besitzdenken wider. In diesen Gesellschaften wiederholen die Menschen ständig: »*Mein* Haus, *mein* Wagen, *meine* Frau, *mein* Hund, *mein* Land.« Hier gibt es keinen Platz für das Gefühl, sich all-eins mit der Schöpfung zu fühlen. Das Land wird lediglich an seinem Kaufwert gemessen. Dies ist eine völlig andere Perspektive als die indianische.

Wenn wir diese Weltanschauung betrachten, sehen wir klar, daß sie *der* Auslöser für unsere jetzige Situation ist. Wir leben voneinander getrennt. Diese Ideen haben uns den Weg zueinander verstellt, wir können uns nicht mehr erreichen und uns geschwisterlich umarmen. Wir fühlen keine Verantwortlichkeit mehr füreinander, dies haben wir mit dem »Leitermodell« verloren.

Wir müssen hier betrachten, was wir für den Planeten getan haben und was wir füreinander getan haben. Diese beiden Dinge sind zutiefst miteinander verbunden. Und deshalb müssen wir auch die Entstehung unserer menschlichen

Beziehungen genau beleuchten. Es kann sein, daß einige von euch noch Überreste dieser unheilvollen gesellschaftlichen Entwicklung in sich tragen, die euch stören könnte, wenn wir diesen Bereich näher erforschen.

Heilige Kreise

Einst vollzogen die Menschen überall auf unserem Planeten religiöse Handlungen, um den Kräften und den Gewalten zu danken. Überall auf der Welt taten sie dies in heiligen zeremoniellen Kreisen. In den Vereinigten Staaten zählte man etwa 20000 Medizinräder. *Medizinrad* nannte man die geweihten Kreise, innerhalb derer die Indianer ihre heiligen Feiern abhielten, wo sie beteten und einander Wissen vermittelten. Ein Medizinmann oder eine Medizinfrau kam zu diesen Kreisen, leerte dort vor aller Augen ihre Medizinbeutel aus und sprach: »Wir können diese bestimmte Pflanze zur Heilung dieser Krankheit verwenden, dieses Kraut wird uns von jener Krankheit befreien.« So wurde unser Wissen in dem heiligen Kreis weitergegeben.

Auch in Europa finden wir zahlreiche heilige Kreise. Große Steinkreise – der berühmteste ist Stonehenge – gibt es überall in England. In Deutschland sah ich einmal einen Kreis, in dessen Nähe ein Stein lag, auf dem ein Schildkrötenkopf eingezeichnet war, und ich dachte: »Das kenne ich doch.« Ich erkannte die Symbole des Bärenschamanen und des Hirschschamanen wieder – all diese Danksagungen an heilige Kräfte, die schon Tausende von Jahren alt sind; dazu gehören beispielsweise auch die Höhlenmalereien der Steinzeit. Das Leben der Menschen dieser Zeit war zutiefst von einer heiligen Bindung an die Erde und ihre Kräfte bestimmt.

Und dann geschah etwas. Was ich jetzt erzählen werde, ist von entscheidender Bedeutung, wenn man unsere jetzige Situation verstehen will. Vor etwa 5000 Jahren bildete sich am Rande des Abendlands eine monotheistische Religionsform aus, die keine andere neben sich dulden wollte. Ihre Anhänger sagten: »Dies ist der *einzige* Glaube.« Mit strengem Auge wachten sie über die Menschen. Immer wenn sie feststellten, daß die Menschen begannen, sich den Regeln zu entziehen, fügten sie noch ein neues Gesetz, eine neue Regel hinzu. Dies alles ergab einen sehr dogmatischen religiösen Ansatz.

Die Anhänger dieser neuen Religion verfolgten die Menschen, die weiter die alten Naturgottheiten verehrten und in heiligen Kreisen ihre Gebete sprachen. Früher konnte jemand aus dem Haus gehen, in einigen Stunden einen Steinwall erstellen und seine kultischen Handlungen und Gebete verrichten. Niemand hatte Bedarf an großen, pompösen Kathedralen. Niemand hätte diese zutiefst religiösen Menschen davon überzeugen können, einem Platz zu huldigen, wo ein Priester die Religion für alle ausübte und Geld für seine »Dienste« einsammelte.

Die Anhänger dieses Glaubens erfanden viele beleidigende Bezeichnungen für die Anhänger der Naturreligionen. Sie sagten zum Beispiel, daß diese Menschen »schlecht« seien, weil sie Gott nicht so verehrten, wie es *ihre* Regeln vorschrieben. Sie nannten sie »Heiden«. Die alten Religionen, die diese neuen Gläubigen zerstören wollten, waren Naturreligionen, die die Verehrung von Mutter Erde pflegten.

Die Unterdrücker der alten Religionsformen empfanden große Angst vor den Dingen, die sie nicht verstehen oder kontrollieren konnten, zum Beispiel vor der wilden Lebensenergie, die aus diesen Menschen strömte. Die Anbeter der Erde brauchten keine Priester; sie konnten beten, singen, Regen, Blitze und andere Naturkräfte beschwören. Sie konnten ihre Energie auch dazu verwenden, um andere zu heilen.

Die neuen monotheistischen Religionen starrten erschreckt auf die alte Macht. Dies war das auslösende Moment für ihre Angst, sie könnten die alten Religionen nicht wirklich unter Kontrolle halten. Und sie sprachen: »Diese Menschen haben die Gewalt über die Kräfte der Welt. Wir können sie nirgends einschränken. Wir müssen aber die Herrschaft über sie gewinnen, damit sich unser Glauben durchsetzen kann. Wenn wir sie nicht beherrschen können, müssen wir sie töten.«

Und so begannen sie zu töten, um die Herrschaft zu erlangen. Als sie endlich die höchste Macht erreicht hatten, schwächten sie die Anhänger der anderen Religionen und nahmen ihnen die Erinnerung an die Lebenskraft, die sie einst durchströmt hatte.

Die ursprünglichen Bewohner Europas und Amerikas sprachen von der natürlichen Energie, der Lebensenergie. Mit dieser Energie arbeiteten sie. Jeder von uns und die gesamte Schöpfung ist davon erfüllt: Die sexuelle Energie ist eine ihrer Erscheinungsformen.

Diese Lebensenergie beunruhigte diese neuen religiösen Denker, denn weil eben sie ein Teil der gesamten Schöpfung war, konnten sie ihrer nicht habhaft werden. Die Ureinwohner der Kontinente aber kannten das Geheimnis, die Kraft zu beschwören und sie zu benutzen. So sprachen die Repräsentanten der neuen Religion: »Gut, wir werden diese Energie in eine kleine Schachtel packen, sie dann bequem beiseite schieben, und keiner wird mehr daran rühren.«

Kleine Teile, kulturelle Versatzstücke, wurden von der uralten religiösen Verbindung zur Erde in die neue Religion übernommen. Man benutzte sie, weil man mit ihrer Hilfe erfolgreich Menschen davon überzeugen konnte, sich der neuen Religion anzuschließen. In der griechischen Mythologie gibt es die Sage von einem Ort der Flammen, an dem ein Gott der Unterwelt Menschen foltert. »Wunderbar«, sagten die neuen Philosophen, »das wird einige unserer Leute bei der Stange halten.« Deshalb übernahmen sie dies in ihre Glaubenssätze: »Wenn du aus der Reihe tanzt, wirst du nicht nur vom Priester bestraft und kommst auf die Folterbank, sondern danach werden wir dich auf dem Bratspieß umdrehen und dich für die nächste Zeit rösten.«

Diese Vorstellung versetzte die Anhänger der Naturreligionen in Angst und Schrecken. Und daher beschlossen die neuen Philosophen, solche Gedanken in ihren Glauben aufzunehmen. Die Erfahrung hat sie gelehrt, durch Angst Kontrolle über Menschen auszuüben.

Schon bald machten sich die neuen religiösen Lehrmeister – ein Haufen frustrierter Fanatiker – daran, die Vorstellungen zu korrigieren, die die naturverbundenen Menschen von Sexualität haben.

Zuerst verschwendeten sie keinen Gedanken an Heirat, dann aber begriffen sie, daß sie mehr Kontrolle über die Sexualität der Menschen gewinnen müßten. Das war nämlich ein Gebiet, auf dem die Lebenskraft ihre Macht minderte.

Menschen, die ihre Sexualität ausleben, lassen sich von Autoritäten weniger einschüchtern als solche, die auf diesem Gebiet frustriert sind. Die neuen religiösen Autoritäten wollten jeden Bereich im menschlichen Leben unter ihre Kontrolle bringen, von der Wiege bis zum Grab. Daher schufen sie die monogame Ehe und tabuisierten alle anderen Bereiche, die den Bereich Sexualität berühren.

Hier und da gab es auch weiterhin Menschen, die Widerstand leisteten, die sich in den Hügeln und der Wildnis versteckten und die alten Riten weiterpflegten. Und was heißt eigentlich Wildnis? Es bedeutet: ein wildes Land jenseits der Kontrolle des Menschen.

Und dorthin mußten die Anhänger der Naturreligionen gehen, zu ihren Brüdern, den Bären, den Wölfen und den Füchsen, um zu überleben. Die alten Lehrer, die hier überlebten, versteckten sich vor Nachstellungen und hielten ihr Wissen lebendig.

Die alten Lehrer besaßen großes Wissen und Macht, die aber beinahe durch die neuen religiösen Machthaber vernichtet worden waren. Die drohende Zerstörung, der Verlust einer Kultur ist ein Teil des Entwicklungskreises, der Langzeitentwicklung, die uns zur anstehenden Zeit der Reinigung gebracht hat.

Nachdem die neuen christlichen Philosophen die Kultur auf ihre Religion zugeschnitten hatten, entdeckten sie, daß sie ihre Botschaft auch in ferne Kontinente bringen könnten. Und so wandten sie sich den unbekannten Ländern zu.

Der Kampf um das Gold

Die Spanier kamen als erste nach Amerika und ließen sich dort nieder. Sie landeten, um hier nach Gold zu suchen, und entdeckten Berge des begehrten Metalls in Südamerika und Mexiko. Allerdings mußten sie, um in seinen Besitz zu gelangen, vorher alle Häuptlinge der südamerikanischen und mexikanischen Ureinwohner ermorden. Das bereitete ihnen keine größeren Schwierigkeiten. Gleichzeitig wurden auf diese Weise viele religiöse Oberhäupter umgebracht.

Die Spanier sahen die einheimischen Universitäten und den Umfang der dort gewährten Ausbildung. Die Inkas besaßen riesige Bibliotheken aus *quicas,* verschiedenfarbigen Schnüren, mit denen Themen, die gelehrt und besprochen wurden, kodiert werden konnten. An bestimmten Stellen waren die Fäden geknotet, und der jeweilige Abstand zwischen den einzelnen Knoten auf diesen ledernen Schnüren legte das Thema fest. Ein Lehrer konnte das Wissen aus den Schnüren lesen, indem er mit seinen Fingern ihrem Verlauf folgte.

Die Spanier interessierten sich allerdings nicht für das Wissen der Einheimischen. Alles, wonach diese »zivilisierten« Männer strebten, war Gold; daher zwangen sie die Ureinwohner zur brutalsten Sklavenarbeit. Dann trat die katholische Kirche auf den Plan, um »die Seelen der Barbaren« zu erretten. Der einzige Streit zwischen Missionaren und Eroberern entspann sich ob der Frage, wer die indianischen Sklaven bekommen und wer das größte Stück Land erhalten sollte. Die Priester und die spanischen Eroberer folterten und quälten die Indianer und raubten ihnen ihr ganzes Hab und Gut.

Bald schon fanden Großbritannien, Frankreich und die anderen »zivilisierten« Nationen heraus, daß die Spanier das ganze Gold an sich genommen hatten. Sie heuerten eine Schar Banditen an, die die spanischen Schiffe angreifen sollten. Diese Räuber nannte man »Piraten«. Bald besaßen sie so große Macht im Volk, daß die Regierung sogar einige von ihnen in den Ritterstand erhob. Sir Francis Drake und Sir Walter Raleigh gehörten beide zu diesem »Berufsstand«. Wenn man in dieser Zeit ein Schiff, das Gold geladen hatte, nach England zurückführte, konnte man dafür jeden Adelstitel bekommen, den man begehrte. Der Pirat Henry Morgan beispielsweise stieg zum Staatsbeamten der englischen Krone auf. Männer wie er erhielten Titel und Geschenke dafür, daß sie ein paar Spaniern die Kehle durchgeschnitten hatten.

Die spanischen Schiffe besaßen 30 oder 40 Geschütze, die Briten hatten etwa 50. Dann erhöhten die Spanier auf 80 Geschütze. Und so wuchs die Zahl der Geschütze, bis man etwa 120 bis 150 Geschütze pro Schiff zählte. Jedes Schiff mußte eine Menge Artillerie befördern. Schließlich begannen die Schiffe in größeren Gruppen, *Armadas* genannt, zu segeln, um das Gold vor Angriffen zu schützen; das heißt, die Spanier mußten pro Handelsschiff 20 oder 30 Kriegsschiffe mit aussenden.

Briten, Holländer, Franzosen und andere europäische Staaten wollten dieses Gold den Spaniern wieder abnehmen. Als Seeschlachten zu große Verluste mit sich brachten, sagten sich die anderen europäischen Mächte: »Laßt uns doch selbst ein paar eigene Indianer finden, die wir bestehlen können.« Und so gründeten sie Kolonien in Nordamerika.

Als Captain John Smith und der Rest der ersten Siedler aus Großbritannien kamen, hätten ihn diese Siedler fast einen Kopf kürzer gemacht, weil er keine Indianer finden konnte, deren Gold sie hätten stehlen können. Denn alles, was die Indianer besaßen, die sie hier vorfanden, war Getreide. Die Siedler waren damit nicht zufrieden. Getreide war nun einmal nicht das Ziel ihrer Suche.

Ihr ursprünglicher Plan, sich die »Neue Welt« untertan zu machen, sah vor, daß jeder sich durch die Beraubung der Indianer bereichern sollte, um schließlich reich und adlig wieder in der Heimat zu leben. Dies war auch die Absicht der zahlreichen Handelsgesellschaften.

Die Indianer versuchten den Siedlern zuerst in respektvoller Weise zu helfen. Dann hatten die Europäer mitten im Winter kein Getreide mehr, denn sie waren zu bequem gewesen, sich zusammenzutun und ihr eigenes Getreide anzubauen. Deshalb überfielen die Siedler also indianische Dörfer, schüchterten die Indianer ein und töteten sogar einige von ihnen, um die anderen dazu zu zwingen, ihnen ihr Getreide und andere Lebensmittel zu überlassen. In dieser Art behandelten die Europäer ihre »neuen Brüder«. Zu diesem Zeitpunkt begannen die Indianer, Widerstand zu leisten. Die Kriegszüge der Indianer waren eine Konsequenz der europäischen Hinterlist.

Ich muß immer ein wenig lächeln, wenn ich höre, wie bestimmte Menschen über ihre Vorfahren sprechen, die auf der »Mayflower« nach Nordamerika kamen, oder wenn ich sie über die »Töchter der amerikanischen Revolution« sprechen höre. Ich lächle in mich hinein, denn man muß keine langen Nachforschungen betreiben, um herauszufinden, daß die amerikanischen Kolonisten keine Wahl hatten zwischen der Möglichkeit auszuwandern oder in einem europäischen Schuldnergefängnis zu bleiben.

Die verantwortlichen Stellen verschafften sich Frauen, indem sie einige Damen aufsammelten, die auffällig auf den Gehsteigen hin und her schlenderten, und stellten sie vor die Wahl: »Entweder ihr verbringt fünf Jahre im Gefängnis, oder ihr geht als Braut eines rechtschaffenen Mannes nach Übersee!« So brachten sie an die zweihundert Prostituierte in London zusammen und sandten sie als Bräute in die Kolonien.

Die anderen ehrenwerten Menschen waren Angehörige bestimmter Religionsgemeinschaften, die im Widerspruch zur katholischen und anglikanischen Kirche standen. Diese Menschen verließen Europa, weil sie hier für ihre religiösen Überzeugungen verfolgt worden waren.

Als sie in der neuen Welt ankamen, verwandelten sie sich in solch frömmelnde Heuchler wie die Menschen, vor denen sie geflohen waren. Wenn jemand sich nicht genau ihren Vorstellungen entsprechend verhielt, mußte er mit allen möglichen Strafen rechnen. Schon sehr früh brachten sie Methoden auf, wie beispielsweise Menschen sitzend auf einen Pfahl zu binden und sie tief ins Wasser zu tauchen, bis diese Besserung gelobten. In Massachusetts und an anderen Orten peitschten sie Menschen öffentlich aus und trieben sie schließlich aus dem Staat. Sie peitschten sogar Menschen der anerkannteren Religionen aus, wie die Quäker, weil sie mit ihnen nicht in allen religiösen Angelegenheiten übereinstimmten.

Es erübrigt sich, anzumerken, daß nur wenige dieser Fürsprecher für »religiöse Freiheit« ebendiese Freiheit auch den Indianern zugestehen wollten. Unter ihnen befand sich auch ein Gentleman namens Cotton Mather. Er hatte den festen Glauben, daß jeder Mensch, der nicht genauso handelte – und in derselben Weise an Gott glaubte wie er, zur Hölle fahren mußte. Folglich weihte er sein Leben der Aufgabe, diese Menschen zur Hölle zu schicken. Cotton Mather und einige seiner guten Brüder in Christo umzingelten ein friedliches Indianerdorf. Sie setzten die Palisaden und die einzelnen Häuser des Dorfes in Brand, sie erschossen jeden indianischen Mann, jede Frau und jedes Kind, die zu fliehen versuchten. In seiner Biographie schreibt Mather: »...und so habe ich heute vierhundert rote Teufel zur Hölle gesandt.«

Nachdem er diese Aufgabe erledigt hatte, suchte er sich weitere Betätigungsfelder. So half er bei den Hexenverbrennungen in Salem, die man aus Europa übernommen hatte. Einige Frauen wurden als Hexen verbrannt, andere gefoltert und auf grausame Weise getötet. Die Menschen, die dies taten, versicherten, hierbei Gottes Willen zu vollziehen.

Behalte dies in Erinnerung! Es ist sehr wichtig, all dieser Dinge zu gedenken, die in Gottes Namen getan wurden. Als die deutschen Soldaten im Zweiten Weltkrieg kämpften, trugen sie den Spruch »Gott mit uns« auf ihrer Gürtelschnalle eingraviert. Die amerikanischen Feldprediger sandten Gebete zu Gott, ihren Truppen beim Töten der Deutschen beizustehen.

Und vergeßt dabei auch nicht den reizenden amerikanischen Methodistenpastor namens Colonel Shivington aus Colorado! Er wollte auf Indianer Jagd machen – zu seiner

Zeit ein sehr beliebter Sport – und gründete daher die *Colorado Volonteers.* Jeder, der ein Gewehr hatte und mitmachen wollte, konnte zu seiner Truppe stoßen. Die *Colorado Volonteers* machten sich auf den Weg und fanden das Dorf von Black Kettle, in dem ein alter, friedliebender Cheyennehäuptling mit seinem Volk unter einer Waffenstillstandsflagge lebte.

Die noblen Herren umzingelten das Dorf und töteten jeden Indianer, der nicht fliehen konnte. Ein besonderes Vergnügen war es für die Angreifer, die Brüste indianischer Frauen abzuschneiden und kleine Beutelchen daraus zu machen.

Dieser Umgang mit den Indianern, der sich in dem Satz zusammenfassen läßt, *nur ein toter Indianer ist ein guter Indianer,* dauerte in den Vereinigten Staaten bis 1900 an. Von 1600 bis zu diesem Zeitpunkt war die Zahl der Indianer von drei Millionen auf 300 000 gesunken. Ganze Stämme waren vernichtet und ausgelöscht worden.

Die Siedler waren sehr einfallsreich beim Hinmetzeln der Indianer. Es gibt von der amerikanischen Regierung beglaubigte Fälle, daß Wolldecken ausgegeben wurden, die mit Pockenbazillen verseucht waren. Manche Stämme kämpften bis auf ihren letzten Mann. Um den Widerstand der Indianer zu brechen, richtete die amerikanische Regierung Reservate in Gebieten ein, die sie für völlig wertlos hielt. Die Reservate waren Teile eines gottverlassenen Landes, das niemand anderer gewollt hatte. Man trieb die Indianer wie Vieh dorthin und unterstellte sie militärischer Kontrolle. Danach behauptete die Regierung, daß es wirklich traurig sei, daß die Indianer hier keine Landwirtschaft betreiben oder Vieh züchten würden, wobei der Boden ein einziger Steinhaufen oder eine Wüste war.

Eine Religion verkraften

Wenn die Kasernierung in Reservaten es nicht vermochte, den Willen dieser Menschen zu brechen, versuchte die Regierung die Disziplinierung über die Religion. In New York gründeten die verschiedenen christlichen Vereinigungen eine Einrichtung, die man den Missionsausschuß nannte. Das Ziel dieses Ausschusses war es, die einzelnen Reservate aufzuteilen und festzulegen, welcher religiösen Vereinigung welches Reservat zugeteilt würde. So erlangten die Indianer Nordamerikas niemals Religionsfreiheit. Man sagte ihnen, sie sollten den Mund öffnen und jede Religion schlucken, die der Missionsausschuß für sie bestimmt hatte: die Lehren der Presbyterianer, der Methodisten oder aller möglichen anderen Religionsgemeinschaften.

Wenn sie auch nur versuchten, ihre indianische Religion zu bewahren und zu leben, mußten sie bei erstmaligem Verstoß mit einem und beim zweiten Verstoß mit drei Monaten Gefängnis rechnen. Dies kann man in den Akten des früheren *Amtes für Indianische Angelegenheiten* nachlesen. Viele Mitglieder des Hopistammes wurden während ihres ganzen Lebens immer wieder eingesperrt, weil sie sich weigerten, ihre Kinder in Regierungsschulen zu schicken und die Religion des Weißen Mannes zu akzeptieren.

Erst im Jahre 1978 wurde der *Indian Freedom of Religion Act* verabschiedet, mit dem die Regierung den Indianern wenigstens die Möglichkeit gab, ihre eigene Religion ohne Strafandrohung auszuüben. Noch heute werden Indianer im Bundesstaat Oregon inhaftiert, wenn sie ihren Glauben leben.

Als weitere Eindämmungsmaßnahme gegen die indianische Religion führten die Kirchen beispielsweise den Brauch ein, Lebensmittel und Kleidung an »gute Indianer« zu vergeben, worunter sie natürlich solche verstanden, die in die christliche Kirche gingen. Den anderen Indianern verweigerten sie diese Hilfe.

Als ich in Reno, im Staat Nevada lebte, initiierte ich dort ein Selbsthilfeprojekt, das den Indianern helfen sollte, ihre Wohnbedingungen zu verbessern. Man hatte uns Farbe gespendet, und ich begann gerade mit Freiwilligen, die Häuser anzustreichen. Ein Vertreter der Kirche meinte nun, ich sollte doch die Häuser der »anständigen Menschen« zuerst streichen. »Und wer ist das?« fragte ich ihn. »Alle, die zur Kirche gehen«, antwortete er.

»Nein«, erwiderte ich ihm, »den Hausanstrich bekommt jeder, sei er nun ehrlich oder nicht.« Ich begann am südlichen Ende der Indianersiedlung und arbeitete mich weiter nach Norden hoch.

Die Missionen sorgten schon dafür, daß diejenigen, die von ihnen als »unehrlich« bezeichnet wurden, keine Erleichterungen im Leben hatten. Ihr Umgang mit den Indianern hatte ja nicht den Zweck, ihnen in ihrer Situation weiterzuhelfen und sie zu voll entwickelten menschlichen Wesen zu machen, sondern sie wurden beinahe im Stand von Sklaven gehalten. Die Missionen forderten die Indianer auf: »Ihr müßt euch dem unterwerfen.« Sie nahmen ihnen ihre Spiritualität, die ihnen Kraft verlieh. Alles, was den einzelnen stärkt, steht im Widerspruch zu den Lehren einer Religion, die den Priestern oder der hohen Geistlichkeit alle Macht übertragen will.

Als die Priester zu den Stämmen stießen, wollten sie die indianische Kultur zerstören und uns völlig unterwerfen. Einige Geistliche aber machten faszinierende Erfahrungen mit den Indianern. Einer von ihnen schrieb einmal, daß sie arme Menschen seien, weil sie keinen Begriff von »Sünde« hätten. Er hatte recht. Die Indianer besaßen keine Vorstellung davon, was Sünde eigentlich sei. Die Siedler hatten alle nur erdenklichen Schwierigkeiten, mit diesen fehlenden Konzepten von Sünde und Schuld umzugehen.

Und so kam es, wie ein altes Sprichwort bei uns sagt: Der Weiße Mann brachte die frohe Botschaft in der einen Hand, um uns von den Sünden zu erlösen, die er in der anderen hielt. Als die Priester die Küste Kaliforniens bereisten, sahen sie dabei auch wunderschöne indianische Frauen, die nur mit Röcken aus Gras bekleidet waren und ihre nackten, bronzefarbenen Brüste zeigten. Die Patres waren zutiefst schockiert: »Dies sind Zeichen der Sünde.«

Seit Tausenden von Jahren hatten sich die Frauen in dieser Weise gekleidet. Ihr Aufzug entsprach dem hier herrschenden Klima und den überlieferten Sitten. Die Sünde aber hatte sich einzig und allein in den Gedanken der Missionare eingenistet.

Die Indianer lebten in einer sehr starken, heiligen Beziehung zu ihrer Spiritualität. Als die Lewis & Clark Expedition über das Gebiet verschiedener indianischer Stämme gen Westen zog, zeigten deren Mitglieder sich vor allem von den Nez-Percé-Indianern beeindruckt. Sie sagten, daß diese Menschen, ohne jemals die Bibel zu lesen, allen Geboten folgten und diese in ihrer traditionellen Moral sogar noch übertrafen.

Ein Mann schrieb: »Menschen leben hier – ist es ein Volk von Wilden? Niemals. Eher wohl ein Volk von Heiligen.« Er schrieb dies wegen ihrer Freundlichkeit und ihrer Liebe zu jedermann. Als die Expeditionsgruppe sich auf dem Gebiet der Nez Percé befand, ging ihnen niemals etwas verloren. Und wenn ihre Pferde ihnen abhanden kamen, wurden sie zu ihnen zurückgebracht.

So lebte mein Volk. Als man einen alten Händler befragte, der eine Handelsniederlassung in Montana besaß, meinte dieser: »Solange sie ihr Haar lang wachsen lassen, würde ich ihnen mein ganzes Lagerhaus geben und ihnen vertrauen, daß sie mir das Geld dafür bezahlen. Aber sobald sie ihr Haar kurz schneiden, fange ich an, sie aufmerksam zu beobachten, denn ab diesem Zeitpunkt übernehmen sie das Verhalten des Weißen Mannes.«

Ein indianischer Scout reiste mit einem Weißen durch die Wälder von Minnesota. Wenn der Weiße Mann sich nachts zur Ruhe legte, steckte er seine Brieftasche unter sein Kopfkissen. Der Indianer lachte leise und sprach zu ihm: »Mach dir mal keine Sorgen, es gibt hier im Umkreis von fünfzig Meilen keinen Weißen Mann weit und breit!«

Mein Volk hat ein völlig anderes Verständnis von Moral. Dies wird von der herrschenden Kultur nicht begriffen.

Die Indianer besaßen einst das ganze Land dieses Kontinents. Heute gehören ihnen nur noch 50 Millionen Morgen Land. Die Regierung der Vereinigten Staaten und verschiedene andere betrügerische Menschen versuchen, ihnen auch noch diesen kleinen Besitz zu entreißen.

Vor einiger Zeit zersplitterte der sogenannte *Indian Allotment Act* die indianischen Reservate in kleine, individuelle Grundstücke, die Privatbesitz wurden. Die Indianer waren es aber gewohnt, ihr Getreide entlang der Flüsse anzubauen, die die Reservate durchzogen. Als das Land nun aufgeteilt wurde, besaß plötzlich eine Einzelperson das Land am Fluß. Das bedeutete wiederum, daß das Wasser den anderen Indianern, die auf dem Hügel wohnten, nicht mehr zugänglich war. So hatte dieses Gesetz zur Folge, daß viele ihre Felder nicht weiter bestellen konnten. Dies ist einer der Gründe, warum viele Indianer schließlich von dem *Amt für Indianische Angelegenheiten (Bureau of Indian Affairs – BIA)* abhängig wurden.

Dies ist um so trauriger, als sich heute auch dieselben Ungerechtigkeiten in Mexiko und Südamerika ereignen. Und überall leben Indianer in völliger Armut. In vielen der indianischen Reservate der Vereinigten Staaten erreicht die Arbeitslosenquote 75 Prozent, viele sind Alkoholiker; Menschen leben dort unterhalb der Armutsgrenze und haben keinerlei Möglichkeit, diesem Teufelskreis der Armut und Hilflosigkeit zu entkommen.

Ich fühle noch stärkeres Mitgefühl mit den Indianern meines Landes als mit den Ureinwohnern Mexikos oder Südamerikas. Denn jene haben sich immer noch das Wissen bewahrt, das Land zu bebauen; ich spreche von denjenigen, die man nicht in die Städte locken konnte, um dort ihr Brot zu verdienen.

Ich fühle starkes Mitgefühl für die Bewohner Afrikas. Gerade christliche Missionare tragen einen Großteil der Verantwortung für das, was man den Menschen dort angetan hat. Als die Missionare nach Afrika kamen und dort Gottes

Wort wie auch die anderen Segnungen der »Zivilisation« verbreiteten, ließen sie ihnen keine Kenntnis davon, daß sie selbst genug Kraft besaßen, um zu handeln. Die Missionare nahmen ihnen auch das Bewußtsein, daß sie anständige Menschen seien. Sie nahmen all ihre Kraft.

Mein Buch ist eine Anklage, die sich gegen all jene »Rechtgläubigen« wendet, die anderen Menschen ihre Kraft und ihre heilige Tradition nehmen wollen.

Ein Schritt in die richtige Richtung

Eine Kirche in Kanada entschuldigte sich Ende der achtziger Jahre öffentlich bei den Indianern für das Werk der Zerstörung, das sie über die Jahrhunderte verschuldet hatte. Diese Kirche war zu der Einsicht gekommen, daß sie nur immer den Glauben der Indianer behindert und ihnen niemals wirklich beigestanden hatte. Sie kommt damit zwar ein wenig spät, aber besser spät als nie. Vielleicht sind dies die Zeichen der Morgenröte und der Beginn eines neuen, positiven Weges, sich mit dem indianischen Volk zu befassen. Es könnte ein erstes Anzeichen dafür sein, daß einige Menschen nun bereit sind, die Indianer zu fragen, wie sie ihnen helfen können, anstatt ihnen zu erzählen, was sie anstellen müssen, um sich in die technologische Gesellschaft einzugliedern. Dies könnte ein Schritt in die richtige Richtung sein.

Wann immer ich einem christlichen Geistlichen zuhörte, mußte ich feststellen, daß nur die wenigsten unter ihnen den Willen hatten, den Menschen auf ihrer irdischen Suche nach ihrer eigenen Vision wirklich beizustehen. Ich habe nur selten davon gehört, daß sie Menschen zu ihrer eigentlichen Kraft verhalfen oder dazu, voll entwickelte, ausgewogene Wesen zu werden. Diese Lehre ist den meisten Verfechtern der »technologischen Religionen« völlig fremd.

Es ist allerdings interessant herauszufinden, daß die Gesellschaften, deren Beziehungen zur Natur am meisten von Gewalt geprägt waren, auch die gleichen sind, die Frauen in Unterwürfigkeit halten. Die Moslems beispielsweise tun kaum etwas für die Erde; ihr Glaube spricht nicht von unserer Beziehung zur Erde. Und gleichzeitig enthält er viele Lehrsätze über Frauen in ihrer Rolle als Dienerinnen. Die Botschaft des Islam ist für mich die der Zerstörung von Leben. Die jüdisch-christliche Lehre ähnelt dem Islam in einigen Punkten sehr, obwohl heute von einigen Kirchen große Anstrengungen unternommen werden, sich dem Leben zuzuwenden. Für die meisten Religionen ist es schwierig, andere Beziehungen jenseits der zwischen Herr und Knecht zu entwickeln.

Viele Naturvölker überall auf der Welt sind der Ansicht, daß die Verteidiger der »technologischen« Religionen den Planeten zerstören, weil ihr Glaube sie von einem bewußten Umgang mit der Erde entfremdet hat. Diese Religionen sprechen von der Erde als »Tal der Tränen«, als »Ort der Qualen«. Diese Menschen gebrauchen Redewendungen wie: »Wenn ich meine sterbliche Hülle abgelegt habe und in den Himmel komme...«

Dieses Denkschema finden wir gefährlich. Für uns ist es eine der Wurzeln der Zerstörung auf Erden. Ein alter Indianerhäuptling sagte einmal: »Der Weiße Mann will immer in den Himmel kommen. Ich wünschte, er würde endlich dorthin gehen und uns Indianern die Erde überlassen.«

Wir müssen dieses Denkmuster wegen Männern wie James Watt untersuchen, der eine Zeitlang Ronald Reagans rechte Hand im Innenministerium war. Er verfolgte den Gedanken, alle Ressourcen auf der Erde aufzubrauchen, denn dann, so Watt, müßten wir uns keine Gedanken mehr um die Regenerierung der Erde zu machen. Die Erde wird am Ende zerstört werden, und alle guten Christen werden in den Himmel kommen.

Watt hatte keinerlei Respekt vor der Mutter Erde oder der Schöpfung. Viele Menschen besitzen nicht dieses Respektgefühl vor der Erde. Für sie ist die Erde nicht unser Zuhause, sie ist kein Ort unserer Bestimmung. Dieses Denkmuster mündet in die Zerstörung unseres Planeten. Dies müssen wir verstehen lernen und uns davon befreien.

Wir können auch verschiedene Regierungen daraufhin betrachten. Wir müssen nur analysieren, welche Beziehung Deutschland oder die Vereinigten Staaten zur Erde haben. Wir können auch untersuchen, wie vom Standpunkt dieses Beziehungsmusters aus einzelne Länder mit anderen Völkern umgegangen sind.

Die Perspektive der sogenannten »entwickelten Nationen« und ihrer Großindustrie war schon immer die totale Ausbeutung der Erde. Die multinationalen Konzerne können sich die Erde nicht als lebendes, intelligentes Wesen vorstellen, das unser aller Mutter ist. Sie haben keinerlei Respekt vor ihren natürlichen Ressourcen. Sie beuten eine natürliche Ressource bis zu ihrem letzten Tropfen aus und hinterlassen dann an diesem Ort eine Ruine mit einer Menge Rückstände. Es kümmert sie nicht weiter, diese Narben auf dem Antlitz der Erde zu hinterlassen.

In Afrika zerstörten die Multis die Urwälder. Wir können an ihrer Stelle Baumstümpfe, Sand und Wüste sehen. Millionen Morgen Land versteppten und wurden Teil der Sahara. Wenn man heute den afrikanischen Kontinent auf der Karte betrachtet, entdeckt man, daß nur einige kleine Länder wirklich Landwirtschaft betreiben können. Ein großer Teil des Kontinents verwandelte sich in Wüste.

Die Multis fahren in ihrer Entwaldungspolitik fort, ohne an die Konsequenzen für die afrikanischen Länder zu denken.

Einst waren die afrikanischen Nationen Kolonien der christlichen europäischen Länder, die dorthin kamen, um alle Reichtümer zu rauben. Portugal hatte gewaltigen Einfluß auf die Entwicklung einiger afrikanischer Länder. Auch die anderen europäischen Staaten beteiligten sich an diesem Spiel, das nur auf Ausbeutung abzielte. Zuerst bauten sie die Bodenschätze und andere Ressourcen der Länder ab, und danach verließen sie Land und Leute, ohne weitere Gedanken darauf zu verschwenden.

Wenn Menschen an Hunger starben, dann war das nicht *ihr* Problem; alles, was sie interessierte, waren ihre eigene Versorgung und Nachfrage. Diese Ausbeutung hat einige Kolonien in Afrika ohne weitere Einkommensquellen zurückgelassen.

Der Ansatz dieser »entwickelten Länder« war, daß sie selbst immer am besten wußten, welche Betätigungen zum Vorteil der Afrikaner wären. Sie nahmen an, daß sie am besten wüßten, wie sie die Probleme lösen könnten, die sie dort produzierten. Zum Beispiel kamen die technologisierten Länder nach Afrika und sagten: »Wir bringen euch die Grüne Revolution. Wir haben diese besonderen Samen für euch entwickelt, aus dem euer Getreide wachsen wird.« Und sie gaben den Afrikanern die Samen. Und vielleicht trugen diese Samen auch kurzzeitig Früchte.

Um diese Pflanzen aber anzubauen, brachten die entwickelten Länder Landwirtschaftsmaschinen und Planierraupen nach Afrika und rissen die dünne, empfindliche fruchtbarste Schicht des Bodens auf, auf der seit Tausenden von Jahren Viehherden geweidet hatten. Mittlerweile sind diese Landwirtschaftsmaschinen rostig geworden, und Hunger beherrscht das Land.

Wo die Afrikaner selbst Geld anlegen wollten, beschwatzte man sie, es in Brunnenbohrungen zu investieren. Dies hatte wieder zur Folge, daß der Wasserstand weiter fiel, so daß es in manchen Gegenden kein Wasser mehr gab.

Nun tun sie dasselbe in Brasilien, Peru und anderen südamerikanischen Ländern. Tausende und Abertausende Morgen Land werden jedes Jahr entwaldet, um mehr Geld zu machen.

Wir Indianer empfinden großen Schmerz darüber, daß die »entwickelten Völker« so wenig auf uns hören. Wir sagten den Europäern, die nach Amerika kamen, daß es wundervoll wäre, wenn sie zu uns in Frieden kämen, auf der Suche nach einem Wissen, das sie wieder in Harmonie mit der Schöpfung bringen könnte; sie könnten es mit den Menschen teilen, die bereits auf dem Kontinent lebten. Beide Völker würden ihr Wissen und ihre Kraft vereinen und sich in heiliger Weise Geschenke machen. Wenn die Europäer dies nicht täten, so prophezeiten unsere eigenen Seher, dann würde das indianische Volk noch für mehr als hundert Jahre wie tot auf dem Antlitz der Erde im Staub liegen. Dann aber würde die Kraft zu uns zurückkommen.

Und dies geschieht jetzt. Menschen kommen zu Tausenden und wollen unsere heilige Lebensweise kennenlernen. Von dieser Bewegung geht große, heilige Kraft aus. Menschen aus aller Welt hören nun auf die Botschaft der Ureinwohner der verschiedenen Kontinente, denn sie sehen nichts als Verwüstung und Ungleichgewicht auf der Erde. Und es gibt so viele traurige Beispiele.

Der Kojote ist wirklich mein Bruder. Ich sage dies, weil die Naturvölker der Welt nicht wegen der Zivilisation, sondern wie Fuchs und Kojote ihr *zum Trotz* überlebt haben.

So viele Menschen vernehmen nicht mehr, wie die Erde zu uns spricht. Die Natur spricht jeden Tag zu uns. Die Erde spricht immerzu mit uns, aber die Ohren der meisten Menschen sind taub. Wenn Menschen sehen, wie ich den Regen rufe, denken sie, dies wäre ein übernatürlicher Vorgang; dabei ist es aber nur zu natürlich. Ich lehre die Menschen, ihren Tag damit zu beginnen, daß sie ihrem Schöpfer für das Geschenk des Lebens und der uns umgebenden Schönheit danken. Nur so werden sie wieder lernen, die Stimme der Natur zu hören und zu verstehen.

2
Warnungen und Visionen

Bevor sich Veränderungen größeren Ausmaßes auf der Erde ereigneten, wurden verschiedentlich Warnungen ausgesprochen. Diese warnenden Worte erreichten die Menschen beispielsweise als Prophezeiungen. Es gibt viele Warnungen der Indianer vor den Dingen, die jetzt auf Erden geschehen. Da ist die Prophezeiung der Irokesen, die Mad Bear Anderson verkündet hat. Sie erzählt vom Kampf der Schlangen. Es gibt auch andere Visionen, wie die Prophezeiung der Hopis von den vier bestehenden Welten und der fünften, auf die wir uns vielleicht gerade vorbereiten.

Auch die Seher der Schwarzfußindianer überliefern uns Visionen, die der Weissagung der Hopis und anderer Indianer von den vier Welten sehr ähnlich sind.

Viele andere Stämme und Völker besitzen andere Wahrsagungen über die Veränderungen auf der Erde und künftige Ereignisse. Auch Nostradamus spricht über diese zukünftigen Zeiten und die gewaltigen Veränderungen, die kommen werden. Die Bibel erwähnt Geschehnisse, durch die sich Prophezeiungen erfüllten. So steht geschrieben von der großen Flut, die über die Erde hereinbrach und fast alle Menschen, die auf der Welt lebten, tötete. Die biblische Erzählung berichtet von einigen Menschen, die zusammen mit jeweils einem Paar aller Tierarten gerettet wurden. Gott hatte die Menschen vorher durch den prophetisch begabten Noah und dessen Söhne gewarnt. Noah und seine Sippe wurden gerettet, denn sie folgten dem heiligen Pfad und gehorchten den Warnungen von Gott, dem Großen Geist. Die Flut wurde auch von vielen anderen Menschen vorhergesehen; jedoch nur Noah und seine Familie nahmen unter allen Menschen jener Zeit diese Warnung wirklich ernst.

Sei wachsam! Es gibt immer eine Warnung. Die Bibel spricht sowohl in dem Buch der Offenbarung als auch in dem Matthäus-Evangelium vom Ende dieser Welt. Die Bibel benutzt dabei ein griechisches Wort, das, soviel ich verstehen konnte, das Ende eines Systems, nicht aber das Ende der Welt meint. Die Erde bleibt erhalten, sagt die Bibel. Eine ähnliche Äußerung finden wir in vielen Prophezeiungen der Naturvölker. Für mich bedeutet dies, daß nicht die Erde krank ist, sondern eine bestimmte Gruppe von Menschen, die völlig vom Weg abgekommen sind.

Es gibt eine große Zahl von Überlieferungen der Naturvölker, die in Stein gehauen wurden; Petrographie und Piktographie geben uns darüber nähere Auskunft. Diese Bilderschriften zeigen, daß an verschiedenen Orten der Erde gewaltige Veränderungen geschehen werden. Nach jeder beschriebenen Ereignisfolge taucht ein spiralförmiger Kreis auf, der sinngemäß bedeutet: »Und das Leben geht weiter.« Ich fühle dies auch. Das Leben wird auf der Erde weitergehen. Es wird Menschen geben, die überleben. Diese Überlebenden werden diejenigen sein, die bereits ein höheres Bewußtseinsniveau erreicht haben und bereit sind, noch weiterzugehen, d. h. für sich und die Erde eine heilige Verantwortung zu übernehmen.

Behalte dies in Erinnerung! Bevor entscheidende Veränderungen auf dem Planeten geschehen, werden immer Warnungen ausgesprochen. Es gibt einen Bericht aus den dreißiger Jahren, der von einer kleinen Indianergemeinschaft erzählt, die in einem Tal in Kalifornien lebte. Eines Tages packten sie ihr Hab und Gut und verließen das Gebiet. Ihre Nachbarn fragten sie: »Was ist mit euch los? Warum verlaßt ihr unser Gebiet?« Die Indianer sagten: »Bald kommt das Große Wasser.« Dies ereignete sich während einer Trockenperiode, und die Nachbarn meinten: »Ihr Indianer seid richtige Spaßvögel. Was wollt ihr damit sagen: Bald kommt das Große Wasser?«

Zwei Wochen später brach ein Staudamm, und das ganze Tal wurde vom Wasser überflutet. Die Indianer verließen das Tal, weil sie die Warnung vorher erhalten hatten und sie ernst nahmen. Sie sahen, wie ihre Tierbrüder und -schwestern sich alle in höhergelegene Gebiete zurückzogen. So wußten sie, daß etwas passieren würde. Und als der Staudamm brach, ertranken sie nicht in den Fluten.

Im Jahre 1973 gab es in Bangladesch religiöse Führer, die versuchten, ihr Volk vor einer Katastrophe zu warnen. Diese Priester sagten dem Volk, daß sie ein bestimmtes Gebiet verlassen sollten, weil dort eine große Flut über sie kommen würde. Aber die Menschen hörten nicht auf die heiligen Männer. Zwei Wochen später kam eine gewaltige Flutwelle und überschwemmte das ganze Land. 500000 Menschen ertranken. Sie starben, weil sie sich geweigert hatten, zuzuhören.

Wir müssen bereit sein, zuzuhören. Viele Dinge ergeben einen Sinn, wenn man der Stimme der Erde oder der Propheten folgt. Wir Indianer und andere Naturvölker haben immer versucht, die Botschaften der Erde zu empfangen, und dies prägt uns stark in unserem ganzen Leben. Wir spüren die Katastrophen, bevor sie sich wirklich ereignen.

1976 befand ich mich auf dem Gebiet des Bärenstammes im Staate Washington und beobachtete, wie sich dort alle Tiere in höhere Lagen zurückzogen. Ich sagte meinem Volk, daß etwas geschehen würde. Ich wußte, daß eine zerstörerische Kraft hier einfallen würde, weil alle Tiere ins Hochland flüchteten. Zwei Wochen später brach der Staudamm in Idaho, und das Wasser überflutete ein 240 Quadratkilometer großes Gebiet. Glücklicherweise waren wir nicht davon betroffen, dennoch hatten mich die Tiere vor der Katastrophe gewarnt.

Die Prophezeiungen der Naturvölker aller Kontinente und die geistigen Führer vieler verschiedener Völker sprechen deutlich von den unmittelbar bevorstehenden Ereignissen. Sie sprechen von tiefgreifenden Veränderungen. Sie sprechen von Menschen, die überleben werden, von Menschen, die den heiligen Pfad gewählt haben, um sich in Harmonie mit der Welt zu entwickeln. Sie sagen, daß diejenigen, die so handeln, sogar in der Zeit größter Zerstörung am Leben bleiben werden. Diese weisen Menschen werden wissen, was zu tun ist, und auf der Erde den heiligen Weg beschreiten; sie werden sich den notwendigen Veränderungen für ihr Überleben und das der anderen unterziehen, die nach Möglichkeiten eines Überlebens suchen.

Die Kräfte der Erde kehren wieder

Ich werde dir eine Vision meines eigenen Volkes, der Chippewa, erzählen. Diese Vision wurde uns von unseren großen Vorfahren in unserer Bilderschrift überliefert. Sie sahen die Ankunft der Europäer auf unserem Kontinent voraus. Sie sahen sogar die Hüte, die jene tragen würden. Sie sahen, wie diese Menschen aussehen und auf welchen Schiffen sie erscheinen würden. Sie sagten, daß es wundervoll wäre, wenn diese Menschen in heiligen Absichten zu uns kämen und das Wissen der Menschen dieses Kontinents in sich aufnähmen, das diese mit ihnen teilen würden. Und wir könnten dann als Brüder und Schwestern gemeinsam in diesem Land leben. Es stellte sich allerdings bald heraus, daß die Europäer die heiligen Lehren unseres Landes nicht achteten.

Unsere Prophezeiung sagt, daß, wenn sich dies ereignet, wir für mehr als hundert Jahre wie tot im Staub liegen werden. Selbst unser eigenes Volk wird unser Wissen mißachten, und alle Völker, seien sie Naturvölker oder andere, werden es nicht verstehen. Einige Menschen unseres Volkes werden sich selbst von unseren Lehren abwenden oder von etwas anderem fortgelockt werden; sie werden dann sagen: »Dies ist eine bessere Fährte. Dies ist eine bessere Lehre.« Aber am Ende werden wir wieder auf beiden Beinen stehen. Wir werden so lebendig sein, als seien wir selbst die Kräfte der Erde, die sich wieder erneuert haben. Wir werden uns erheben, lebendig und auf der Höhe unserer Kraft sein. Wir werden die Mächte der Natur beschwören – Donner, Blitz, Sturm –, und wir werden immer mit all diesen Kräften Zwiesprache halten, denn dies ist Teil unserer früheren Kraft. Wir werden zum heiligen Pfad zurückkehren.

Zu dieser Zeit werden unsere Söhne und Töchter zu uns kommen und uns bitten, uns das heilige Leben wieder zu lehren. Auch die Söhne und Töchter jenes Volkes, das über das Große Wasser zu uns kam, werden uns aufsuchen. Sie werden sagen: »Lehrt uns euer Wissen, denn wir stehen kurz vor der Zerstörung der Erde.« An diesem Punkt stehen wir jetzt.

Als diese Prophezeiung zuerst von unserem Volk aufgenommen wurde, konnte sich keiner vorstellen, wie man die Erde zerstören könnte. Nun weiß es jeder. Und wir sehen, wie die Menschen, die die Erde hassen, sie ihrem Ende entgegentreiben.

Träume der Zerstörung

Seit langem hatte ich viele, viele Träume, die mir die Veränderungen des Lebens auf der Erde ankündigten. Ich träumte von diesen Dingen, bevor sie tatsächlich geschahen. Ich habe diese Träume gehabt, aber auch andere Menschen. Ein Grund dafür, warum ich den Bärenstamm aufbaute, lag darin, daß ich sah, wie verheerende Kräfte der Zerstörung in die Städte und andere Orte gelangten.

Ich sah eine Zeit voraus, in der die Städte nicht mehr in ihrer jetzigen Form existieren würden. Während der Veränderungen werden die gefährlichsten Plätze solche sein, die sich in der Nähe von Atomkraftwerken oder chemischen Fabriken befinden. Alle großen Städte werden erleben, wie die Struktur des öffentlichen Dienstes völlig zusammenbricht. In meinen Träumen sah ich hochaufgetürmte Müllberge in den Straßen, die elektrische Versorgung war völlig eingestellt wegen der Stürme, Erdbeben und Wasserrohrbrüche, und wegen Zusammenbruchs des ganzen Systems herrschte zudem allgemeiner Gasmangel.

Wenn es kein Geld gibt, um die Gehälter zu zahlen, dann kann auch die Polizei die Menschen in den Städten nicht mehr schützen. An ihrer Stelle sah ich in meinem Traum eine andere Form von Polizei, die sich in Banden zusammengeschlossen hatte, die man »Bewaffnete Brüder« nannte. Sie nahmen sich mit Waffen, was immer sie wollten. Dies geschieht bereits in anderen Teilen der Welt. Ich kenne die Geschichte eines Mannes, der in der Flughafentoilette in Lima von Männern, die Polizistenkleidung trugen, mit Handschellen gefesselt und danach völlig ausgeraubt wurde.

Ich sah in meinen Träumen Kämpfe zwischen Angehörigen verschiedener Rassen in den Straßen der Städte sich erheben, die von Gangs ausgetragen werden, unendliche Folgen blutiger Rachefeldzüge, in denen wiederum Waffen dem Stärkeren zu allem verhelfen werden, was er will. Ich sehe Epidemien in den Städten ausbrechen, wegen verseuchtem Wasser, hochgiftigen Chemikalien und auch aus anderen Gründen. Zum Beispiel wird im Südwesten der Vereinigten Staaten die Beulenpest durch Flöhe verbreitet, die im Pelz von Eichhörnchen leben. Falls diese Flöhe sich auch bei Ratten in den großen Städten einnisten, werden wir noch riesige Probleme bekommen. Die Beulenpest wurde im Mittelalter der »Schwarze Tod« genannt. Früher hallte der Ruf durch die Dörfer: »Bringt eure Toten heraus.« Sie trugen die Leichname fort, verbrannten sie und hofften, daß sie so das weitere Ausbreiten dieser tödlichen Krankheit verhindern könnten. Heute gibt es epidemische Verbreitung von Krankheiten wie der Lungenentzündung, die sich über den schleimigen Auswurf der erkrankten Menschen rasch verbreitet.

Ich sah in meinen Träumen auch Menschengemeinschaften, die sehr verbunden mit der Erde lebten. Ich sah, daß auch andere Menschen zu ihnen stießen und daß sie diese Neuankömmlinge bei ihrer Aufnahme herzlich umarmten. »Du hast überlebt«, war alles, was sie zu ihnen sagten. Es gab keine »-ismen« in dieser Welt mehr. Keinen Katholizismus, keinen Kommunismus, nichts dergleichen. Wir alle waren menschliche Geschöpfe, die nach heiligen Regeln auf der Erde lebten.

Ich sah in meinen Träumen auch Getreidekörner, die Fäulnis angesetzt hatten. Sie trugen dropsgroße Klumpen von Fäulnis, von einer gefährlichen Krankheit, die das Getreide vollständig zerfraß. Große Vögel, Krähen oder auch Geier lauerten in der Nähe. Und weil diese Vögel kein Futter fanden, zerstückelten sie die Leichen von gerade verstorbenen Menschen.

Ich erzählte einem Mann, der landwirtschaftliche Forschung betreibt, von meinem Traum. Er sagte: »Du siehst die Wahrheit, Sun Bear. Es gibt mittlerweile Krankheiten bei Pflanzen, die wir nicht mehr unter Kontrolle bringen können. Sie verwildern, und wir bringen die Entwicklungen einfach nicht mehr unter Kontrolle. In manchen Gegenden greifen sie von einem Feld auf alle umliegenden über. In Idaho gibt es Gebiete, wo die Menschen nicht mehr ihre großen Tomaten und Zwiebeln anbauen können, weil dort die spezielle Krankheit ausbricht, die die Feldfrüchte verfaulen läßt.«

1973 wütete ein Brandpilz in den Anbaugebieten der südlichen USA und brachte den Farmern einen Verlust von drei Vierteln ihres Getreides ein. Dieser Brandpilz griff von einem Feld auf das nächste über und zerstörte so Tausende Morgen bereits bebauten Gebiets. Dies passiert vor allem mit den künstlich gezüchteten Pflanzenarten, weil sie über zuwenig Abwehrkräfte verfügen.

Viele Richtlinien für mein Leben sind Eingebungen aus meinen Träumen. Ich weiß, daß die Traumzeit von großer Bedeutung ist. Dies ist die Zeit, während der man die Alltagsgedanken ausblendet. Und infolgedessen wird man zugänglich für die Botschaft des Geistes. Dies ist die Zeit, in der dir der Geist Wissen und Botschaften übermitteln kann. In den frühen achtziger Jahren habe ich von Erdbeben gesprochen, die die Sowjetunion noch vor dem Jahre 2000 erschüttern würden.

In den späten Achtzigern ereigneten sich diese Erdbeben tatsächlich. Ich träumte 1980 von einer iranischen Karte. Im Traum verschwand das Wort »Iran« von der Karte. Der Geist sprach zu mir, daß dieser Traum bedeuten solle, daß durch kriegerische Einfälle der Nachbarn und Erdbeben der Iran völlig zerstört würde.

Während meines Aufenthalts in Deutschland träumte ich, ich sei in einem Wald. Ich fand dort einen Wolfsschädel, an dem verrottetes Fell und Haare klebten. Ich wischte das faulige Fleisch mit meinen Fingern ab. Ich fragte den Geist, was dies zu bedeuten habe. Der Geist antwortete mir, daß der Schädel den früheren Geist Deutschlands darstelle. Er fuhr fort, es gäbe immer noch politisch organisierte Menschen, die versuchten, das Werk der Zerstörung in Deutschland fortzuführen. Diese Menschen würden aber verdrängt werden, und die anderen Deutschen würden wieder auf ihrem spirituellen Weg, gemäß ihren heiligen Vorschriften, wandeln.

Ein Jahr später bereitete ich mich in Deutschland auf ein Seminar vor. Eine Frau kam zu mir, bevor das Seminar begann. Sie erzählte, daß sie einen Traum von gewaltiger Kraft geträumt habe. Sie hatte einen Wolfsschädel gesehen und hatte erfahren, daß dies den früheren Geist Deutschlands darstelle. Die Geister sprechen auf unterschiedliche Weise zu verschiedenen Menschen.

Die Aborigines in Australien sind berühmt für ihre Traumkunst. Sie sagen, daß 40000 Jahre ihrer Traumzeit als Teil zu ihren heiligen Lehren gehören. Sie träumen von ihren Kindern, bevor diese geboren werden. Sie erträumen sogar deren Geschlecht und deren besonderen Charakter. Sie besitzen bestimmte Orte, zu denen sie gehen, um Träume zu erbitten.

Als ich ihnen einen Besuch abstattete, baten mich die Aborigines darum, für sie zu träumen. Ich bat um einen Traum. In meinem Traum sah ich einen Platz am Meer, der von einer großen Sanddüne bedeckt war. Ich erzählte ihnen, daß ich eine Bewegung von Steigen und Sinken beobachten konnte, und daß ein Teil ihres Landes vom Wasser umspült werden würde. Sie stimmten mir zu, denn sie wußten dies bereits aus eigenen Träumen.

Ihr seht also, daß auch dies Teil unserer Fähigkeit zu träumen ist! Mir ist oft schon ähnliches widerfahren. Ich träume beispielsweise von einer Katastrophe – und dann passiert sie. Im Dezember 1988 sah ich, wie zwei Flugzeuge in der Luft plötzlich Feuer fingen. Drei Wochen später explodierte durch eine Bombenexplosion eine TWA-Maschine über Schottland, und kurz danach fing eine britische Maschine auf ihrem Flug Feuer und zerschellte am Boden. Ich glaube fest an die Fähigkeit, Ereignisse in Träumen vorherzusehen. Ich ermutige euch alle, um Träume zu beten und so dem Geist zu gestatten, euch Dinge im voraus mitzuteilen.

Der Schleier lüftet sich

Es gibt eine weitere Vorhersage meines Volkes, die auf einer der Schriftrollen der Chippewa niedergelegt wurde. Sie spricht von den vier Welten. Diese werden durch vier Kreise dargestellt, die in eine Birkenrinde geschnitzt wurden. In jedem der Kreise findet sich alles, was der Menschheit widerfahren kann, alle Veränderungen und gewaltigen Ideen.

Ein Bär steht in der Mitte des Kreises und streckt seine Zunge heraus. Die Deutung dieser Zeichnung sagt, daß der Bär mit seiner Zunge den Schleier durchstößt, der uns von der nächsten Welt trennt. Dies vermittelt uns Menschen das Wissen, in die nächste Welt einzugehen. Ich hatte meine Lehre schon seit fünf Jahren aufgenommen, als ich endlich die Bedeutung dieser Vision verstehen konnte.

Dies habe ich getan. Ich habe den Schleier zur fünften Welt durchstoßen und wollte uns helfen, besser in diese Welt zu gelangen. Ich habe mein Wissen mit den Menschen geteilt, um ihnen zu ermöglichen, sich von dieser vierten Welt zu befreien, in der wir noch leben. Ich übergebe mein Wissen über die großen Veränderungen auf der Erde, die Prophezeiungen, die kommenden Ereignisse und gewähre so den Menschen kurze Einblicke in die nächste Welt.

Ich habe viele Visionen über diese Zeit der Veränderung gehabt und auch darüber, wie wir sie überstehen werden. Ich fühle tiefe Verantwortung in mir, mein Wissen mit den Menschen zu teilen, die innerlich bereit dazu sind. Wenn sie allerdings noch nicht diese Bereitschaft besitzen, kann ich nichts für sie tun.

Bis 1970 habe ich nur mit Indianern gearbeitet. Dann aber sprach der Große Geist über die Zeit der Veränderung zu mir, und ich mußte mich nach außen wenden, an alle Menschen, Indianer und Nicht-Indianer. Ich folgte den Richtlinien des Geistes und mußte feststellen, daß die Veränderungen der Erde seit den frühen siebziger Jahren eine bedrohliche Kraft entwickelt hatten.

Eine andere Prophezeiung der Indianer ist, daß eine Zeit naht, in der Mutter Erde ihr Wachstum zurückhalten wird. Ein Gebiet würde zu feucht sein, ein anderes zu trocken; ein Ort wäre zu heiß, ein anderer zu kalt.

Diese prophezeiten Phänomene erleben wir gerade. Seit den letzten Jahren gibt es immer mehr Nachrichten über die Dürre an diesem Ort, einen Kälterekord an jenem, Hitzewellen an einem anderen. Vor einigen Jahren sind vier Milliarden Dollar Schäden in der Landwirtschaft durch Dürrekatastrophen entstanden, zur gleichen Zeit wurden die Flüsse des Mittleren Westens überflutet, was wiederum gewaltige Schäden anderer Art nach sich zog.

Ein anderer Teil dieser indianischen Zukunftsvisionen besagt, daß viele Flüsse ihren Verlauf ändern werden. Wenn also der Missouri in den späten Achtzigern Hochwasser führte, suchte er sich gleichzeitig ein neues Flußbett.

Die heiligen Regeln

Um 1953 sprach ein Kahuna-Medizinmann aus Hawaii davon, daß, wenn sich Veränderungen der Erde ergäben, zwei Vulkane zur gleichen Zeit ausbrechen würden. Dies geschah 1984, als sowohl Mauna Kea als auch Kilauea zur gleichen Zeit große Eruptionen zeigten.

Ich kenne einen alten Mönch der Hindureligion. Er sagte mir, daß seinem Volk eine Weissagung geschenkt sei, die die Veränderungen der Erde mit dem Sterben der Bäume beginnen ließe. Die Bäume sterben jetzt überall in Europa; in Schweden nahezu 85 Prozent. Das Waldsterben hat auch in Teilen Kanadas und der USA eingesetzt. Die Bäume gehen durch sauren Regen und andere Vergiftungen der Umwelt zugrunde.

Ganz Deutschland sieht aus wie Los Angeles an einem Tag mit Smogalarm. Der Rhein ist durch Abwasserzuleitungen verseucht, das Grundwasser vielfach in bedenklichem Zustand.

Mehr und mehr beobachten wir diese großen ökologischen Probleme überall auf der Welt. Der Mensch ist in eine Lage geraten, mit der er überhaupt nicht mehr umzugehen weiß. Eine unserer indianischen Prophezeiungen sagt eine Zeit voraus, in der Menschen es nicht mehr wagen werden, ihre Häuser zu verlassen, weil in der Luft Gift liegt.

Ich befand mich gerade in Deutschland, als in der UdSSR die Tschernobyl-Katastrophe passierte. Und genau wie die Prophezeiung es beschrieb, wurden die Leute davor gewarnt, sich wegen der radioaktiven Strahlung außerhalb ihrer Häuser aufzuhalten.

Im Winter 1988, zwei Jahre nach Tschernobyl, erreichten die UdSSR und Europa nie dagewesene Kältetemperaturen. Diese beiden Ereignisse sind eng miteinander verbunden. Wir Menschen bringen Bedingungen hervor, unter denen sich Erde und Natur verändern. Die Menschheit hat an diesem Prozeß maßgeblichen Anteil.

Die heiligen Lehren weisen uns darauf hin, daß wir auf der Erde in umfassende Veränderungsprozesse geraten. Viele unserer Prophezeiungen haben sich erfüllt: Wir stehen am Ende einer Ära und dem Beginn einer neuen Welt. Obwohl die Veränderungen Teil einer vorhergesagten Serie von Ereignissen sind, ereignen sie sich schneller, weil auch wir Menschen an ihnen mitwirken. Während dieser Zeiten wird es schwierig für unsere Mutter Erde sein, sich vor der Zerstörung durch uns Menschen zu schützen.

Die Erde hat während ihrer ganzen Existenz immer wieder große Veränderungen durchgemacht. Der Unterschied zur jetzigen Situation ist das Tempo, mit dem der Mensch sowohl die Qualität seiner Eingriffe als auch die Geschwindigkeit ihrer Abfolge erhöht.

Mein Volk sieht diese Zeiten großer Veränderungen als Zeiten der Reinigung und des Fortschritts an. Der Menschheit bietet sich eine unschätzbare Möglichkeit, eine höhere Bewußtseinsstufe zu erreichen. Die Menschen, die diese Veränderungen überleben, werden nur diejenigen sein, die diesen Schritt vollzogen haben. Sie sind diejenigen, die ein höheres Bewußtseinsniveau erreichen werden, das ihnen ein Leben nach den heiligen Regeln ermöglicht. Wir befinden uns jetzt auf der vierten Stufe; wenn wir die fünfte erreichen, werden nur die Menschen, die auf dem heiligen Pfad wandeln, den Hellen Tag erleben.

In der Fünften Welt werden wir fähig sein, in mehr Harmonie mit der Erde und miteinander zu leben. Darauf müssen wir durch die Veränderungen um uns herum und durch spirituelle Lehrer vorbereitet werden, die nun unter uns leben. Es wird in der Fünften Welt keine Menschen mehr geben, die ihre Zeit zur Zerstörung der Erde und zum gegenseitigen Schaden verwenden.

Ich sehe voraus, daß etwa ein Viertel der Weltbevölkerung überleben wird. All diejenigen, die weiterleben, werden dies nur aufgrund ihres erweiterten Bewußtseins tun. Ich glaube daran – und meine Ansicht wird von anderen Indianern geteilt –, daß weise spirituelle Lehrer zu uns kommen werden. Einige von ihnen sind bereits unter uns. Sie werden aktiv dabei helfen, die Menschheit durch die Zeit der Veränderung zu führen. Danach besitzen wir ein völlig neues Verständnis der wirklich wichtigen Dinge. Dies ist die Zeit der Reinigung, und viele Dinge werden nicht mehr bestehen, wenn die Zeit der Reinigung abgeschlossen ist.

Kleine Schwester spricht

Eine der heiligen Wahrsagungen der Indianer wurde ihnen schon vor langer Zeit geschenkt. Sie besagt, daß eine Zeit naht, in der »Kleine Schwester« sprechen und »Großvater antworten« wird; und das Land würde dann vom Ozean weggeschwemmt werden. Im Dezember 1979 verließ einer meiner Medizinbrüder die Gegend und zog mit seinen Leuten von der Westküste des Staates Washington nahe einem Ort namens Spirit Lake (Geistersee) nach Idaho, etwa 90 Kilometer von meinem Wohnort entfernt. Er sprach zu mir: »Die Zeit der Erfüllung dieser Vorhersage ist nun gekommen. Der Berg, den wir Kleine Schwester nennen, heißt in unseren Geographiebüchern Mount St. Helens.«

Im Dezember 1979 betrachteten die Geologen den Mount St. Helens noch als schlafenden Vulkan. Im März 1980 begann Kleine Schwester flüsternd zu sprechen. Am 18. Mai 1980 sprach Kleine Schwester lauter; ein großer Teil des Berges, eine ganze Kubikmeile, wurde bei dem Ausbruch in die Luft gerissen, und über den ganzen Nordwesten verstreute sich Vulkanasche. 67 Menschen hatten der indianischen Prophezeiung keinen Glauben geschenkt und starben in der Nähe des Spirit Lake. Wir Indianer aber betrachteten den Vulkanausbruch als Zeichen der Reinigungszeit, der Erneuerung der Erde. Als Kleine Schwester sprach, erkannten wir, daß sich hier die Kraft des Schöpfers Durchbruch verschaffte.

Wir hatten dieses Jahr wie immer unsere Gärten bestellt, hatten das Weideland für unser Vieh gepflegt. Wir waren über das Land gezogen, hatten mit der Hand die Grassamen ausgesät, weil wir keine teuren Saatmaschinen besaßen. Wir hatten um Regen gebetet, damit die Saat im Boden Wurzeln schlagen könne. Der Schöpfer tat noch ein übriges. Er gab uns eine wenige Zentimeter dicke Humusschicht; danach kam der Regen. Wir hatten das beste Weideland aller Zeiten und Gärten, in denen fast die Hälfte mehr wuchs als in früheren Jahren. Wir bauten in diesem Jahr einen neuen Keller, weil wir viel mehr Lebensmittel zu lagern hatten als früher.

Die Vulkanasche trug zur Regenerierung des ganzen Landes bei, dessen Fruchtbarkeit durch falschen Anbau fast völlig zerstört worden war.

Der andere Teil dieser Prophezeiung aus dem Nordwesten lautet: »Großvater wird antworten. Das Land wird vom Ozean weggeschwemmt werden.« Dies ist eine machtvolle Vision.

1986 hielt ich in Seattle einen Workshop mit Sandra Ray ab, der Gründerin der *Loving Relationships* und Autorin mehrerer Bücher. Sie lud mich ein, eine heilige Feier auf der Spitze des Mount Rainier abzuhalten. Wir begaben uns dorthin, und ein Förster erzählte den Touristen dort gerade etwas über die Geschichte des Berges und die vielen Schneehöhlen dort: »Es gibt eine indianische Prophezeiung über diesen Berg und den Mount St. Helens. Die Indianer sagen, daß Kleine Schwester sprechen und das Land vom Ozean weggeschwemmt werden wird.«

Vor etwa drei Monaten, so berichtete der Förster weiter, hatten sich zwei neue Krateröffnungen gebildet; da wußte er, daß dieser Vulkan noch aktiv war. Ich glaube, daß es noch vor dem Jahr 2000 dort einen neuerlichen Vulkanausbruch geben wird; sollte dies der Fall sein, dann wird er Land mit ins Meer reißen. Das Seltsame daran ist, daß Vulkane niemals fragen, wem das Land gehört, das sie sich auf diese Weise wieder aneignen.

Als der Mount St. Helens ausbrach, war die Zeit der Erfüllung der Vision der Nordwest-Indianer gekommen. Unter ihnen waren einige bedeutende Propheten mit großer visionärer Kraft.

Einer von ihnen war Häuptling Seattle vom Suquamish-Stamm. Seine Prophezeiungen sind in einem seiner bedeutendsten Vorträge enthalten, der zu den berühmtesten indianischen Reden überhaupt zählt. Er spricht darin auch von der Zeit, als der Weiße Mann in den Nordwesten des Landes kam und das indianische Volk dort tötete.

Häuptling Seattle sagte: »Wir wissen, daß der Weiße Mann unser Leben nicht versteht. Ein Stück Land gleicht für ihn einem anderen, denn er ist ein Fremdling, der bei Nacht kommt und all das Land stiehlt, das er braucht. Die Erde ist nicht sein Bruder, sondern sein Feind, und wenn er sie sich unterworfen hat, zieht er weiter. Sein Hunger wird die Erde verschlingen und nichts als Wüste zurücklassen.

Die Luft ist für den Roten Mann kostbar, denn alle Dinge teilen den gleichen Atem – Tiere, Bäume, Menschen – sie atmen die gleiche Luft. Der Weiße Mann geht achtlos mit der Luft um, die er atmet. Wie ein Mann, der seit vielen Tagen stirbt, nimmt er den Gestank nicht mehr wahr...

Ich habe viele tausend Büffel in der Prärie verwesen sehen, die der Weiße Mann aus einem fahrenden Zug abschoß und dann einfach liegenließ. Ich bin ein Indianer und verstehe nicht, wie das rauchende eiserne Pferd wichtiger sein kann als der Büffel, den wir nur töten, um am Leben zu bleiben.

Was ist der Mensch ohne Tiere? Wenn alle Tiere verschwunden sind, wird der Mensch an geistiger Einsamkeit sterben. Denn was auch immer den Tieren geschieht, geschieht später auch dem Menschen. Alle Dinge sind miteinander verbunden.

Lehrt eure Kinder, wie wir unsere Kinder gelehrt haben, daß die Erde unsere Mutter ist. Was immer der Erde geschieht, geschieht später den Kindern der Erde. Wenn die Menschen auf die Erde speien, speien sie sich in Wahrheit selbst an.

Wir haben das Wissen. Die Erde gehört nicht dem Menschen; der Mensch gehört vielmehr der Erde. Alle Dinge sind verbunden wie das Blut, das eine Familie vereint. Alle Dinge sind miteinander verwoben; was immer der Erde zustößt, stößt auch den Kindern der Erde zu. Der Mensch hat nicht das Netz des Lebens gewebt; er ist nur ein Faden, aus dem es geknüpft ist. Was er diesem Netz antut, tut er sich selbst an.

Sogar der Weiße Mann, dessen Gott mit ihm reist und zu ihm wie ein Freund spricht, kann aus diesem gemeinsamen Schicksal nicht ausgenommen werden. Wir könnten Brüder sein. Dies müssen wir noch erfahren. Wir wissen eine Sache, die auch der Weiße Mann eines Tages entdecken wird: Unser Gott ist derselbe Gott. Er ist der Gott der Menschen, und sein Mitgefühl für den Roten Mann und den Weißen Mann ist gleich. Diese Erde ist ihm kostbar; ihr Böses anzutun bedeutet, den Schöpfer mit Verachtung zu überhäufen. Auch der Weiße Mann wird untergehen, vielleicht sogar schneller als alle anderen Stämme. Wenn du dein eigenes Bett beschmutzt, wirst du eines Nachts an deinem eigenen Schmutz ersticken.

Aber euer Tod wird ein flammendes Zeichen sein, das durch die Kraft Gottes in Brand gesetzt wurde, der euch zu diesem Land brachte und euch die Herrschaft über dieses Land und über den Roten Mann gab. Dieses Schicksal ist für uns voller Geheimnisse, denn wir wissen nicht, warum alle Büffel geschlachtet, alle Wildpferde gezähmt, alle geheimen Stellen des Waldes schwer von dem Geruch vieler Menschen sind und warum der Blick von den Hügeln durch den sprechenden Draht verstellt ist. Wo ist der dichte Wald? Fort. Wo ist der Adler? Fort. So endet das Leben und beginnt das Überleben.«

Ein anderer Seher hieß Smohalla. Er begründete die *Washani*-Religion (Religion der sieben Trommeln) und warnte die Menschen vor der Ankunft der gierigen »Upsuch«. Er beschwor sein Volk, auf den überlieferten Wegen zu bleiben. Einige Träume des Smohalla waren weiterhin in einem seiner Schüler lebendig – Wovoka, der Geistertanz-Messias. Wovoka lehrte viele indianische Völker, daß der Frühling wiederkommen und die Erde wiedergeboren würde, wenn sie nicht aufhörten, zu tanzen und zu träumen.

Der Kampf der Schlangen

Auch eine andere Vision hat sich erfüllt. Sie stammt von den Irokesen. Einst wurde sie durch einen weisen Mann dieses Volks ausgesprochen: Mad Bear Anderson. Er bat mich persönlich darum, sie auch anderen Menschen zu überbringen.

Diese Prophezeiung handelt vom Kampf der Schlangen. Bei den östlichen Völkern wie den Irokesen tragen die spirituell begabten Menschen oft Stäbe. Auf einigen dieser Stäbe sind drei Schlangen zu sehen. Eine ist weiß, eine andere rot, ihre Körper gleichen sich; die dritte ist schwarz. Dies bedeutet, daß sie dieselben Ziele in der Menschheitsgeschichte verfolgen: Unterwerfen, Eroberung und Kontrolle. Die Prophezeiung sagt, daß die weiße und die rote Schlange kämpfen werden, bis das Wasser der Flüsse kocht und die Fische tot an der Wasseroberfläche schwimmen. Dann erscheint die schwarze Schlange und besiegt die weiße und die rote Schlange. Nach ihrem Sieg wird sie nachforschen, ob es nicht noch andere gäbe, mit denen sie kämpfen könnte. Sie wird die Indianer entdecken, die sich gemeinsam mit anderen Menschen, die den heiligen Weg der Erde lernen wollten, auf dem Hügel versammelt haben. Zuerst wird sie sich ihnen mit kämpferischen Absichten nähern, doch dann wird sie in Furcht geraten, denn sie wird sehen, wie das große Licht von Deganawida, dem großen Lehrer der östlichen Indianervölker aufsteigt. Ihre Angst wird so übermächtig werden, daß sie die Flucht ergreift und niemals wieder Menschen in Unruhe versetzt.

Die Deutung, die uns der Geist dazu gegeben hat, lautet, daß die weiße und die rote Schlange die Vereinigten Staaten und die UdSSR darstellen. Sie kämpften so lange, bis das Wasser der Flüsse vor Hitze brodelte, Fische nach vielen Atomtests tot an der Wasseroberfläche schwammen; es herrschte Kalter Krieg, es wurden Stellvertreterkriege geführt, für die beide Seiten Waffen lieferten; sie brachten andere Völker dazu, an ihrer Stelle zu kämpfen. Die Vereinigten Staaten und die Sowjetunion kämpften miteinander, bis sie all ihre Ressourcen erschöpft hatten. Schließlich waren sie durch ihre andauernden Kriege so tief verschuldet, daß sie nicht mehr weiterkonnten. Dies spiegelt unsere heutige Situation wider.

Dann erscheint die schwarze Schlange auf dem Schlachtfeld – die östliche Gefahr. Die islamischen Staaten haben sowohl die USA als auch die UdSSR in Kriege verwickelt, die diese nicht für sich entscheiden konnten. Sie besiegten die USA im Libanon, die Sowjetunion in Afghanistan. Keiner von ihnen weiß, wie er gegen diese schwarze Schlange gewinnen kann.

Nun kommen wir zur zweiten Ebene: zum Krieg der islamischen Staaten. Die Ölfelder liegen inmitten der Schlachtfelder. Dieser Kampf wird alle Völker wirtschaftlich zerrütten, den Völkern den letzten Dollar und die letzte Mark aus der Tasche zerren. Alle diese einzelnen Länder sind im Übermaß vom Erdöl im Transportwesen, der Produktion und der Landwirtschaft abhängig. Diese Abhängigkeit wird sich nun verhängnisvoll auswirken.

Die vier Welten

Visionen voller Kraft wurden mir auch von anderen Völkern berichtet, so zum Beispiel von einem alten Mann aus dem Hopivolk namens Soloho. Bevor er mir seine Vision gab, sagte er zu mir: »Nun sollst du dies mit anderen Menschen teilen.« Vielleicht erzählen es andere Weise des Hopivolks in einer anderen Weise, aber dies ist, was er mir erzählte.

Er gab mir eine Adlerfeder und sprach: »Dies ist mein Geschenk für dich. Denn sie stammt aus der Brust des Adlers, sie steht für seine Lebenskraft; die Brust bedeutet die Fähigkeit, Wissen zu vermitteln. Bringe dies zu den Menschen.«

Soloho ist ein Medizinmann von großer Heilkraft. Er tat ähnliche Dinge, wie sie die Geistheiler auf den Philippinen vollbringen. Er besitzt außerdem das Wissen der Hopivisionen, die er mit mir geteilt hat. Nur zwei ihrer Clans haben das gesamte Wissen aller Weissagungen; verschiedene Dörfer besitzen nur Teile davon.

Die Hopi sprechen von vier Welten. In die erste Welt hatte der Schöpfer die Menschen versetzt. Solange sie in Gleichgewicht und Harmonie lebten, wurde ihnen das Leben dort gestattet. Als sie gegen dieses harmonische Leben mit dem Geist verstießen, rief er sie zur Reinigung auf. Er riet den Menschen, die weiterhin dem heiligen Pfad folgen wollten, sich in der Erde zu verbergen; dort würden sie geschützt sein. Die Stelle, an der sie in die Erde hinabstiegen, befand sich im Grand Canyon. Dies ist eine große Öffnung, die tief in die Erde mündet, niemand weiß, wie tief. Eine weitere Erdöffnung dieser Art gibt es in Arizona. Man nennt sie das Atmungsorgan des Planeten. Ein Wind bläst immer daraus hervor.

Die Menschen der ersten Welt stiegen tief in das Loch hinab, um während der Zeit der Großen Reinigung sicher zu sein. Sie stiegen hinab, und der Schöpfer befahl den Vulkanen, auszubrechen. Sie gehorchten ihm und verstreuten Lavagestein über das ganze Land. Dabei traten Gase aus, die jeden töteten, der sich nicht sicher in der Erde versteckt hatte. Die Menschen aber blieben in ihrem unterirdischen Versteck, solange es ihnen der Schöpfer befahl; sie hatten sich ausreichend Nahrungsmittel mitgebracht.

Nachdem die Katastrophe vorüber war, kamen sie wieder hervor und bevölkerten die Erde. Dies war die zweite Welt. Die Menschen lebten länger als in der vorhergehenden. Doch auch sie verloren mit der Zeit ihr harmonisches Gleichgewicht. Sie glaubten, alle Antworten zu besitzen und waren nicht mehr bereit, auf den Großen Geist zu hören. Erneut verlangte der Schöpfer eine Reinigung. Er befahl den Trägern des Geistes, die den Nord- und den Südpol bewachten, ihre Plätze zu verlassen und die Erdbahn freizugeben. Die Erde drehte sich nun frei; es kam zu einer Veränderung der Pole. Starke Winde rasten über die Erde, Eisfelder erstreckten sich über die Kontinente. Diese Reinigung war sehr machtvoll.

Bis zu dieser Zeit war die weiche Stelle, die wir alle an unserem Hinterkopf besitzen, während des ganzen menschlichen Lebens offen gewesen. Nach dieser zweiten Reinigung verschloß der Schöpfer diese Stelle, denn die Menschen waren nicht bereit, auf dem heiligen Pfad zu wandeln. Nun würden die Erfahrungen sich unter größeren Schwierigkeiten einstellen.

In der dritten der Welten bevölkerten die Menschen die Erde in stärkerem Maße als vorher. Diesmal erreichten sie mehr Wissen, besaßen sie größere Fähigkeiten. Sie erbauten große Städte und konstruierten Maschinen, die fliegen konnten. Aber die Städte führten Krieg, grenzten das Land gegeneinander ab und erklärten, daß es einer Person oder einem Stamm gehöre. Sie entwickelten Kristalle und benutzten sie in übler Absicht. Sie entwickelten bestimmte Laserstrahlen, die auch zerstören konnten. Der Geist aber sah all ihre Verderbtheit.

Und wieder rief er zu einer Reinigung auf. Er befahl den Wassern der Meere anzusteigen und den Wassern der Himmel herabzufließen. Diese Reinigung war die Sintflut. Wenige wurden auf diesem Kontinent verschont, nur ein Mann und seine zwei Söhne und deren Familien wurden in leblosen Zustand versetzt, in dichte Behälter gesperrt. Sie schwammen auf dem Wasser, bis das Wasser wieder sank. Dann gingen sie an Land.

Der Vater der beiden Brüder wandte sich den alten Schändlichkeiten zu. Der Schöpfer entfernte ihn sofort und beendete sein Leben. Die beiden Söhne und ihre Familien aber wollten den heiligen Weg des Schöpfers beschreiten. Der eine sollte sich dabei gen Osten wenden und dort die Länder besiedeln, der andere wurde in den Westen geschickt. Der in den Westen gesandt wurde, war der Hopi. Der andere aber, der in den Osten ging, war sein Weißer Bruder.

Den Hopi wurde geweissagt, sie würden das Land finden, in dem sie leben sollten. Ein blauer Stern sollte ihnen den Weg weisen. Und wirklich tanzte er am Himmel und führte sie. Als sie endlich das Land erreicht hatten, hielt der Stern inne. Und so wußten sie, daß dies ihr Land sei.

Dann wurde den Hopi gesagt, daß einige von ihnen gen Westen, andere gen Süden, wieder andere gen Norden, weitere gen Osten gehen sollten; daß alles, was jene aus diesen Gebieten mitbrachten, Teil ihres Weges und ihrer Lehre werden sollte. In dem Gebiet der Hopi im heutigen Arizona feiern sie Zeremonien, die mit Papageien verbunden sind, die sie aus Südamerika mitgebracht haben. Und es gibt auch andere fremdartige Tiere in ihren Ritualen, die von anderen Gebieten stammen, in denen sie gelebt haben.

Man sagte ihnen, ihr Land werde sehr rauh sein; aber wenn sie die heiligen Feiern vollzögen, würde es fruchtbar werden. Sie mußten jedes Jahr Gebete sprechen und bestimmte Zeremonien durchführen. Sie blieben auf dem Land, das ihnen gegeben worden war, pflanzten dort ihr Getreide und sprachen darüber ihre Gebete. Jedes Jahr bearbeiteten sie den Boden, bewässerten ihn und ernteten ihr heiliges Getreide.

Man sagte ihnen, sie sollten auf den wahren Weißen Bruder warten. Als erstes kamen die Spanier, und sie fragten sie: »Seid ihr unsere wahren Weißen Brüder?« Die Spanier entgegneten jedoch: »Wo ist das Gold? Wo ist das gelbe Metall?« Und so wußten die Hopi, daß diese nicht die wahren Weißen Brüder waren. Als die nächsten Europäer kamen, fragten sie wieder: »Seid ihr unsere wahren Weißen Brüder?« Die Menschen aber wollten nur nach Kalifornien und sagten: »Dort ist das Gold. Wir gehen dorthin!«

Die Hopi besitzen steinerne Tafeln. Auf ihnen sind die wichtigsten Ereignisse festgehalten, die sich vor der Großen Reinigung ereignen werden. Diese Steintafeln lehrten die Hopi, daß Menschen mit eigenartigen Tieren kommen würden, die Kisten zogen (Güterzüge), und daß diese »Schachteln« aus eigener Kraft fahren würden (Eisenbahn und Autos). Man sagte ihnen, es würde ein Silberstreifen über dem Land liegen; das ist heute der Highway 66. Und man sagte ihnen, daß die Zeit kommen werde, zu der zwei Kräfte die Welt zweimal erschüttern würden. Das Symbol der einen Kraft sei die aufgehende Sonne – dies war Japan – und das Symbol der anderen sei das Zeichen der vier Himmelsrichtungen – Deutschland.

Den Hopi wurde mitgeteilt, daß zur Zeit eines dieser Konflikte eine Macht eine Kürbisflasche von Asche über die

Erde gießen würde, die das Wasser der Flüsse siedend machen und alle Fische töten würde. Dies war die Atombombe. Weiterhin wurde ihnen prophezeit, daß sie »Spinnennetze« am Himmel sehen würden, durch die die Menschen miteinander sprechen könnten – es handelt sich um die Telefon- und Telegrafenkabel. Die Zeit würde kommen, in der ein Adler auf dem Mond landen würde.

Als ein amerikanischer Astronaut, Neil Armstrong, von seiner Raumfähre aus den Mond betrat und sagte: »Der Adler ist gelandet«, war dies die Erfüllung der Hopi-Prophezeiung.

Den Hopi wurde geweissagt, sie sollten zu dem Ort gehen, an dem sich alle Völker der Welt versammelten; sie sollten versuchen, zu ihnen zu sprechen, um sie zu warnen, zu ihrem heiligen Weg zurückzukehren. Dreimal gingen sie zu dem Gebäude der Vereinten Nationen. Dreimal baten sie um Einlaß, dreimal wurde er ihnen verwehrt. Das vierte Mal begleitete sie mein spiritueller Großvater, Black Elk, und trug eine rituelle Pfeife vor sich her. Diesmal ließ man sie eintreten; dort aber konnte er nur zu einigen Delegierten sprechen. Man ließ ihn nicht im Namen der Hopi zur ganzen Versammlung sprechen. So kehrten die Hopi wieder zu ihrem Land zurück. Ihre Prophezeiungen besagten, daß, wenn dies geschähe, die Zeit der Großen Reinigung unmittelbar bevorstehe.

Den Hopi wurde geweissagt, daß die Große Reinigung sich auf zwei Weisen vollziehen werde. Zum einen würden alle vier Elemente in Bewegung geraten. An vielen Orten werde es Überflutungen geben, große Orkane zögen auf, wie man sie noch nie vorher gesehen hatte; die Erde würde beben und die Vulkane Feuer speien. Wir Indianer sehen Erde, Wasser, Feuer, Luft als Teil unserer Reinigung. Eben dies vollzieht sich jetzt.

Um sicher zu sein, müssen wir wieder lernen, auf die vier Elemente zu achten, die Teil der Reinigung der Erde sind. Die Erde wird von den Erdbeben, die Luft durch Orkane und Wirbelstürme, das Feuer durch Vulkane und das Wasser durch Überschwemmungen und Dürre dargestellt.

Der andere Teil der Großen Reinigung würde sich durch ein Volk vollziehen, dessen Farbe rot sei. Es würde an einem einzigen Tag über das Land kommen und es erobern. Wenn dies einträfe, so wurden die Hopi gewarnt, sollte keiner sich außerhalb seines Hauses aufhalten, denn es würde etwas in der Luft liegen, was sie sonst töten würde.

Ich erzählte diese Prophezeiung im April 1986 in Deutschland, und am nächsten Tag wußten die Deutschen, was damit gemeint war, denn die atomare Katastrophe von Tschernobyl hatte sich ereignet...

Den Deutschen wurde gesagt, daß sie sich während der nächsten Tage nicht außerhalb des Hauses aufhalten sollten. Mich hat die Katastrophe von Tschernobyl tief in meinem Innersten verwundet. Starke Kräfte werden spürbar, wenn wir dieser Art von Zerstörung sehr nahe kommen.

Den Hopi wurde prophezeit, daß, falls es Leute gäbe, die wieder zum heiligen Weg zurückfänden, sie auch die Zeit der Großen Reinigung überleben würden. Wenn aber die Menschen nicht zu Gleichgewicht und Harmonie zurückfänden, würden einmal die Insekten wieder alleine die Erde bevölkern. Dies ist eine sehr interessante Aussage, denn die Insekten haben einen chitinhaltigen Panzer, der folglich Stickstoff enthält und sie vor Atomstrahlung schützt.

Den Hopi wurde gesagt, der blaue Stern würde wiederkehren und über ihrem Dorf tanzen. Vor sieben Jahren ereignete sich dies.

Den Hopi wurde ferner gesagt, ihr wahrer Weißer Bruder würde in ihr Land reisen. 1984 kam der wahre Weiße Bruder. Er stammt aus einem sehr entfernten Land, wo die Menschen auch die Kraft der Weissagung besitzen.

Der wahre Weiße Bruder hatte erfahren, daß ihr Land erobert werden würde und sie keine Möglichkeit mehr hätten, ihre heiligen Lehren weiterzugeben. Zu dieser Zeit sagten ihm prophetisch begabte Menschen, daß er in das Land des Roten Mannes gehen solle. Diese Menschen kamen aus Tibet. Ich habe sie getroffen und mit ihnen mein Wissen geteilt. Der Dalai Lama hat die Hopi besucht. Unsere Herzen sind in Harmonie vereint. An verschiedenen Plätzen der Welt nutze ich die tibetischen Zentren für meine Vorträge und Seminare. Ein starkes Gefühl verbindet uns. Es ist starke Medizin.

Den Hopi wurde geweissagt, daß die Menschen, die die Große Reinigung überleben, sich weiterentwickeln würden. Entweder würden sie die Religion bewahren, die sie bereits besaßen, oder sie könnten sich auch auf die Suche nach einer anderen begeben; oder aber sie wären so weit, daß sie keiner Religion mehr bedurften.

Ich versuche als eine wichtige Botschaft meinen Schülern zu vermitteln, daß sie die Bewußtseinsebene erreichen sollen, in der man die Gesetze im Herzen trägt. Dies ist für mich das eigentliche Ziel: So zu leben, daß man keinen Polizisten an jeder Ecke benötigt. Ein Leben zu führen, in dem jeder in sich selbst ruht und die Regeln im eigenen Herzen trägt. Das ist starke Medizin. Der berühmte Sänger Bob Dylan sagte einmal: »Um außerhalb des Gesetzes zu leben, muß man ehrlich sein.«

Die vier apokalyptischen Reiter

Das Matthäus-Evangelium erzählt, daß Jesus gefragt wurde, welche Zeichen die Zeit seiner Wiederkunft und das Ende der Welt ankündigen würden (auch im Griechischen steht das Wort, das Ende eines *Systems,* aber nicht das Ende allen Lebens meint). Die Bibel spricht davon, daß Jesus die Zeichen beschrieb, die sein Kommen ankündigen würden. Er sagte, Kriege und Konflikte würden stattfinden, ein Volk würde sich gegen ein anderes erheben, und Hungersnot, Epidemien und Erdbeben würden an vielen Orten der Welt stattfinden.

Im sechsten Kapitel des Buches der Offenbarung steht die Vision der vier Reiter der Apokalypse. Sie besagt, daß einschneidende Veränderungen zu dieser Zeit der Großen Reinigung auf der Erde geschehen würden. Der erste Reiter ist weiß und besitzt die Macht der Eroberung. Er nutzt sie, um Menschen zu zerstören.

Der zweite Reiter ist rot. Seine Macht besteht darin, den Frieden auf der Erde aufzuheben, so daß sich die Menschen gegenseitig umbringen. Diesem Reiter wurde ein riesiges Schwert gegeben.

Das dritte Siegel wird geöffnet, und ihm entspringt ein

schwarzer Rappe mit einem Reiter, der eine Waage in der Hand hält. Eine Stimme hinter ihm ist zu vernehmen, die spricht: »Ein Maß Weizen um einen Groschen, drei Maß Gerste um einen Groschen. Und dem Öl und Wein tue kein Leid.« Theologen deuten dies folgendermaßen: Es werde auf der Erde sehr hohe Preise für alles geben, wie in den Zeiten von Hunger und Dürre.

Wenn das vierte Siegel geöffnet wird, entsteigt ihm ein fahles Pferd; der Name des Reiters ist Tod, und auf ihn folgt die Hölle. Diesem Reiter wurde die Macht gegeben, mit dem Schwert zu töten, aber auch mit dem Hunger, der Krankheit und den Tieren, die auf der Erde lebten.

In diesem Buch der Offenbarung werden auch große Erdbeben erwähnt, die die Erde erschüttern und große Zerstörung anrichten. All dies zeigt, daß die Prophezeiungen der Bibel sich in Wirklichkeit verwandeln und tatsächlich geschehen, wenn die Zeit der Großen Reinigung für die Erde gekommen ist.

Der Sprung nach vorn

In Ohio lebte einer der großen Propheten. Tecumseh war zu dieser Zeit der Häuptling der Shawnee, und sein Zwillingsbruder Tenskwatawa wurde »der Prophet« genannt.

Als ich Hawaii bereiste, besuchte mich die Tochter des Propheten im Geiste. Es war eine Erfahrung voller Kraft für mich, denn sie befahl mir, eine heilige Handlung in Hawaii zu vollziehen. Sie sagte zu mir, Zeiten stünden bevor, in denen der ganze mittlere Westen der Vereinigten Staaten von schlimmen Erdbeben erschüttert werden würde. Schon zu

Beginn des 19. Jahrhunderts hatte Tenskwatawa seine Leute gewarnt, daß, wenn sie nicht Tecumsehs Botschaft befolgten und ihn auf seinem Weg unterstützten, er mit dem Fuß auf den Boden stampfen und den Boden bis hinunter nach Florida erschüttern würde. Genau dies passierte: Ein fürchterliches Erdbeben, das schlimmste, von dem man je gehört hatte, verwüstete das Land.

Die Große Reinigung der Erde, die wir schon jetzt erfahren, ist notwendig für die Sicherheit unseres Planeten. Sie ist notwendig, denn die Menschheit soll sich auf dieser Erde zur höchsten Bewußtseinsstufe entwickeln und dann lernen, wie sie dieses Wissen für sich selbst und die anderen Lebewesen praktisch anwenden kann.

Die Menschheit muß einen großen Sprung nach vorn machen. Die Veränderungen, die wir brauchen, sind nichts, was einfach zu bewerkstelligen wäre. Wir müssen *bewußt* einen Sprung nach vorne auf eine andere Bewußtseinsebene tun, um zu überleben – und *anders* leben zu lernen.

Wenn du dieses Bewußtsein, wenn du dieses Wissen erreicht hast, liegt es in *deiner* eigenen Verantwortung, noch weiter zu gehen. Wenn du ein neues Bewußtseinsniveau erreichst, fühlst du die eigene Wirklichkeit und weißt, daß es in deiner Hand liegt, noch mehr davon zu entdecken. Darin besteht nämlich die eigentliche Hilfe für andere Menschen, damit diese in Zeiten der Veränderung überleben können.

Wir müssen das Wissen wiederentdecken, daß uns so lange gestohlen oder vorenthalten wurde. Es ist für unser Überleben wichtig, daß wir dieses Wissen jetzt sammeln. Alle Prophezeiungen der Naturvölker und der Indianer haben sich bewahrheitet.

Meiner Ansicht nach vollziehen sich die Veränderungen der Erde auf sehr natürliche Art; ich habe keinerlei Probleme damit. Ich befinde mich nie an Orten, wo Vulkane ausbrechen. Tritt der Fluß über seine Ufer, bin ich schon weit weg und winke den kalten Fluten zu. Der Große Geist sagt mir, wo ich sein soll und wo nicht.

Ein Teil des Wissens besteht auch darin zu wissen, wo man zu sein hat. Darum bringe ich eine Zeitung heraus, und darum tue ich auch meine restliche Arbeit. Ich versuche, andere Menschen zu erreichen und denen zu helfen, die in Harmonie mit der Erde leben wollen. Diese Menschen werden vom Veränderungsprozeß nicht ausgelöscht werden.

Wenn du weißt, wo und wie du leben willst und dich darauf vorbereitest, kann dies eine sehr anregende, lehrreiche und aufregende Zeit sein.

3
Die Erde verändert sich

Die Lebensbedingungen auf unserer Erde ändern sich, und ich bin froh darüber. Die Veränderung ist notwendig für ein weiteres Überleben auf diesem Planeten. Wir Indianer wissen dies seit langem, und der Große Geist erinnert uns heute daran. Diese Veränderungen sind eine Zeit der Reinigung. Heute gleicht die Erde einem großen, struppigen Hund, und die Menschen ähneln den Flöhen, die sich in seinem verzottelten Fell eingenistet haben. Wenn der Hund sich schüttelt, geraten wir Menschen in Angst. Seit 1973 erleben wir eine Zeit der Veränderungen, und ich glaube fest daran, daß diese Periode über das Jahr 2000 hinaus andauern wird.

Der eigentliche Grund für kommende und bereits vollzogene Veränderungen unserer Lebensbedingungen liegt darin, daß viele Menschen nicht bereit sind, ihre eigene Persönlichkeit oder ihre Verhaltensstruktur zu überprüfen und zu korrigieren. Sie wollen der Verschmutzung unseres Lebensraums kein Ende machen, weigern sich, aktiv ein Leben in Harmonie zu führen. Sie werden auch weiterhin ihren Müll über den ganzen Planeten verteilen.

Vor einiger Zeit ging ich in einen Park, in dem sich eigentlich ein Tierschutzgebiet befindet. Bald hörte ich Rasseln und Klirren. Ich suchte nach dem Ursprung des Geräusches und fand ein Stinktier, dessen Kopf in einer Konservenbüchse klemmte. Ich wußte, daß das Tier sterben würde, wenn ich es nicht befreite. Ich wußte auch, daß es mich dabei mit seiner übelriechenden Flüssigkeit bespritzen und ich danach unerträglich stinken würde. Ich handelte trotzdem. Ich ergriff mit einer Hand seinen Schwanz und klemmte dann die Büchse zwischen zwei Sträuchern ein, und so befreite ich es schließlich. Dies rettete sein Leben. Das kleine Stinktier hätte wegen der Dummheit eines Menschen sterben können, der seinen Abfall achtlos liegenließ.

Ich habe gelesen, daß die Japaner 65 Kilometer lange Schleppnetze im Ozean auslegen, um damit Tintenfische zu fangen. In diese Netze geraten aber auch alle möglichen anderen Tiere. Es handelt sich um unzerstörbare Netze aus Nylon. Sie vermodern nicht und werden auch nicht löchrig wie die früheren Baumwollnetze. Manchmal verlieren die Japaner diese Netze im Ozean, und viele andere Tiere verfangen sich darin und müssen sterben. Die Menschen, die dieses Netz verloren haben, kümmern sich nicht um seinen Verbleib, obwohl es Lebewesen tötet, die die Menschen wiederum für ihr Leben, für ihre Nahrung brauchen. Diese Menschen übernehmen keinerlei Verantwortung für künftiges Leben.

Für uns Indianer – ebenso wie für alle anderen Naturvölker – ist die Erde ein lebendes, mit Intelligenz begabtes Wesen. Sie ist fähig, notwendige Veränderungen ihres eigenen Überlebens wegen durchzuführen. Möglicherweise sind diese Veränderungen nicht auf den Menschen zugeschnitten, aber die Erde wird sie auf alle Fälle durchlaufen.

Es wird drastische Klimaveränderungen, Erdbeben, Vulkanausbrüche, wirtschaftliche und politische Probleme und auch vom Menschen selbst verursachte Katastrophen geben. Die Erde wird weiterhin existieren, obwohl Tausende, vielleicht sogar Millionen von Menschen sterben werden. Die Vorhersagen verschiedener Fachleute, wie viele Menschen diese Zeit der Reinigung überstehen werden, fallen unterschiedlich aus. Manche von ihnen prophezeien, daß etwa drei Viertel der gegenwärtigen Bevölkerung untergehen werden. Manche sprechen sogar von 90 Prozent. Welche Einschätzung auch immer korrekt sein mag, wir stehen vor einer drastischen Veränderung der Bevölkerungszahl und einer gewaltigen Zahl von Todesopfern.

Ich wiederhole meine Botschaft, damit du sie wirklich ganz in dich aufnimmst: Wir Menschen sind lediglich eine bestimmte Gattung neben vielen anderen Lebewesen auf diesem Planeten. Wir gleichen anderen Lebewesen, die zu einem Zeitpunkt aussterben, wenn sie zu weit aus dem Gleichgewicht gerieten oder zu weit von dem Weg abkamen, für den sie eigentlich geschaffen wurden.

Werden die Disharmonien zu gewaltig, setzen der Schöpfer und die Geister, die mit ihm arbeiten, Prozesse in Bewegung, um das Gleichgewicht der Erde wiederherzustellen. Sie benutzen die miteinander vernetzten Erdkräfte, um eine ganze Ereigniskette auszulösen, die das Leben in bestimmten Gebieten für die Menschen, die dort um ihr Überleben kämpfen, fast unerträglich macht. Dies zwingt die Menschen schließlich, diese Gebiete zu verlassen.

Wenn du heute in den Südwesten der Vereinigten Staaten fährst, kannst du dort Plätze wie Lost City, Nevada, oder

Chaco Canyon finden. Früher gab es dort Tausende von Menschen, die dort lebten. Sie begannen, gegeneinander zu kämpfen.

Der Schöpfer sagte: »Gut, wenn sie also so damit beschäftigt sind, sich gegenseitig umzubringen, verpassen wir ihnen einen Denkzettel.«

So ereigneten sich Naturkatastrophen und vertrieben die Menschen aus diesen Gebieten. Die dies überstanden, lebten danach meist bescheidener. Sie waren gezwungen, einen Teil ihres Stolzes zu überwinden.

Veränderungen auf der Erde sind gerade deshalb von Bedeutung, weil wir selbst nicht genug dafür tun, um die notwendigen Veränderungen selbst in Gang zu setzen.

In den siebziger Jahren wurde ein Bericht veröffentlicht, der *The Year 2000 Report*. Er wurde in Carters Amtszeit verfaßt und erstellte eine Vision der Welt im Jahr 2000. Er gibt an, daß dann eine erdrückende Wasserknappheit herrschen wird, daß die meisten Wälder bis dahin abgeholzt und viele Orte von Hungersnot gepeinigt sein werden. Dieser Bericht war eine beängstigende und genaue Beschreibung dessen, was die Menschen der Erde zugefügt hatten – und weiter zufügen. Er hätte eine sofortige Veränderung der Politik aller Regierungen dieser Erde auslösen sollen. Doch man schenkte ihm keinerlei Beachtung oder bestritt seine Ergebnisse.

Das Jahr 2000 ist zwar noch einige Jahre entfernt, aber viele dieser Phänomene zeichnen sich bereits deutlich am Horizont ab. Jedes Jahr verwandelt sich ein Stück Land, das so groß ist wie der westliche Teil der Bundesrepublik oder der Staat Massachusetts in Wüste. Ein Gebiet, das zwei Drittel der Fläche der ehemaligen Bundesrepublik oder des Staates Massachusetts umfaßt, wird jedes Jahr entwaldet. Die Regenwälder des Amazonasgebiets werden mit einer Geschwindigkeit von 21 Hektar pro Minute abgeholzt. Dieses Regenwaldgebiet erzeugt jedoch 40 Prozent des Sauerstoffes für die ganze Welt. Das Ergebnis: Die Luft, die wir atmen, wird Tag für Tag schlechter.

In den Vereinigten Staaten sinkt der Grundwasserspiegel jedes Jahr um etwa 46 Zentimeter, in manchen Gebieten dort sogar um etwa 2,7 Meter pro Jahr. In den USA werden jedes Jahr 1,2 Millionen Hektar Land für Autobahnen, Privatgrundstücke und Einkaufszentren verbaut. Wir verlieren unsere guten Acker- und Waldgebiete aufgrund dieser »Entwicklung«.

In der Landwirtschaft haben wir Schädlingsbekämpfungsmittel in solchem Ausmaß eingesetzt, daß mittlerweile über 400 Insektenarten völlig immun gegen all diese Giftstoffe sind. Der Einsatz dieser Mittel hat auch zur Zerstörung verschiedener Tierarten geführt. Heuschreckengift, das in zehn westlichen Staaten der USA verwendet wurde, hat gleichzeitig auch die natürlichen Feinde der Heuschrecke getötet, wie den Sperber und den Wiesenpieper. Sie alle müssen sterben, weil sie vergiftete Insekten gefressen haben. Den Heuschrecken bekommt dies wiederum ausgezeichnet.

Wenn ich in diesen Tagen durch den Westen der USA fahre, sehe ich viele Teiche, in denen es früher von Enten, Fröschen und anderen Tieren wimmelte. Heute entdecke ich dort kein einziges Tier mehr. Sie sind alle tot. Denn große, mit Chemikalien gefüllte Tanks stehen einsatzbereit auf den Hügeln, um dann von Traktoren über Felder gezogen zu werden und Unmengen von Pflanzenschutzmitteln, Schädlingsbekämpfungsmitteln und Kunstdünger übers Land und ins Wasser zu ergießen.

Wenn die Bäume sterben...

Eine alte indianische Prophezeiung warnt uns: »Wenn die Bäume sterben, stirbt der Mensch.« Wir müssen uns dieser kausalen Verknüpfung bewußt sein. Für die Indianer markiert das Jahr 1973 den Beginn eines radikalen Wandels unserer Lebensbedingungen auf dieser Erde. Sie sind notwendig für die weitere Existenz dieses Planeten. Die überlebenden Geschöpfe tragen die Verantwortung für das Neuerschaffen und den Wiederaufbau einer neuen Welt voller Liebe, Harmonie und Ausgeglichenheit. Unsere Prophezeiungen sagen, daß diese neuen Wesen ein höheres Maß an Bewußtsein erreichen und die jetzigen Leiden und Laster überwinden werden. Die jetzigen Leiden und Laster aber sind Konsequenzen einer negativen und falschen Art, die Welt zu betrachten.

Wir haben auch in den Visionen erfahren, daß in der Zeit der Großen Reinigung Geistwesen erscheinen und körperliche Gestalt annehmen; sie werden bei uns sein, um uns Menschen zu helfen, um uns zu lehren und zu führen. Uns wurde angekündigt, daß wir eine fortdauernde Ausbildung erfahren werden, die uns hilft, das höchste Maß von Bewußtsein und richtig eingesetzter Macht zu erreichen. Wir brauchen ihre Führung, um nicht eine falsche Richtung einzuschlagen. Wir müssen lernen, unsere Gesundheit und unser Leben auf heilige Weise in Einklang zu bringen.

Wir sind unterschiedlichen Alters, dennoch gehören wir alle zu einer Generation. Menschen, die auf der Suche nach dem gemeinsamen Wissen sind, haben das gleiche Alter. Wir erreichen die gleiche Bewußtseinsebene, wissen von der Gegenwart und der Zukunft. Ich sage, wir sind gleich alt, denn viele Indianer fühlen, daß diejenigen unter unseren Zeitgenossen, die sich ehrlich der Gegenwart stellen, auch über das Jahr 2000 hinaus leben werden. Wir werden die Menschen des *Hellen Tages* sein; wir sind die Menschen, die weiterleben, um noch viele unterschiedliche Leben zu führen.

Immer wieder spreche ich zum Großen Geist: »Schöpfergeist, was tue ich hier? Was ist meine Aufgabe? Ich trete für eine vollkommen andere Lebens- und Geisteshaltung ein als diese Gesellschaft. Ich bin mit einer Gesellschaft konfrontiert, die behauptet, daß technisches Wissen und Fortschritt die Antwort sind. Dies ist sicherlich nicht meine Meinung.«

Überall auf unserem Planeten dominieren Gesellschaftsformen, die nur diese kümmerliche eingeschränkte Ausrichtung haben, von der sie die Lösung all ihrer Probleme erwarten. Und hier bin ich, ein Indianer, dem der Geist befohlen hat, sich vor diese Gesellschaft zu stellen und zu sagen: »So funktioniert das nicht.«

Ich bin hier, um die Aufmerksamkeit der Menschen zu erreichen und ihnen zu erzählen, daß sie lernen müssen, ihr Leben ganz anders wahrzunehmen. Mit all den Computeranlagen und dem gewaltigen Rüstungsapparat, die den Regierungen zur Verfügung stehen, können sie dennoch keinen einzigen mörderischen Schneesturm abwenden. Kein Computer kann irgendwo auf der Welt ein Erdbeben stoppen.

Wir leben in einer Zeit sehr machtvoller Veränderungen. Wir Indianer wissen, daß viele Menschen immer noch nicht bereit sind, die notwendigen Veränderungen auf der Erde durchzuführen, um sich oder den Tieren ein Überleben zu ermöglichen.

Ich möchte dir ein Beispiel geben: Vor kurzem hat man in mehreren südwestlichen Staaten der USA verboten, einen roten Fisch, eine bestimmte Lachsart, zu fangen, denn diese Fischart stand kurz vor der Ausrottung. Dies geschah, weil man plötzlich herausgefunden hatte, daß dieser Fisch, wenn er mit Cajungewürz zubereitet wurde, sehr gut schmeckte. Zuvor hatte man ihn eher als ungenießbar eingestuft. Kaum hatte also jemand dieses tolle Rezept erfunden, zogen die Fischer diesen Fisch tonnenweise aus dem Meer. Mittlerweile ist der Lachs vom Aussterben bedroht. Denn natürlich will jeder, der vom Fischen lebt, die staatlichen Vorschriften unterlaufen, um auch noch das allerletzte Exemplar aus dem Meer zu holen.

Dieses Beispiel stimmt mich traurig, denn die unscheinbare Geschichte zeigt, wie viele Probleme die Menschen immer noch haben, das harmonische Gleichgewicht in der Schöpfung beizubehalten. Viele Menschen wollen die Botschaft nicht vernehmen, obwohl inzwischen die Veränderungen bereits größere Ausmaße annehmen. Ich versuche, eine positive Einstellung dazu zu entwickeln, denn es gibt doch auch eine wachsende Zahl von Menschen, die die Botschaft hören können.

Vor einiger Zeit, als ich in der Gegend von Cincinnati einen Vortrag hielt, riet ich den Menschen, aufgrund der kommenden Veränderungen oder auch möglicher Zwischenfälle wie

Verschmutzung des Wassers durch Chemikalien, immer etwa 20 Liter Wasser in Plastikcontainern zu Hause aufzubewahren. Einige der Zuhörer nahmen meinen Rat an.

Wenig später wurde das Trinkwasser in Cincinnati mit Chemikalien verseucht und war daher ungenießbar. Das in Flaschen abgefüllte Wasser war innerhalb kürzester Zeit völlig aus den Geschäften verschwunden. Bewohner dieser Gegend hatten aber glücklicherweise meinen Rat befolgt.

Es gibt heute mindestens 33 Großstädte in den Vereinigten Staaten, wo das Wasser eigentlich nicht mehr trinkbar ist. Aber die Bewohner trinken es dennoch. Der Grund ist einfach: Sie haben kein anderes Trinkwasser. In Europa herrscht eine ähnliche Situation. Mit den Dürren, die zunehmend in verschiedenen Teilen der Welt auftreten, wird unser Vorrat an sauberem Wasser immer knapper.

Wir denken über unsere Lebensweise nach. Dies ist notwendig für unser Überleben. Wir können es nicht mehr auf die Zukunft vertagen. In der Zeit, die vor uns liegt, werden sich viele natürliche, aber auch vom Menschen selbst verschuldete Katastrophen ereignen. Diese Ereignisse werden stark genug sein, um die Menschen zur Erkenntnis zu führen, daß Ungewöhnliches geschieht.

Nahezu jeder zweite Radio- oder Fernsehbericht erzählt uns von einer außergewöhnlichen Kälte hier oder einer Rekordhitze dort. Dies ist Teil des ganzen Rahmens, in dem der Prozeß verläuft. Es sind Berichte von der Zerstörung unseres ökologischen Gleichgewichts. Schon ist in der Zeitung zu lesen, daß Frösche im Westen der USA eine bedrohte Tierart sind oder sich eine bestimmte gestreifte Miesmuschelart in den großen Seen im Osten stark vermehrt.

An vielen Küsten der Erde fahren die Leute nachts auf ihren Schiffen aufs Meer hinaus und kippen dort ihre chemischen und anderen giftigen Abfälle ins Wasser. Auf der Haut der dort lebenden Fische aber bilden sich wegen dieser ins Wasser geleiteten Gifte tiefe Risse und große Wucherungen. Diese Menschen haben keinerlei Ehrfurcht vor dem Leben.

Eine tiefgreifende Reinigung ist notwendig, um unser Leben von dieser Form von Energie zu befreien. Die Lehren des Großen Geistes versichern uns, daß die Menschen, die die Zeit der Reinigung überleben, fähig sein werden, auf einer neuen Ebene zu leben und diese Zerstörung zu überwinden.

Die Veränderungen haben seit 1973 eingesetzt. Viele Naturvölker auf der ganzen Erde sahen die Veränderungen voraus, bevor sie wirklich eintraten. Beispielsweise in Bangladesch, wo heilige Männer ihr Volk vor einer großen Sturmflut warnten. Die meisten Menschen dachten, die heiligen Männer hätten diese Geschichte einfach erfunden, um sich ihres Landes zu bemächtigen und ihre eigenen Anhänger dort anzusiedeln. Zehn Tage später kam die Sturmflut. Über 500 000 Menschen ließen dabei ihr Leben.

Wenn ein großer Wirbelsturm einsetzt und eine ganze Stadt auslöscht oder ein großer Sturm über sie hereinbricht, dann ist dies weder gut noch schlecht. Wenn ein Orkan kommt und ein Stück der Küste mitreißt oder andere Dinge geschehen, die notwendig für die Veränderung der Welt sind, dann ist dies weder gut noch schlecht: Es ist, was es ist.

Der heilige Baum der Lakota

Ich fühle mich nicht den angeblich »moralischen Gesetzen« verpflichtet wie diese Gesellschaft. Indianer glauben, vor allem, wenn sie aktiv mit Geisteskräften arbeiten, daß Gut und Böse nicht vom Menschen bestimmt werden. Die schöpferischen Kräfte und Mächte, die Veränderungen auslösen, existieren getrennt von uns.

Es gibt bei den Lakota einen heiligen Baum, den sie in ihr Ritual des Sonnentanzes miteinbeziehen; aus diesem Baum wachsen zwei Astgabeln. Sie stellen die negative und die positive Kraft dar, die in jedem von uns leben. Diese Astgabel versinnbildlicht unsere individuellen Möglichkeiten, auf Situationen zu reagieren. Der Umgang mit Gut und Böse ist ein Teil des Prozesses, für den uns der Schöpfer hierher geschickt hat. Wir könnten zwar auch immer andere dafür verantwortlich machen – wie zum Beispiel den Teufel –, aber schließlich hat *uns* der Schöpfer hierhergesandt, um *unser* Verhalten zu verändern und zu *unserer* höchsten Stufe von Bewußtsein und Macht zu gelangen. Wir müssen herausfinden, ob wir für etwas Wertvolles leben wollen.

Dieser Gedanke ist entscheidend, denn viele der Veränderungen auf der Erde werden von unserer eigenen Beschränktheit verursacht. Die Stärke der Hurrikane wird beispielsweise in den nächsten Jahren zunehmen. Dieser Zuwachs entsteht, weil wir zuviel Kohlendioxyd an die Luft abgegeben haben. Viele der Veränderungen auf der Erde unterliegen dem Zusammenhang von Ursache und Wirkung. *Wenn wir etwas verursachen, ob durch Unwissenheit, Vermessenheit oder Dummheit, müssen wir mit den Folgen unserer Handlungen leben.*

In den nächsten zehn bis fünfzehn Jahren werden wir so viele Veränderungen auf allen Ebenen erleben, daß wir die Welt danach nicht wiedererkennen werden. Bedenke dies! Zwischen dem jetzigen Zeitpunkt und dem Jahr 2000 liegt der Zeitabschnitt, in dem die gewichtigsten Veränderungen geschehen werden. Es handelt sich bei meiner Prophezeiung nicht um Spekulation. Es ist Wirklichkeit, und der Prozeß wird sich noch verstärken.

Dieser Veränderungsprozeß auf der Erde ist jetzt in Gang gesetzt worden. »Wie steht es eigentlich um diese gewaltigen Veränderungen, die wir alle um uns wahrnehmen? Können diese Ereignisse denn anders verlaufen? Wenn morgen jeder Mensch plötzlich reinen Herzens wäre, niederkniete und betete, würde dies etwas am Lauf der Dinge ändern?«

»Nein, die Veränderungen sind unwiderruflich«, sprach der Geist. »Alles um uns ist im Wandel.«

Während der Veränderungen werden manche Teile der Welt von schlimmer Dürre gezeichnet sein, während andere Orte unter zuviel Regen leiden. Ob man also völlig durchnäßt ist oder schier austrocknet, hängt davon ab, wo man sich niederläßt.

In diesen Zeiten der Veränderung umgeben uns Kräfte und Gewalten, die denjenigen Menschen helfen, die bereit sind und ernsthaft für eine Veränderung arbeiten. Sie sind bei uns, um uns jetzt beizustehen. Darüber hinaus gibt es Lehrer, und ich bin einer von ihnen, die den Menschen in dieser schweren Zeit des Umbruchs zur Seite stehen.

In einer Legende meines Volks heißt es, daß unsere Lehrmeister in einer Muschelschale vom Himmel kamen. Als diese den Boden berührte, sprang sie auf, und die Lehrer kamen hervor. Diese frappierende Beschreibung skizziert in vollkommener Weise ein Raumschiff. In unseren indianischen Legenden treffen wir immer wieder auf ähnliche Visionen. Ich habe in diesem Zusammenhang auch einige sehr machtvolle Erfahrungen gehabt.

1987 war eines der stärksten Jahre, das die Menschheit je erlebt hat. In diesem Jahr vollzogen sich einige der gewaltigsten Ereignisse. Hier verbanden sich einzelne Elemente zu einem Ganzen, und ungeheures Wissen strömte zusammen. Eine Zeit begann, in der die Menschen sich öffneten und ihre Fähigkeit zunahm, Wissen aufzunehmen und neu zu lernen.

Aus jadegrünen Augen

In den alten Maya- und Aztekentempeln ist die Zahl der Stufen symbolisch vorbestimmt. Die einzelnen Stufen entsprechen einem bestimmten Zeitmaß. Die letzte Stufe des Tempels ist 1987. Denn die Maya und die Azteken prophezeiten, daß das Jahr 1987 die Zeit großer Veränderungen auf der Welt sein werde.

In den Lehren der Maya gab es neun Götter der Unter- und dreizehn Götter der Oberwelt. Ähnlich verhielt es sich bei den Azteken. Außerhalb der heiligen Tempel von Palenque und auch in Tecal findet man vieles, das Kosmologien dieser beiden Kulturen näher erklärt.

Ich erkannte viele Symbole von großer Kraft wieder, als ich diese beiden Tempel besuchte. Bereits 1980 war ich nach Neuseeland gereist, und meine Maoribrüder hatten mir dort erzählt, daß ihre Geschichte Tausende von Jahren in die

Vergangenheit zurückreiche. Sie sagten mir, daß sie schon damals die ganze Welt bereist und verschiedene heilige Zeremonien an verschiedenen Orten abgehalten hätten. Als ich mich in Tecal umsah, erkannte ich plötzlich die Symbole der Maori; nun wußte ich, daß ihre Geschichte der Wahrheit entsprach.

Als ich nun auf einem heiligen Pfad um Tecal wanderte, sprach ich folgendes Gebet: »Geist, du führst mich. Wohin gerate ich als nächstes? Welchen Berg soll ich erklimmen? Wohin gehe ich?«

Ich schritt auf diesem Pfad weiter und kam zu einem Bildhauer. Jedesmal, wenn er eine heilige Maske verfertigt, bittet er den Geist, diese Maske mit seiner Kraft zu erfüllen; in der Arbeit an dieser Maske hat er also teil an der Kraft des Geistes.

Als ich die Maske sah, erkannte ich sie augenblicklich. Die Maske zeigt die Quetzalvögel Südamerikas und gekreuzte Schlangen; das Antlitz der Maske trägt einen Oberlippen- und einen Kinnbart. Sie hat keine indianischen Züge. Dies ist die heilige Maske von Quetzalcoatl, der großen Gefiederten Schlange. Ich erfuhr, daß Quetzalcoatl im Jahr 1987 zurückgekehrt sei, um die notwendigen Lehren für die nächsten zehntausend Jahre zu übergeben. Die Maske war für mich bestimmt.

Diese Maske zu tragen, ist sehr starke Medizin. Wenn ich die Maske aufsetze, betrachte ich die Welt durch jadefarbene Augen, so als ob ein Schleier aus grüner Jade über der Maske läge. Die ganze Welt nimmt einen grünlichen Schimmer an.

In allen Botschaften, die mich erreichten, sagte man mir, daß ich mich innerlich vorbereiten müsse, bevor ich die

Maske aufsetzte. Wenn ich bete und dann die Maske aufsetze, kann ich die Macht anrufen, die Quetzalcoatl verkörpert. Dann kann ich auch das Wissen dieser Kraft weitergeben. Das ist ein Element der alten Lehren der Maya.

Wenn ich die Maske benutze, um an Träumen zu arbeiten, bitte ich den Geist zuerst, meinen Träumen zu helfen, mir Führung zu gewähren, meine Träume zu heilen, mir Ausgeglichenheit zu verleihen und mich von den negativen Kräften meiner Träume zu befreien, damit ich meine Traumarbeit klar zu Ende führen kann. Als ich zum ersten Mal wieder in die Vereinigten Staaten mit dieser Maske zurückfuhr, betete ich nachts und legte die Maske an, bevor ich schlafen ging. In dieser Nacht war ich wieder in Zentralamerika. Mein Traum barg große Kraft: Ich ging zu heiligen Plätzen, den heiligen Bergen und Tempeln, die noch nicht entdeckt worden waren. Ich benutzte Harz, ich verstrich es, außerdem sammelte ich Jadestückchen auf und ausgefallene Ornamente.

Der Menschheit ist ein ungeheuer großes Wissen geraubt worden. Es gab in den Tempeln der Maya Gemächer, die voller Originalschriften aus Baumrinde waren, in denen unterschiedlichstes Wissen aufbewahrt wurde. Nur ein einziges Manuskript aus diesen abertausend, vielleicht sogar Millionen von Exemplaren ist uns erhalten geblieben, denn dieser Schatz wurde von den Spaniern zerstört.

Die Rede ist von dem sogenannten *Kodex von Madrid*, der heute auch in Madrid aufbewahrt wird. Er ist in der Sprache der Maya verfaßt. Erst im Jahr 1984 konnten die Sprachspezialisten das Alphabet der Maya entschlüsseln.

Nun sammeln wir Naturvölker so viel von diesem alten Wissen wie nur möglich. Wir arbeiten daran, all das alte Wissen zusammenzubringen.

Liebe das Leben!

Einige von euch sind zu diesem alten, heiligen Wissen erst um das Jahr 1987 gelangt. Für euch wird es sein, als würde man ein Buch in der Mitte öffnen. Vielleicht hast du nicht den ersten Teil des Buches gelesen, aber es wird sich alles dennoch ereignen, ob du nun Gelegenheit hattest, das Buch zu lesen oder nicht. Es geschieht! Denke immer daran!

Die Veränderungen der Erde geschehen mit großer Macht. Für dein eigenes Überleben und das deiner Kinder mußt du mehr über sie lernen, und zwar schnell. Der Geist beobachtet die Menschen und hilft ihnen, die nächste Ebene des Erdenbewußtseins zu erreichen, aber den Menschen, die nach diesem Wissen suchen, wird die Erfüllung einer Bedingung abverlangt.

Wenn du die Veränderungen auf der Erde überleben willst, die uns bevorstehen, denke daran: Die einzigen Menschen, die die Zeit des Umbruchs überstehen werden, sind diejenigen Menschen, die bereit sind, eine bewußte Veränderung durchzuführen in ihrer Lebenshaltung, in ihrem Verständnis der Dinge und ihrem allgemeinen Verhalten gegenüber der gesamten Schöpfung. Die Menschen, die überleben, lieben das Leben und bejahen es in jeder nur erdenklichen Art.

Machtvolle Dinge werden jetzt in der Zeit der Veränderungen geschehen, um den Menschen zu zeigen, wie das Leben wirklich ist. Eine Unmenge von Angelegenheiten, die mächtige Personen verstecken wollten, werden ans Licht kommen. Wir haben erlebt, wie einige Heucheleien entlarvt wurden. Sieh doch nur auf Reagan oder einen dieser Prediger, die dir im Fernsehen von ihrem heiligen Leben erzählen, obwohl sie in ihrem Privatleben alle Dinge tun, die sie als sündhaft bezeichnen.

Diese drastische Darlegung ist notwendig. Denn die Menschen müssen aufgerüttelt und sich dessen bewußt werden, daß einige ihrer Führer eine ganze Menge Unsinn von sich gegeben haben. Es wird Zeit, daß den Menschen die Augen geöffnet werden und sie die eigentliche Wirklichkeit sehen lernen.

Wir werden ungeheures Wissen sammeln, während diese Veränderungen voranschreiten. Wenn wir uns innerlich darauf vorbereiten wollen, müssen wir unser Denken von vielen veralteten Grundlagen und veralteten Umgangsformen reinigen.

Ich habe einen Geist zum Freund, der mich immer begleitet; und er hat mich geheißen, von meinem Wissen zu sprechen. Selbst wenn ich nur mit einer oder zwei Personen zusammen bin, soll ich auch hier wenigstens kurz die Sprache darauf bringen, daß große Veränderungen auf der Erde geschehen.

Ich habe auch andere »Freunde«, die ich gerne auf meine Reisen mitnehmen würde, aber viele Menschen können nicht damit umgehen, wenn diese ihnen zu nahe kommen. Ich trage oft ihr Symbol: Ich spreche von den Klapperschlangen. Aber ich nehme auf meine Reisen keine Klapperschlange mit, denn ich sehe, daß viele Menschen unruhig und ängstlich werden, wenn neben mir eine zusammengerollte Klapperschlange liegt. Menschen verstehen intuitiv die tatsächliche Kraft der Klapperschlange, sobald sie sie sehen. Sie müssen nur verstehen lernen, daß die Kraft der Veränderungen genauso stark ist.

Auf dem Vision Mountain halten wir mehrere Klapperschlangen. Wenn eine von ihnen unserem Haus zu nahe kommt, dann tragen wir sie vorsichtig zu anderen Plätzen auf dem Berg; dies gilt vor allem für Zeiten, wenn wir Seminare geben. Manche Menschen geraten in große Angst, wenn sie eine Schlange eingerollt unter einem Baum sehen. Ich liebe die Schlangen – meine Liebe zu ihnen ist ungeheuer groß. Ich habe einen persönlichen Kontakt zu ihnen hergestellt, und so kann ich wahrnehmen, welche starke Medizin ihnen entströmt.

Wenn ich zu einem Ort reise, dann ist der Grund meist, daß Menschen mich einluden, zu ihnen zu kommen. Der Geist sagt mir, daß ich mich vor allem darum kümmern soll, daß ich eingeladen bin. Sonst hätte es den Anschein, als würde ich mich um anderer Leute Angelegenheiten kümmern. Wenn ich jedoch eingeladen bin, dann übernehme ich einen Teil Verantwortung. Nachdem ich so viel gegeben habe, wie ich geben kann, wechselt die Verantwortung zu meinen Gastgebern zurück. Wenn sie weitermachen wollen, müssen sie auch weiterhin in Verbindung bleiben und sich selbst auf die Suche begeben.

Alle Dinge sind miteinander verbunden

In der Zeit von 1929 bis 1941 ereignete sich die Große Depression. Während der Depression gab es gewaltige Wetterstürze, Trockenperioden riesigen Ausmaßes. Diese Trokkenheit verursachte Sandstürme, und der Wind blies den Sand – und mit ihm die Träume vieler Menschen – von einem besseren Leben fort. Die Menschen litten Hunger und verloren alles, was sie besaßen. Viele zogen fort, um überhaupt zu überleben. Nun bezeichnen die Experten und politischen Verantwortlichen die aktuellen wirtschaftlichen Probleme als »Rezession«, denn der Begriff der »Depression« macht vielen Menschen angst. Jeder, der die »Depression« überlebt hat, weiß, daß in dieser Zeit auch eine ausgeprägte Disharmonie in der Natur zutage trat. In dieser Periode kam Adolf Hitler an die Macht, der Zweite Weltkrieg begann, und der große Sandsturm beherrschte den Mittleren Westen der Vereinigten Staaten; und politische Katastrophen und Klimakatastrophen kamen zusammen.

Alles ist miteinander verbunden. Als der Mount St. Helens im Staate Washington ausbrach, erhoben sich in Miami Unruhen. An diesem Beispiel kann man erkennen, wie eng Mensch und Erde miteinander verbunden sind.

In Afrika herrscht in diesen Jahren große Dürre. Die Wüste gewinnt jedes Jahr an Land; es gibt dort Gebiete mit einem großen sozialen Unruhepotential, vor allem im südlichen Afrika, aber auch in anderen Teilen des Kontinents.

Gerade jetzt bist du Zeuge gewaltiger Veränderungen auf der Erde. Und du kannst auch das unstete Verhalten vieler Menschen als Folgeerscheinung dieser Veränderungen erkennen.

In der letzten Zeit hat sich die Selbstmordrate sprunghaft erhöht. In einigen Städten der USA gibt es spezielle Einsatzgruppen, die versuchen, Selbstmorde zu verhindern. Was sagt dies über eine Gesellschaft aus, wenn junge Menschen, die ja noch ihr Leben vor sich haben, Selbstmord begehen? Und was muß geändert werden?

In einem Reservat in Wyoming brachten sich viele junge Menschen um. Diese Selbstmordepidemie fand erst dann ein Ende, als Medizinmänner die jungen Menschen in Schwitzhütten brachten und sich mit ihnen versammelten, um die heilige Pfeife zu rauchen.

Viele Familien, die seit Jahren zusammengelebt haben, brechen in unserer Zeit auseinander. Und dies wird im Laufe des Prozesses noch zunehmen. Dinge von großer Kraft ereignen sich; manche Menschen sterben, weil sie nicht damit umgehen können. Ich nehme dies wahr und sehe darüber hinaus, daß es viele Menschen mit einer negativen oder ängstlichen Grundhaltung gibt, die nicht überleben werden. Und einige werden aus dem Leben gehen, weil sie es sich wünschen. Das ist ein Teil unserer Zukunft.

Ich sorge mich vor allem um die Menschen, die behaupten, daß große Veränderungen auf der Erde geschehen und wir absolut nichts tun können. Du solltest Lebensmittelvorräte für dich und die Deinen anlegen. Aber nimm nicht das Verhalten eines Überlebenstechnikers an, denn deine Vorräte werden dich nicht retten. Nur die Veränderung deines Denkens kann dies tun.

Wir werden vermutlich beide Verhaltensformen erleben. Aber die wirklichen Überlebenden werden sicherlich nicht Menschen sein, die mit ihrem Gewehr am Tisch sitzen und eine Riesenportion Schweinefleisch und Bohnen aus der Dose in sich hineinschaufeln. Die Überlebenden werden die Menschen sein, die aktiv nach einem anderen Bewußtsein suchen.

Der Bärenstamm, die Gruppe, mit der ich persönlich arbeite, versucht, mehr Menschen für unser Netzwerk in verschiedenen Teilen der Welt zu gewinnen. Mit unserer Arbeit helfen wir Menschen, durch diese Zeit der Veränderung zu kommen. Wir spüren, daß wir auch in der noch verbleibenden Zeit dieser Veränderung Helfer für andere sein werden.

Eine Art zu helfen ist, den Menschen beizubringen, wie sie mit der Erd-Energie umgehen müssen. Wenn man mich fragt, wie ich die Verständigung mit der Natur herstelle, dann erkläre ich meist, daß ich bete und dabei eine besonders starke Verbindung zu den Donnergeistern fühle, den Kräften, die über Sturm und Wind gebieten. Wenn ich zu ihnen bete, geschehen wundersame Dinge. Die Geisterwelt spricht nicht Englisch, Chippewa oder Deutsch, sie spricht nur ihre eigene Sprache. Das Wissen der Erde kann ich erfühlen, kann es intuitiv erspüren. Dieses Gefühl und Gespür kann von den meisten Menschen wieder erlernt werden.

Manchmal gerate ich über Ereignisse in Verwirrung. Dann bitte ich den Schöpfer um Erleuchtung. Wenn keine Klarheit kommt, dann bete ich stärker. Ich bete und sehe Visionen. Vor einiger Zeit betete ich in einer Trockenzeit, und ich sah vor meinem geistigen Auge eine Karte der Vereinigten Staaten, die die Dürrezone abbildete und alle Gebiete, die von der Trockenheit in Mitleidenschaft gezogen werden würden. Später entdeckte ich die gleiche Karte in *Newsweek* abgebildet. So geht es mir mit vielen Dingen. Ich besitze die

Kraft der Träume. Ich glaube sehr stark an einen Austausch mit den Geistern und den Kräften der Natur.

Wir leben jetzt auf dieser Erde, um einen Beitrag zur Verbesserung unseres Bewußtseins zu leisten. Wir leben auf dieser Erde, um uns auf heilige Weise beizustehen und miteinander zu teilen. Wenn wir mit unseren Brüdern und Schwestern leben, verstecken wir also nicht unser Wissen, sondern machen den anderen damit Geschenke.

Meine Ideen, die ich mit dir teile, basieren nicht auf Untergang, sondern sind Gedanken der Hoffnung. Sie sollen zeigen, daß es Hoffnung für die Mutter Erde und alle Lebewesen gibt. Das ist unser jetziger Bewußtseinsstand.

Die neue Stimme der Erde

Je mehr ich mich mit anderen Prophezeiungen und Zukunftsvisionen befasse, um so mehr inhaltliche Entsprechungen vermag ich in ihnen zu erkennen. Wir sind alle auf diesem Planeten miteinander verbunden. Unser gemeinsamer Ursprung verknüpft uns mit einer Zeit, als noch alle Menschen eine starke Bindung an die sie umgebende Schöpfung besaßen. Das Einfühlungsvermögen unserer Ahnen in ihre irdische Umgebung war so tief, daß sie alles auf der Erde schon spüren konnten, noch *bevor* es sich ereignete. Diese Gabe der Einfühlung haben sich die Indianer und andere Naturvölker bewahrt.

Diese Verbindung zur Erde ist gestört, wenn man nur Zeitungen liest, Radio hört oder seine Informationen ausschließlich aus Fernsehprogrammen bezieht. Ich hatte sehr großes Glück, meine Kindheit in einer ruhigen Gegend im nördlichen Minnesota zu verbringen. Hinter unserem Haus lag ein fast 20 Quadratkilometer großes Grundstück, auf dem ich ungestört spielen konnte. Aus dieser Zeit stammt mein Wissen um die Harmonie der Schöpfung.

Wenn du dich als einen Teil der Schöpfung fühlst, bist du offen für Gegenwärtiges und Zukünftiges. Die ganze Schöpfung, die uns umgibt, ist mit Intelligenz begabt – Tiere, Pflanzen –, und dieser andere Teil der Schöpfung nimmt sehr viel aufmerksamer die Veränderungen auf der Erde wahr, als es die meisten Menschen tun. Diese anderen Geschwister des Menschen können Dinge schon vorher fühlen. Die Wale senden uns zum Beispiel sehr oft Warnungen. Sie versuchen uns zu vermitteln, daß die Welt aus den Fugen geraten ist und wir das Gleichgewicht verloren haben. Aber der Hochmut der Menschen ist groß, er verführt sie, die Natur und die Tierwelt als sprachlose Welten zu verachten. Diese Haltung ist der eigentliche Grund, warum wir keine Verbindung zur Natur herstellen können. Wir sind so stark von unserem Vorurteil über die übrige Schöpfung geprägt. Und so entgeht uns lebenswichtiges Wissen.

Bevor sich die großen Veränderungen auf unserem Planeten vollziehen, werden verständliche Warnungen ausgesprochen. Die Schöpfung und die Naturgewalten um uns geben sie weiter. Vor schwerwiegenden Ereignissen senden sich die Bäume Signale zu. In einem Artikel der *New York Times* wurden wissenschaftliche Untersuchungen beschrieben, die belegen, daß Bäume miteinander kommunizieren.

Anstatt dieses Wissen nun dafür zu nutzen, um selbst eine Verständigung zu diesen Bäumen herzustellen, dachten die Wissenschaftler nur daran, wie sie dieses Wissen für einen wirkungsvolleren Einsatz von Insekten- und Pflanzenschutzmitteln nutzen könnten. So sah ihre Erkenntnis aus.

Vor allen großen Naturereignissen sendet die Erde Warnungen. Die Tiere werden unruhig; Pferde und Rinder rennen panisch umher. Wir wissen, daß diese Geschöpfe wissen, was sich ereignen wird. Vor einem harten Winter wächst beispielsweise den Bären ein dichteres Fell, und die Zahl der Raupen ist sehr viel größer. Die Natur sorgt dafür, daß das Leben weitergeht und gedeiht.

Es ist an der Zeit

Ich fühle mich manchmal wie ein Mensch aus der Steinzeit, der in diese große, hektische, von Technik geprägte Welt tritt und den Menschen sagt: »So, wie ihr das macht, geht das nicht gut!« Manchmal ängstigt es mich, denn ich erzähle den Menschen Dinge, die schon anderen Tags wirklich geschehen.

Ich befand mich in Las Vegas, als eines der schlimmsten Erdbeben über Los Angeles hereinbrach. Am nächsten Morgen flog ich nach Los Angeles. Ich sprach in Gedanken: »Dieses eine ist vorbei, und ich werde vor dem nächsten Erdbeben die Stadt verlassen. Ich danke dir, großer Geist.« Genau dies trat ein. Ein Tag, nachdem ich die Stadt verlassen hatte, fand das nächste große Beben statt.

Die Erde ist ein Ort, an dem wir an uns arbeiten und viele Dinge lernen. Alle Möglichkeiten stehen uns offen, wenn wir nur lernen, sie wahrzunehmen.

Es ist an der Zeit! Wir Indianer haben lange darauf gewartet. Man befahl uns, ruhig zu sein und zu schweigen. Einige von uns meinten: »Sollen wir nicht zu den Menschen gehen und zu ihnen darüber sprechen, was sie der Erde antun?« Der Geist aber sprach: »Nein, warte, warte, warte.«

Wir warteten, bis er uns gebot zu gehen, um unser Wissen mit den anderen Menschen zu teilen. Und dies tue ich nun. Es liegt sehr viel Kraft darin, denn dieses Wissen wartete schon so lange darauf, auch andere Menschen zu erreichen.

Als ich im Jahr 1970 öffentlich zu sprechen begann, war mein Publikum sehr viel weniger zahlreich als heute. Die meisten Zuhörer stellten junge Leute mit langen Haaren, Hippies und andere. Nun haben viele Menschen Zugang zu meiner Botschaft gefunden; mein Publikum sieht dementsprechend anders aus. Viele Menschen aus dem unteren Mittelstand kommen zu meinen Veranstaltungen, hören mir aufmerksam zu und nehmen die Botschaft ernst.

Das Bewußtsein von den Veränderungen auf der Erde wächst stetig. Die Wahrheit über ihr Ausmaß findet man sogar schon in den Tageszeitungen. Klimaveränderungen, Naturkatastrophen, heimatlose Menschen, die durch die Welt ziehen – all diese Dinge müssen jetzt beachtet werden.

In der Zeit des schlimmen Erdbebens von 1985 fiel in Mexico City die Wasserversorgung fast völlig aus, die Lebensmittel wurden knapp, und die Menschen konnten die Stadt nicht verlassen. Im Oktober 1989 geschah während des Erdbebens in San Francisco ähnliches. Diese Erdbeben betrafen jeweils nur eine Stadt. Wenn man sich dies in potenzierter Form vorstellt, nämlich daß mehrere Städte gleichzeitig erschüttert werden, ergeben sich Probleme von unvorstellbarem Ausmaß.

Oft werde ich gefragt, ob die kommenden großen Veränderungen verhindert werden könnten. Ich glaube nicht, daß wir, indem wir die Vergangenheit ungeschehen machen, die Erde auch nur von einem Teil des Gewichts befreien könnten, das jetzt auf ihr lastet.

Ich habe auch den Geist dazu befragt. Und er gab mir die Antwort: »Nein, es ist unwiderruflich. Der Ablauf hat bereits begonnen.«

Uns Menschen bleibt kein anderer Ausweg, als uns vorzubereiten, uns zusammenzutun und in unserem Leben ein neues Gleichgewicht zu suchen. Die großen Veränderungen geschehen um uns herum und werden noch einige Zeit andauern. Das bedeutet weder das Ende der Welt für irgend jemanden noch für den Planeten. Ein neues Zeitalter beginnt. Die Menschen, die diese Veränderungen überleben werden, sind gleichzeitig diejenigen, die sich in allen Stufen ihres Lebens darauf vorbereitet haben. Hier ist das Handbuch, das dir während dieser Vorbereitung helfen wird.

4
Statistiken des Unheils

Wenn ich früher mit anderen Menschen über die Veränderungen auf der Erde geredet habe, sprach ich über einzelne Vorfälle wie über eine besonders schlimme Dürre, ein bestimmtes Erdbeben oder auch eine schreckliche chemische Katastrophe. Mittlerweile ereignen sich diese Dinge so häufig, daß ich wöchentlich oder sogar täglich meine Beispiele auf den neuesten Stand bringen muß. Man muß kein orthodoxer Ökologe sein, um von diesen Veränderungen zu wissen. Man braucht nur den Nachrichten in den Medien nachzugehen.

Um dir einen ersten Eindruck des tatsächlichen Ausmaßes der Veränderungen auf der Erde zu geben und zu beschreiben, was du von der Zukunft erwarten kannst, werde ich in diesem Kapitel die dramatischen Veränderungen näher beschreiben, die mit dem Zeitpunkt der Tagundnachtgleiche im Frühjahr 1990 eingesetzt haben. Unglücklicherweise werden einige dieser Statistiken überholt sein, noch bevor dieses Buch in Druck geht; denn an ihre Stelle werden dann noch größere Katastrophen treten. Ich hoffe, daß folgende statistische Angaben dir vermitteln können, wie ernst und übermächtig die Probleme sind, denen wir heute gegenüberstehen.

Dieses Kapitel wird nicht leicht zu lesen sein. Glaube mir, es war auch nicht leicht, es zu schreiben! Einige der Fakten werden dir bereits bekannt sein, andere aber werden fremd und neu für dich klingen. Ich weiß, daß Statistiken in unterschiedlichster Form präsentiert werden können. Mit Zahlen zu spielen, ist eines unserer beliebtesten Gesellschaftsspiele. Wenn man all dies berücksichtigt, wird klar, daß man sich zuerst eine Gesamtübersicht über Fakten und Zahlen schaffen muß, denn diese zeigen klar, mit welch dicht gewebtem Netz die herrschende Gesellschaft die Erde erstickt. Wenn du also nicht den Vogel Strauß nachäffen möchtest, dann mußt du deinen Kopf aus dem Sand ziehen, auch wenn das Licht des Tages zuerst in den Augen schmerzt.

Ich habe diesem Kapitel einen kurzen Überblick von ökologischen Problemen zugrundegelegt, so wie sie sich pro Minute, pro Stunde und pro Tag ereignen. Ich folge dieser Aufstellung und versuche, einige der Problembereiche genauer darzustellen.

Überblick

»Global Awareness in Action«, eine Ökologiegruppe aus Kanada, hat folgende statistische Daten aus einer Vielzahl von wissenschaftlichen und staatlichen Veröffentlichungen gesammelt. Ihre Informationen bestätigen das, was auch ich an Erfahrung und Wissen gesammelt habe; sie haben wirklich gute Arbeit geleistet.

Jede Minute

- ☆ werden mindestens 21 Hektar tropischer Regenwald vernichtet.
- ☆ verbrauchen wir an die 4 Millionen Liter Erdöl.
- ☆ werden 50 Tonnen fruchtbarer Boden von Ackerland vom Wind fortgetragen oder von Regenfällen abgewaschen.
- ☆ geben wir 12000 Tonnen Kohlendioxyd an die Atmosphäre ab.

Jede Stunde

- ☆ werden 685 Hektar von trockenem, aber fruchtbarem Land zu Wüste.
- ☆ sterben 1800 Kinder an Unterernährung und Hunger (pro Jahr erhöht sich die Zahl der Todesopfer auf 15 Millionen).
- ☆ werden 120 Millionen Dollar für Militärausgaben verwendet (was etwa 1 Billion pro Jahr ausmacht).
- ☆ erleiden 55 Menschen schwere Vergiftungen durch die Benutzung der von ihnen eingesetzten Pflanzenschutzmittel; fünf Menschen sterben sogar daran.
- ☆ werden 60 neue Krebsfälle allein in den USA diagnostiziert (im Jahr ergibt das 500000 Krebserkrankungen, von denen 20000 tödlich sind).

Jeden Tag

- ☆ werden 230000 Menschen geboren.
- ☆ sterben 25000 Menschen an Wasserknappheit oder verseuchtem Wasser.
- ☆ werden 10 Tonnen Atommüll von den 350 bereits existierenden Atomkraftwerken produziert.

- fallen 250000 Tonnen Schwefelsäure als saurer Regen über der nördlichen Hemisphäre.
- werden 60 Tonnen Verpackungsmaterial aus Plastik und 372 Tonnen Fischnetze von Fischereiunternehmen ins Meer geworfen.
- sterben ungefähr fünf Pflanzen- und Tierarten aus, also, wie einige Statistiken angeben, alle fünf Stunden eine.

Nach Meinung von Peter Raven, Leiter des Botanischen Gartens von Missouri, werden während der nächsten drei Jahrzehnte im Durchschnitt 100 Arten pro Tag vom Menschen ausgelöscht werden. Obwohl die Verminderung der Arten Teil des Evolutionsprozesses ist, schreitet die aktuelle Zerstörung tausendmal schneller fort, als dies seit der Frühgeschichte üblich war.

Sogar in einem hochoffiziellen Blatt wie *Time Magazine* konnte man in der Ausgabe vom 2. Januar 1989 folgendes lesen: »Ein wirklich effektiver Stopp der ungeheuren Umweltzerstörung auf der Welt würde bedeuten, ein nur aus Kriegszeiten bekanntes Maß an nötigem politischen Willen, internationaler Zusammenarbeit und Opferbereitschaft aufzubieten. Denn die Menschheit befindet sich schon jetzt im Krieg, (...). Sie kämpft ums eigene Überleben (...). Die Probleme, die die Erde erschüttern, sind globaler Natur.«

Klimaveränderungen und Treibhauseffekt

Bis vor etwa zweihundert Jahren wurde der Anteil von Kohlendioxyd in der Luft durch natürliche Prozesse bestimmt. Dann begann die Industrielle Revolution, und das natürliche

Gleichgewicht geriet aus dem Takt. Seit dem Beginn der Industriellen Revolution hat die Verbrennung fossiler Brennstoffe und die großflächige Abholzung der Wälder den Anteil von Kohlendioxyd in der Luft um 25 Prozent erhöht. Diese Zunahme hat zu einer allgemeinen Erwärmung geführt, die jetzt bekannt ist als »Treibhauseffekt«.

Die Vereinigten Staaten produzieren ein Viertel dieses Kohlendioxyds, das teilweise verantwortlich für diesen Effekt ist. In der Kette der Verursacher folgt ihnen die Sowjetunion an zweiter und Japan an dritter Stelle. Durch die Verbrennung fossiler Brennstoffe werden jedes Jahr 5,4 Milliarden Tonnen Kohlendioxyd der Luft zugeführt. Wirtschaftswissenschaftler sehen eine Verdoppelung dieser Zufuhr innerhalb der nächsten vierzig Jahre voraus; durch die Entwaldungspolitik werden dem pro Jahr zusätzlich bis 2,6 Millionen Tonnen hinzugefügt.

Computerberechnungen schätzen, daß die Erhöhung der Kohlendioxydabgaben an die Luft im Jahre 2050 zu einer Erhöhung der Temperatur des ganzen Planeten um etwa 0,1 bis 3 Grad Celsius führen könnte.

Im Jahr 1989 erklärten Wissenschaftler des Meteorologischen Instituts in Großbritannien, daß die bislang sechs wärmsten Jahre des 20. Jahrhunderts in den achtziger Jahren gemessen worden waren, wobei die Durchschnittstemperatur von 1988 die wärmste der bisherigen Aufzeichnungszeit war.

Nach der Meinung von führenden Wissenschaftlern des *Woods Hole Research Center* in Massachusetts erwärmt sich die ganze Erde; die klimatischen Zonen verlagern sich, die Gletscher schmelzen, und der Meeresspiegel steigt. Sie erwarten, daß diese Veränderungen sich in den kommenden Jahren beschleunigen werden, wenn sich die Anteile von Kohlendioxyd, Methan und anderen hitzeerzeugenden Gasresten in der Atmosphäre vermehren. Sie glauben, daß der Prozeß der Erwärmung noch an Schnelligkeit gewinnen wird und daß diese Beschleunigung immer weiter fortschreiten wird, wenn die Menschen nicht Maßnahmen ergreifen, um dieser Entwicklung Einhalt zu gebieten. Die wichtigsten Eingriffe bestünden in einer Reduzierung um 50 Prozent des weltweiten Verbrauchs von fossilen Brennstoffen, dem absoluten Stopp der Entwaldungspolitik und einem umfassenden Programm zur Wiederaufforstung.

Ohne diese Schritte müssen wir damit rechnen, daß das Wasser der Meere immer weiter steigt, Küstengebiete überflutet und große Teile von Ackerland durch Versalzung zerstört. Dies wiederum verursacht das Absterben von Wäldern, zerrüttet die Wasserversorgung und verursacht Hunger.

Die *Environmental Protection Agency* spricht davon, daß es durch die Erwärmung des Ozeans zu einer Erhöhung des Wasserstands an den amerikanischen Küsten von etwa einem halben bis zu zwei Metern kommen könnte. Andere Forscher entwerfen andere Szenarien, in denen eine oder mehrere Eisplatten der Pole abschmelzen, was den Wasserstand nur noch weiter erhöhen würde. Das nach der Erwärmung eindringende Salzwasser würde entscheidend die wasserführenden oder an Wasser grenzenden Gebiete gefährden. Marschland, Moore und auf niedrigem Meeresspiegel liegende Siedlungen wären Überschwemmungen ausgesetzt. Orte wie New Orleans und Miami wären in akuter Gefahr. Seit 1989 berücksichtigen Stadtplaner in den Staaten

Maine, Massachusetts, Florida, North und South Carolina, Louisiana, Oregon, Washington und Kalifornien den Anstieg der Meere bei ihrer Küstenplanung.

Kohlendioxyd produziert bekanntlich nur die Hälfte des Treibhauseffekts. Der Rest wird von anderen Gasen verursacht. Chlorfluorkarbonverbindungen, stickstoffhaltige Gase (aus Autoabgasen und Kraftwerken) und Methan (das aus sogenanntem »natürlichem« Gas stammt wie verfaulendem Abfall, Bakterien, die mit Vorliebe in Rindern nisten, u. a) sind andere Hauptverursacher des Treibhauseffekts.

Bäume helfen in verschiedener Hinsicht, den Temperaturausgleich auf dem Planeten zu halten. Zum einen dadurch, daß sie Kohlendioxyd absorbieren; zum anderen, weil sie Sauerstoff produzieren und die Atmosphäre abkühlen.

Nach den Aussagen eines Instituts für Wirtschaftsprognosen wird während der kommenden Jahrzehnte erwartet, daß durch die steigende Temperatur auf der Erde auch der Bedarf nach Klimaanlagen steigen wird, was allein wiederum den Bau von 86 mittelgroßen Kraftwerken in den Vereinigten Staaten notwendig machen würde.

Weiter wurde geschätzt, daß es etwa 100 Milliarden Dollar kosten wird, die zentralen Strände vor dem Wasseranstieg zu schützen, der durch diese Erwärmung ausgelöst wird.

Auch das Wetter kündigt den Treibhauseffekt an. 1988 erlebten große Teile des Mittleren Westens und der großen Ebenen eine größere Trockenperiode als in den letzten 87 Jahren. Die Trockenphase brach 1989 ab, aber in Nischen dieser wichtigen Anbaugebiete blieben ernste Probleme bestehen. 1989 litten Teile dieser Regionen unter schrecklichen Sandstürmen.

Im Mittleren Westen und im Westen der Vereinigten Staaten haben viele Viehzüchter die Stückzahl ihrer Herden reduziert, denn die trockenen Landstriche können nicht mehr alle Tiere ernähren.

Um die weitere Entwicklung des Wetters in seinem ganzen Ausmaß zu begreifen, müssen wir uns einige der schlimmsten Katastrophen vergegenwärtigen, die im Zeitraum von drei Monaten, von November 1988 bis Februar 1989, durch brüske Klimaveränderungen hervorgerufen wurden.

- ☆ November 1988 – ein tropischer Zyklon verursacht Hochwasser und Flutwellen in Bangladesch und Ostindien.
- ☆ Dezember 1988 – bei Stürmen im südlichen Kalifornien stürzt ein Funkturm um und Boote versinken.
- ☆ Dezember 1988 – bei einer Flutkatastrophe sterben 53 Menschen in Indonesien.
- ☆ Dezember 1988 – Orkane und Schneestürme im Mittleren Osten.
- ☆ Januar 1989 – ungewöhnlich große Kälte im Südwesten der Vereinigten Staaten, eine extreme Kältewelle im nördlichen Indien und auf den Philippinen.
- ☆ Januar 1989 – rätselhafter dunkler Regen fällt in Kenia im Laufe von Unwettern.
- ☆ Januar 1989 – nach Regenfällen von einer Woche beklagt man in Indonesien 27 Tote und 12 000 Obdachlose.
- ☆ Februar 1989 – schwere Monsunregenfälle und Flutkatastrophen führen zu 120 Toten auf den Philippinen; in der gleichen Zeit weht ein kalter Luftstrom aus der Arktis über Teilen der mittleren nördlichen Vereinigten Staaten,

seine Winde erreichen in Montana über 180 Stundenkilometer.

- ☆ Februar 1989 – seltene Schneefälle im Südwesten der USA und auf den Kanarischen Inseln.
- ☆ Februar 1989 – Orkane über Irland und dem Norden von Großbritannien, die zweitschlimmsten Schneestürme in Jordanien und dem Libanon, schwere Regen- und Schneefälle im Mittleren Westen und im Osten der Vereinigten Staaten sowie in Indonesien.
- ☆ Februar 1989 – Hochwasser in Peru und dem Osten der Vereinigten Staaten, zwölf Wochen Trockenheit in Europa und dem Mittleren Osten.
- ☆ März 1989 – ungewöhnlich hohe Meerestemperaturen nahe der Philippinen, Hochwasser im südlichen Afrika.

Versuche nur einmal selbst, innerhalb eines Monats eine eigene Wetterbeobachtung an deinem Wohnort durchzuführen, und benutze diese Aufstellung, um dir zu beweisen, daß es die Klimaveränderungen wirklich gibt!

Cliff Harris, einer der führenden Klimatologen aus Kanada, schreibt in einem Bericht des *Woodrew Update* aus Kanada im Jahr 1988, daß sich die klimatischen Bedingungen auf globaler Basis immer weiter verschlimmern. Der jetzige weltweite Zyklus von extremen Temperaturen in völlig ungeordneter Folge und Stürmen mit beängstigenden Geschwindigkeiten werde sich noch um einiges verschlimmern, bevor sich einiges im Jahr 2005 verbessert.

Erdbeben

Seit der Entstehung des Planeten vor über 4,5 Milliarden Jahren gab es immer wieder Veränderungen der Erdoberfläche. In der Vergangenheit waren die größten Zeiten der Veränderungen von Klima oder Oberfläche der Erde vom Aussterben bestimmter Arten begleitet; das vielleicht spektakulärste Beispiel ist das Aussterben der Dinosaurier.

In den Jahren zwischen 1970 und 1980 hat Kalifornien mehrere größere Erdbeben erlebt. Am 17. Oktober 1989 erschütterte ein Erdbeben San Francisco, das auf der Richterskala mit 6,9 Grad gemessen wurde. Über 100 Menschen kamen um; ein Millionenschaden entstand in einem Gebiet, das sich mit seinem seismischen Zentrum etwa 104 Kilometer südlich von San Francisco, 16 Kilometer nordöstlich von Santa Cruz bis zum nördlichen Teil von San Francisco erstreckt. Das Erdbeben löste Flächenbrände aus, die aus gebrochenen Gasleitungen entstanden, und viele Brücken wurden vollständig zerstört. Das Erdbeben und seine Folgen zwangen viele Menschen aus Kalifornien, über den »großen Knall« nachzudenken, der ihnen nach den Voraussagen zahlreicher Wissenschaftler in diesem Teil der Erde noch bevorsteht.

Das sowjetische Armenien wurde in den späten achtziger Jahren von einem großen Erdbeben heimgesucht; 55 000 Menschen fanden dabei den Tod.

Im Dezember 1989 brach der Redoubt-Vulkan in der Nähe von Anchorage in Alaska aus; er schleuderte Asche und Rauch kilometerweit in die Luft. Im Januar und März 1990 ereigneten sich dort wieder größere Ausbrüche.

Im Juli 1989 erlebte die Stadt Oshima in Japan 2500 Erdbeben und -stöße innerhalb einer so kurzen Periode von sieben Tagen.

Ich gebe an dieser Stelle bestimmte seismische Vorfälle wieder, damit du dir mit ihrer Hilfe klarere Vorstellungen von der Erdbewegung machen kannst, die innerhalb von drei Monaten, zwischen dem 25. November und dem 2. März 1989, passierte. Ich beziehe mich dabei auf die Zeitschrift *Pulse of the Planet,* die eine Liste von Erdbeben veröffentlichte, deren Heftigkeit 6,0 Punkte oder mehr auf der Richterskala erreichte.

- Kanada: 25. November (das heftigste Erdbeben innerhalb von 56 Jahren).
- Südchina: 30. November (über 500 Häuser werden dabei zerstört).
- Tongainseln: 5. Dezember.
- Armenien: 7. Dezember (55 000 Menschen lassen ihr Leben; weitreichende, massive Schäden).
- UdSSR: 21. Dezember.
- Tongainseln: 2. Januar.
- Kurilen: 9. Januar.
- Seram (Asien): 10. Januar.
- Neubritannien (Bismarck-Archipel): 17. Januar.
- Mittelindien: 20. Januar (zwei Beben an einem Tag).
- Japan: 22. Januar.
- Tadzkik (UdSSR): 22. Januar (die seismische Stärke auf der Richterskala betrug zwar nur 5,5, aber dennoch forderte das Beben mit seinen Folgen weit über tausend Menschenleben, und großflächige Erdrutschbewegungen waren zu verzeichnen).

– Neuirland (Bismarck-Archipel): 4. Februar.
– Molukken: 10. Februar.
– Nordöstliches Indonesien: 13. Februar.
– Salomoninseln: 14. Februar.
– Osterinseln: 16. Februar.
– Nordöstliches Indonesien: 27. Februar.
– Kurilen: 1. März.

In dieser Zeit, am 19. Dezember 1988, brach auch der Vulkan Tokachi in Japan aus, nachdem man 26 Jahre lang keine Tätigkeit und keinen Ausbruch mehr auf der Richterskala gemessen hatte; der Lonquimay-Vulkan in Chile entlud sich am 28. Dezember zum ersten Mal seit hundert Jahren. Der Tutupaca in Peru, der auch seit mehr als hundert Jahren ruhig gewesen war, zeigte im Januar 1989 Rauch und Gas, während die Ausbrüche des Lonquimay-Vulkans in Chile andauerten. Zu einem späteren Zeitpunkt im Januar folgten Ausbrüche der Vulkane Llaima und Villarrica in Chile, während der Lonquimay einen fast fünf Kilometer langen Lavastrom ausspie.

Bevölkerungszahlen

Im Jahr 1800 lebten etwa eine Milliarde Menschen auf der Erde. Diese Zahl verdoppelte sich bis zum Jahr 1930 und verdoppelte sich bis 1975 erneut. Wenn die aktuelle Geburtenrate bei ihrem heutigen Stand bleibt, wird die jetzige Erdbevölkerung sich bis zum Jahr 2029 wieder verdoppelt haben. 90 Prozent des Wachstums sind in den sogenannten »Entwicklungsländern« zu verzeichnen. Die afrikanischen Völker vergrößern sich am schnellsten. 2020 wird die Bevölkerung von Kenia mit ihrer jetzigen Wachstumsrate von vier Prozent von 23 Millionen auf 274 Millionen angestiegen sein. Die Wachstumsrate in Brasilien, China, Indien und Indonesien liegt zwar niedriger, aber dennoch werden auch diese Völker sich beträchtlich vergrößern.

Man schätzt, daß 1990 60 Millionen Menschen verhungert sind. Jeden Tag sterben in den Entwicklungsländern 40000 Babys an Unterernährung.

Mexico City ist die dichtbesiedelste Stadt der Erde. 1989 zählte man dort 20 Millionen Einwohner, im Unterschied zu den neun Millionen, die man 20 Jahre vorher festgestellt hatte. Einige Menschen sehen diese Stadt, die unter Überbevölkerung, Verschmutzung und schlimmster Armut leidet, als Vorläufer für die Entwicklung anderer Städte.

In Indien können 37 Prozent der Bevölkerung nicht genug Nahrung kaufen, um sich selbst am Leben zu halten. Experten befürchten, daß durch andauernden Hunger bestimmte Menschengruppen entstehen, die keine Kraft mehr besitzen, sich in irgendeiner Form selbst zu helfen.

Umweltspezialisten fordern, daß man sich weltweit in den neunziger Jahren das Ziel setzen sollte, die Wachstumsrate der Bevölkerung um die Hälfte zu senken.

Den Aufstellungen der Vereinten Nationen und anderer Organisationen zufolge wünschen sich mehr als die Hälfte der verheirateten Frauen in den Entwicklungsländern (mit Ausnahme von China) nicht mehr Kinder. Aber sie haben wenig oder gar keinen Zugang zu wirksamen Mitteln der Geburtenkontrolle.

Die Weltbank schätzt, daß man, um Geburtenkontrolle

wirklich wirksam zu machen, die bisherigen Ausgaben für Familienplanung auf acht Milliarden Dollar pro Jahr erhöhen müßte. Nur eine solche Ausgabe könnte annähernd gewährleisten, daß in den nächsten sechzig Jahren die Erdbevölkerung auf einem Stand von acht anstatt bei zehn Milliarden Menschen anlangen würde.

Wasserqualität

Der *Sierra Club* hat 1989 gemeldet, daß die Vergiftung der großen Seen in den USA immer mehr zunimmt, obwohl in den USA und in Kanada Anstrengungen zu ihrer Reinigung unternommen werden. Die Gründe dafür liegen in der Luftverschmutzung, die die Fauna zerstört, bei Wasservögeln zu Mutationen führt, die menschliche Gesundheit gefährdet und von den großen Winden bis aus Gegenden in Lateinamerika herbeigetragen wird.

Andere Wissenschaftler sprechen davon, daß es auch nach einem absoluten Stopp der Giftstoffe mindestens hundert Jahre dauern würde, bis sich die Menschen von den letzten Spuren befreit hätten. Das Wasser der großen Seen ist verseucht, und jeder, der Fische verzehrt, die daher stammen, nimmt durch das Essen die Giftstoffe zu sich.

Die Zahl der Mißbildungen bei den Wasservögeln der großen Seen ist bis zu vierzigmal größer als bei denen aus anderen Gegenden.

Mehr als zwei Drittel der Gewässer Indiens sind vergiftet. 98 Prozent der Abwässer Chinas werden den Flüssen ungeklärt zugeleitet.

Im Jahr 1980 war der Tod bei vier von fünf Kindern aus der Dritten Welt durch Krankheiten verursacht, die aus dem verschmutzten Grundwasser resultieren. 80 Prozent der Menschen in Entwicklungsländern verfügen über keinerlei Kläranlagen. Wasserknappheit oder Verseuchung des Wassers töten 25 000 Menschen pro Tag.

Ein internationaler Zehnjahres-Plan würde einen finanziellen Aufwand erfordern, der ungefähr zehn Tagessätzen der globalen Militärausgaben entspräche.

Japans Binnensee hat jährlich zweihundert rötlich gefärbte Fluten. Die Farbe ist ein Resultat des Zersetzungsprozesses der Algen, die dem Wasser den Sauerstoff entziehen; auf diese Weise ersticken die Fische und andere Organismen.

Eine tote Meereszone, etwa 480 Kilometer lang und 16 Kilometer breit, in der es im Grunde genommen keinen Sauerstoff mehr gibt, wurde 1989 in den Golf von Mexiko geschwemmt.

An der Meerenge von Pamlico, North Carolina, ereignen sich Vorfälle, die typisch für andere Teile des Atlantischen Ozeans und für weitere Gewässer der Welt sind. Dort fressen sich Pilzerkrankungen in die Schuppen der Schellfische und reißen tiefe Wunden in ihre Haut. Auch hier sind schon braune Fluten, verursacht durch giftige Algen, vorgekommen; ihretwegen mußten Teile der wichtigsten Fischereigebiete an der Küste geschlossen werden. Gewöhnliche, ungiftige Algen haben dem Wasser so viel Sauerstoff entzogen, daß Aale, Krabben und sogar Fische ans Ufer kommen, weil sie im Wasser nicht mehr atmen können.

Ende der achtziger Jahre berichteten Fischer von Rhode Island, daß der Hummerfang an den Klippen entlang des

Kontinentalsockels der Küste in einem Jahr um mehr als siebzig Prozent gesunken ist; der Fang anderer Arten hat sich um die Hälfte reduziert. Die Fischer erklärten, daß diese Verminderung eingesetzt habe, seitdem einige Stadtverwaltungen in New York und New Jersey begonnen hatten, ihren Klärschlamm direkt ins Meer zu leiten.

Der *Environmental Defense Fund* hat festgestellt, daß saurer Regen den Küstengebieten direkten Schaden zufügt. Stickstoffzusammensetzungen, die im sauren Regen enthalten sind, sind die Schlüsselsubstanzen, die zum üppigen Wachstum der Algen führen, die wiederum den Sauerstoff des Wassers verbrauchen und alles Leben im Wasser zerstören.

Das Algenwachstum oder »Phänomen der rotgefärbten Fluten« steigt in globalem Maßstab. Das Wuchern von Algen in einem Gebiet, das Nord- und Ostsee verbindet, hat alles Leben im Meer bis zu einer Tiefe von 15 Metern abgetötet.

Eine Algenart, die bisher nur im Golf von Mexiko vorkam, bedroht nun auch Strände in der Nähe von Cape Hatteras in North Carolina und hat in der Fischerei und dem Tourismusgewerbe zu Verlusten in der Höhe von 25 Millionen Dollar geführt. Dreitausend Delphine fielen ihr zum Opfer.

Fast 300 000 Menschen wurden in Schanghai innerhalb von drei Monaten mit Hepatitis A infiziert, weil sie mit diesem Erreger verseuchte Muscheln gegessen hatten; 47 Menschen starben daran.

Momentan sind, nach Auskunft der Zeitschrift *World Watch*, 33 Prozent aller Schellfischgebiete wegen Vergiftungsgefahr geschlossen.

Landwirtschaft

Fast ein Viertel des Festlands auf der Welt – mehr als drei Milliarden Hektar – sind unmittelbar davon bedroht, zu Wüste zu werden oder wegen schlechter Bewässerung oder anderen Schäden zu versalzen.

Nach Auskunft des *World Ressources Institute* und des *International Institute for Environment and Development* erfahren mehr als 60 Prozent der fruchtbaren, aber trockenen Gebiete eine Verminderung ihrer biologischen Leistungsfähigkeit. Darüber hinaus berichten sie, daß die Stadtbevölkerung der Entwicklungsländer um das Jahr 2000 doppelt so groß wie die Stadtbevölkerung der Industrienationen sein wird. Die Hälfte der Stadtbevölkerung wird dann in urbanen Gebieten leben, die bekanntlich Haupterzeuger von Abwässern, Abfall und industriellen Abfallprodukten sind.

Entsprechend dem Bericht des *World Watch Institute* sind die USA seit 1988 ein Staat, in dem Nahrungsmittelmangel herrscht. 196 Millionen Tonnen Weizen wurden hier erzeugt, 206 Millionen Tonnen aber tatsächlich verzehrt. Die mehr als hundert Länder, die Nahrungsmittel von den USA kaufen, wurden mit Reserven versorgt, deren Umfang allerdings auf ein Drittel der Reserven von 1987 sank.

Der Anteil der Farmer an der Bevölkerung der USA beträgt weniger als zwei Prozent; dennoch erzeugen sie genügend Nahrung, um die gesamte Bevölkerung zu ernähren, und stellen mehr als 85 Prozent des weltweiten Überschusses an Nahrungsmitteln. Die Macht über Amerikas Nahrungsmittelversorgung konzentriert sich in immer weniger Händen. Vier multinationale Unternehmen kontrollieren 85 Prozent des amerikanischen Getreidemarkts.

Die Farmer sind in zunehmendem Maße abhängig geworden von Technologien mit hohem Energieverbrauch; gleichzeitig sinken die Erträge des Landes wegen der fortschreitenden Erosion, die wiederum aus den einseitigen und teilweise überholten Anbaumethoden resultiert. Sie erschöpfen durch den Einsatz von chemischen Mitteln zunehmend die Fruchtbarkeit des Bodens.

Überweidung und extensive Anbaumethoden verursachen die Erosion der Humusschicht des Bodens; dies ist bereits in 43 Ländern zu einem schwerwiegenden Problem geworden. Umfangreiche Abholzung von Wäldern ist in mehr als 24 Entwicklungsländern geschehen.

Jeden Tag gehen in den USA ungefähr 20 Quadratkilometer Anbauland durch Besiedlung verloren. Nach Aussagen des *American Farmland Trust* bedeutet dies, daß durchschnittlich mehr als 1,2 Millionen Hektar Land der Urbanisierung zum Opfer fallen. Im Jahr 1990 waren 75 Prozent der Humusschicht, die die Europäer einst in den USA vorgefunden hatten, ruiniert.

Eines von fünf Schädlingsbekämpfungsmitteln, die von den Vereinigten Staaten in Entwicklungsländer exportiert werden, ist in den USA verboten. Es gibt auf der ganzen Welt jährlich etwa 490 000 durch diese Mittel verursachte Unfälle. Ein Fall von zehn kostet ein Menschenleben.

Zwischen 1970 und 1980 wuchs die Zahl von Insekten und Milben, die resistent gegen die gebräuchlichsten chemischen Mittel sind, um das 17fache durch den übergroßen Verbrauch von chemischen Schädlingsbekämpfungsmitteln.

Bis zu 64 Prozent der verwendeten Schädlingsbekämpfungsmittel finden sich in unveränderter Form im Brot wieder.

1988 verminderte eine dreimonatige Kälteperiode in den USA den Ernteertrag um 31 Prozent.

In der gleichen Zeit erreichten die Hitzetemperaturen in vielen Gebieten der USA mehr als 40 Grad Celsius, und viele Wälder im Westen, in den wunderschönen Nationalparks, fielen Waldbränden zum Opfer.

Vom Menschen direkt verursachte Probleme

Obwohl ich mir vollkommen bewußt bin, daß alle Probleme, die in diesem Kapitel erwähnt werden, vom Menschen gemacht sind, behandelt dieser Teil diejenigen der Schwierigkeiten, die wir Menschen *unmittelbar* hervorgerufen haben.

Nach einem Artikel in der *Washington Post* steht der Viktoriasee, der größte Süßwassersee Afrikas, am Rande des völligen ökologischen Zusammenbruchs, was den Millionen Menschen, die an seinem Ufer leben, ihre Hauptversorgungsquelle mit Proteinen rauben würde. In diesem See, dem drittgrößten der Welt, dominieren drei bestimmte Tierarten. Eine davon ist der Nilbarsch, ein Raubfisch, der bis zu mehr als 100 Pfund Gewicht haben kann. Der Nilbarsch wurde in den sechziger Jahren von den britischen Kolonialherren mit dem Hintergedanken in diesem See ausgesetzt, mehr Touristen anzulocken.

Die voreiligen Menschen vergaßen vollkommen dabei, daß sich dieser riesige Fisch von den dortigen Fischschwärmen ernähren würde, die wiederum die Nahrung für acht Millionen Afrikaner waren, die an den Seeufern auf dem Gebiet von Kenia, Tansania und Uganda lebten.

Die Problematik des Nilbarschs zusammen mit anderen Umweltproblemen, wie der Entwaldung und dem sauren Regen, hat das ökologische System des Sees schwer erschüttert; Wissenschaftler schätzen, daß ein Drittel des Seegrundes bereits ohne Sauerstoff ist, also eine tödliche Zone darstellt, in der wegen Sauerstoffmangels kein Fisch überleben kann.

Von 1979 bis 1989 verkleinerte sich auch die Zahl der afrikanischen Elefanten von 1,3 Millionen auf ein wenig mehr als 600000; wenn diese Ausrottungsquote anhält, wird diese Tierart in 20 Jahren völlig verschwunden sein.

Im Jahr 1989 erklärten Wissenschaftler, daß der Blauwal, das größte Tier der Welt, der Ausrottung sehr viel näher stehe, als man dies früher angenommen hatte. In einer zehnjährigen Forschungsperiode in der Antarktis hat man nur noch 453 Wale in einem Gebiet vorgefunden, in dem man zehnmal mehr vermutet hatte.

Um das Jahr 2050 herum wird ein Viertel aller jetzigen Pflanzenarten ausgestorben sein.

Im Jahr 1981 betrug die Zahl der offiziell gefährdeten Tierarten 230, im Jahr 1989 35000.

1989 veröffentlichte die *Environmental Protection Agency* der USA, daß die amerikanische Industrie pro Jahr mehr als elf Millionen Tonnen giftiger Chemikalien in Luft, Wasser und Erde schickt. Diese giftigen Substanzen beinhalten mehr als 300 Chemikalien und schließen eine Auswahl von Giftstoffen ein, die Krebs erzeugen oder andere schwere Krankheiten hervorrufen. Texas hat den höchsten Prozentsatz an Giftstoffen in der Umwelt. Diese Statistiken erfassen allerdings nur 75 Prozent der Unternehmen, die man aufgefordert hatte, ihre Praktiken offenzulegen.

In den späten achtziger Jahren ereignete es sich immer häufiger, daß Öltanker Unfälle hatten und ausliefen. Der größte Zwischenfall war der »Exxon-Unfall« des Tankers »Valdez« in der Prinz-William-Straße an der Südküste Alaskas. Etwa 41 Millionen Liter Öl flossen dabei aus. Circa 1700 Kilometer des Küstenverlaufs wurden dabei verschmutzt; 33 000 Vögel starben, 980 Otter, 138 Seeadler sowie zahllose Fische und andere Meerestiere. Auf der nahegelegenen Kodiak Insel wurden ein paar Monate später etwa 1600 tote Vögel gefunden; erst in den nächsten Jahren wird man wissen, über welch weite Strecke sich das verpestete Wasser verteilt hat. Die Säuberungsaktionen erforderten 12 000 Helfer und Mittel in der Höhe von 1,28 Milliarden Dollar, um wenigstens einen Teil der Folgeerscheinungen der Katastrophe zu beseitigen und noch etwa zehn Millionen Liter Öl wiederaufzufangen.

Das *United States National Research Council* schreibt, daß ungefähr 2,4 Millionen Tonnen Öl aus unzähligen kleinen Quellen dem Meer ständig zufließen. Dies kommt noch zu den 70 000 Tonnen hinzu, die durch Unglücksfälle ins Meer auslaufen. Nach den Angaben von *Worldwatch* hat schon der Gehalt von einem Anteil Öl auf die Menge von gleichen zehn Millionen Teilen Seewasser ernste Auswirkungen auf Plankton und andere lebende Organismen im Meer. Den Indischen Ozean hält man allgemein für den verschmutztesten aller Weltmeere.

Ein Viertel der auf der Erde lebenden Tiere, Pflanzen, Mikroben und Pilze wird verschwinden, ohne daß Maßnahmen zu ihrer Rettung getroffen werden können. Es gibt keine Gesetze, die Pflanzen schützen, und so werden die Besitzer des

Bodens noch das letzte Exemplar einer besonders seltenen Pflanzenart aus dem Boden reißen, ohne sich weiter um die Folgen zu scheren. Nach Auskunft des Naturschutzbüros in Florida hat die Regierung dieses Bundesstaates nur siebenundzwanzig schützenswerte Pflanzen genannt; und selbst diese sind nur dann geschützt, wenn sie auf Land stehen, das aus Bundesmitteln gefördert wird.

Wälder

Die tropischen Wälder bedecken nur etwa sieben Prozent der Erdoberfläche, aber sie beherbergen zwischen 50 und 80 Prozent aller Tier- und Pflanzenarten.

Nur 1,7 Prozent der geschätzten fünf bis 30 Millionen verschiedener Lebensformen sind bisher erfaßt worden. Es ist anzunehmen, daß um das Jahr 2000 Hunderttausende von unbekannten Gattungen in der Folge der andauernden Zerstörung des Tropischen Regenwaldes ausgelöscht sein werden. Weniger als fünf Prozent des Tropischen Regenwaldes werden heute gegen Schäden oder Zerstörung geschützt.

Ein Viertel aller Arzneimittel, die in den USA verschrieben werden, stammen von tropischen Pflanzen.

Innerhalb der letzten hundert Jahre sind 12,3 Millionen Quadratkilometer des Regenwaldes zerstört worden. Das Problem begann in Afrika, als die Kolonialstaaten Privatunternehmen das uneingeschränkte Recht erteilten, die Wälder abzuholzen. Nachdem die afrikanischen Staaten unabhängig geworden waren, verkauften sie auch weiterhin das Tropenholz, weil es zu den Produkten zählte, die ihnen am meisten Gewinn einbrachten.

Weltweit sind zwischen 1960 und 1990 etwa 40 Prozent der Regenwälder abgeholzt worden. Für alle zehn Hektar, die dieser Entwicklung zum Opfer fielen, wurde weniger als ein Baum neugepflanzt.

Der *Worldwide Fund for Nature* schätzt, daß jedes Jahr mindestens 124000 Quadratkilometer des Tropischen Regenwaldes entweder mit Sägen oder durch Brand gerodet werden. Das *United Nations Development Program* besagt, daß nur ein Atomkrieg den globalen Auswirkungen der Zerstörung des Regenwaldes gleichkomme.

Heute weiß man, daß ein Gebiet in China, das ungefähr 208000 Quadratkilometer umfaßt – damit etwa der Größe Indiens entspricht –, völlig entwaldet und in den letzten 30 Jahren zur Wüste verkommen ist; dies hat dort zu Hochwasser, Dürre und Lebensmittelknappheit geführt. Seitdem hat China das größte Wiederaufforstungsprogramm der Welt begonnen.

In Ländern der Dritten Welt werden jedes Jahr etwa 11 Millionen Hektar Wald – das entspricht etwa einer Fläche von der Größe Tennessees – abgeholzt, verbrannt oder beim Bau von Staudämmen überflutet.

Die beunruhigendsten Nachrichten erreichen uns jedoch aus dem Amazonasbecken. Die Zahl der Ureinwohner des Amazonasgebietes ist von drei Millionen zu Beginn dieses Jahrhunderts auf eine Bevölkerungszahl von 250000 im Jahr 1989 herabgesunken.

Das Raumforschungsinstitut von Brasilien, das seine Informationen durch Satellitenbeobachtungen ergänzt, gibt an, daß durch Waldbrände, mit deren Hilfe Land für Farmer und Rancher gewonnen werden sollte, etwa 128000 Quadratkilometer Regenwald zerstört wurden. 1988 wurden 80000 Quadratkilometer Regenwaldgebiet vernichtet.

Westdeutsche Umweltgruppen nennen das, was im Regenwald passiert, »die umfassendste Vernichtung von Umwelt, die je von Menschenhand ausgeführt wurde«.

Die Umweltkatastrophe am Amazonas wird durch den Bau von Kraftwerken, von Bergwerken und Fabriken nur vergrößert. Denn sie alle benötigen Holz.

Auch die Cocapflanzer fällen breite Streifen des Regenwaldes im Amazonas und leiten Millionen Liter von hochgiftigen chemischen Substanzen in den Amazonas. Die Cocapflanzer, die 75 Prozent des Grundbausteins des Kokains erzeugen, das in den USA konsumiert wird, sind in zwei Nationalparks und in staatliche Wälder eingedrungen. Sie benutzen Chemikalien, Pflanzenschutzmittel, Düngemittel, außerdem Agent Orange und Paraquat, um den Anbau zu gewährleisten. Einige zusätzliche Auswirkungen der Entwaldung des Amazonas, die die ökologischen Probleme noch weiter verstärken, rühren von den Waldbränden her, mit deren Hilfe das Gebiet von Bäumen freigehalten werden soll. Im Jahr 1989 haben diese Waldbrände mehr als 599 Millionen Tonnen Kohlenstoff, 44 Millionen Tonnen Kohlenmonoxyd, 6 Millionen Tonnen chemische Partikel, 5 Millionen Tonnen Methan, 2,5 Millionen Tonnen Ozon und mehr als 1 Million Tonnen Stickstoffoxyd erzeugt. Man nimmt an, daß die Brandschäden im Regenwald sich von 1989 bis 1991 verdoppeln werden.

Um den Tropischen Regenwald zu bewahren, müssen die Industrienationen seine Erhaltung für die Entwicklungsländer genauso ertragreich machen wie seine Zerstörung.

Eine öffentliche Einrichtung in Connecticut erklärte 1988, daß man die Wiederaufforstung mit 52 Millionen Bäumen für Guatemala bezahlen würde. Dies ist exakt die Zahl von Bäumen, die notwendig wäre, um die Luftverschmutzung durch ihr neues kohleverbrennendes Kraftwerk auszugleichen.

Die Hälfte der Bevölkerung benutzt kostenloses Feuerholz als einzige Energiequelle; diese Gewohnheit wiederum trägt zur weiteren Verwüstung unseres Planeten bei.

Heute sind die Regenwälder in Südostasien ebenso wie die Regenwälder des Amazonas ihrer Zerstörung nahe. Japan importiert allein 40 Prozent aller jährlich geschlagenen tropischen Harthölzer.

Nach den Berichten der Organisation *World Ressources* sind in Südostasien 68 Prozent der Tierwelt verschwunden; im subsaharischen Afrika gilt das für circa 65 Prozent.

Die Siedler der Vereinigten Staaten haben nahezu den ganzen Kontinent entwaldet, als sie westwärts zogen. Nur an der Küste des Pazifiks erstrecken sich noch die Wälder von einst über größere Gebiete. Wenn die Holzfällerei weiterhin im bisherigen Umfang betrieben wird, dann werden auch sie in 20 bis 30 Jahren verschwunden sein: Alle acht Sekunden sterben 0,4 Hektar Wald in den USA.

Die *American Forestry Association* hat allein acht Millionen Hektar Land im Südosten der USA ausgemacht, das wiederaufgeforstet werden müßte. Diese Vereinigung beziffert den Bedarf an Bäumen in den »Hitzeinseln« der Großstädte, der Klein- und Vorstädte auf mehr als eine Million, die um die Häuser und Geschäfte gepflanzt werden müßten.

Die Vereinten Nationen schätzen, daß die Mittel für die

Wiederaufforstung und Bewahrung des Tropenwaldes sich wohl auf einen Betrag belaufen, der den globalen Militärausgaben eines halben Tages entspräche. Wollte man die fortschreitende Wüstenbildung auf der Erde konsequent bekämpfen, müßte man Mittel in Höhe von zwei Tagen der globalen Militärausgaben aufwenden.

Davon aber ist bislang keine Rede: Die Wüstengebiete breiten sich scheinbar unaufhaltsam auf der ganzen Welt weiter aus; jedes Jahr gewinnen sie 20000 Quadratkilometer hinzu.

In den späten achtziger Jahren wurden in Polen drei Landstriche offiziell als »Regionen der ökologischen Katastrophe« bezeichnet.

Bereits zu Beginn der achtziger Jahre vergilbten die Nadeln der Fichten in Nordbayern, die in höheren Berglagen wuchsen. 1982 waren bereits acht Prozent der dortigen Bäume von dieser Krankheit befallen; 1989 war die Zahl der kranken Bäume auf 52 Prozent hinaufgeschnellt.

Atomkraft

Norwegische Wissenschaftler des *Staatlichen Instituts für Strahlenschutz* sprachen 1990 davon, daß die atomare Strahlung, die aus der Katastrophe in Tschernobyl resultierte, ihr Land zehnmal länger beeinträchtigen würde, als dies zuerst angenommen worden war. Sie warnten die Norweger davor, Fleisch und Fisch zu essen, deren Strahlungswerte vorher nicht gemessen worden waren. Bei bestimmten Fleisch- und Fischsorten lagen 1988 und 1989 die Werte höher als 1986; wahrscheinlich waren bestimmte Pflanzen mit höherer Radioaktivität erst später von den Tieren gefressen worden.

Die Rentierherden der Lappen sind durch die Katastrophe von Tschernobyl fast völlig zerstört worden.

Der Abfall radioaktiver Brennstäbe belief sich 1970 auf 6219 Tonnen; 1985 waren 59 000 Tonnen erreicht.

Angesammelte Radioaktivität wurde in den Atlantik geleitet; sie belief sich auf mehr als eine Million Curie.

Plutonium, das in der Zeitspanne von 1960 bis 1990 in die Nordsee geleitet wurde, hätte ausgereicht, um bei 250 Millionen Menschen Krebs zu verursachen. Auch nach 100 000 Jahren wäre es für 15,5 Millionen immer noch tödlich.

Wiederaufbereitetes Plutonium ist der einzige Weg, radioaktives Material für Atomwaffen herzustellen; es vervielfacht das gesamte Volumen von radioaktivem Abfall 150mal.

Ende der achtziger Jahre wurde öffentlich bekannt, daß waffenproduzierende Unternehmen sich heimlich in bestimmten Gebieten mit radioaktivem Abfall niedergelassen hatten.

Nach Angaben des *San Francisco Chronicle* sind über 1200 Hektar Land des Atomtestgebietes in Nevada mit radioaktivem oder ähnlich gefährlichem Material verseucht.

Über 680 Atomtests wurden in diesem Gebiet zwischen 1949 und 1989 abgehalten, von denen viele seit 1963 im Freien stattfanden.

Während dieser Zeit wurden auch Atomversuche in der Sowjetunion, im Südpazifik, in China und an anderen geheimgehaltenen Orten unternommen.

Ende des Jahres 1989 bombardierten Solarstürme die Erde mit energetischen Partikeln mit durch Satellitenbeobachtung nie vorher gemessener Intensität. In dieser Zeit hatte auch die Sonne den Zyklushöhepunkt in der Ausbildung von Sonnenflecken erreicht. Diese Solarstürme waren so mächtig, daß sie an die Erde gebundene Radiokommunikation ausblenden und sogar Erdsatelliten beschädigen konnten. Sowjetische Wissenschaftler sind der Ansicht, daß sie zudem die Ursache für Wetterverschlechterungen, Erdbeben und Vulkanausbrüche sowie eine aktive Gefährdung der menschlichen Gesundheit darstellen.

Ozonschicht

Die im oberen Teil der Atmosphäre angesiedelte Ozonschicht fängt die ultravioletten Strahlen auf und verhindert so, daß ein tödlicher Anteil Strahlung die Erde erreicht. Diese Ozonschicht wird durch Fluorchlor-Kohlenwasserstoffverbindungen beschädigt. Diese finden sich in Aerosol, einem schwebstoffhaltigen Gas in Klimaanlagen, Behältern aus Schaumstoff und Industrieabgasen. Wenn Fluorchlor-Kohlenwasserstoffverbindungen an die Luft abgegeben wurden, brauchen sie 15 Jahre, bis sie die Ozonschicht erreichen und bleiben dann für 100 Jahre in der Atmosphäre. Die Beschädigung der Ozonschicht, die wir bereits verursacht haben, wird zu einer größeren Sterbequote bei Hautkrebs, einer größeren Empfindlichkeit bei Infektionskrankheiten, Gewebeschäden bei Pflanzen und Verletzungen des Planktons führen.

Im Jahr 1988 stellte man eine Verminderung der Ozonschicht um drei Prozent über Europa fest. Um die jetzige Dicke der Ozonschicht zu halten, müßte die Abgabe von

Fluorchlor-Kohlenwasserstoff um 85 Prozent herabgesenkt werden. Über der Antarktis klafft ein Loch in der Ozonschicht, das bereits die Ausmaße der Vereinigten Staaten erreicht hat.

Die Verkleinerung der Ozonschicht und eine Erhöhung der »harten« ultravioletten Strahlung könnten katastrophale Auswirkungen auf das Phytoplankton der Meere haben, die mikroskopisch kleinen Pflanzen, die an der Oberflächenschicht des Ozeans leben. Nach Aussagen von texanischen Wissenschaftlern, die in der Antarktis gearbeitet haben, wo die Schädigungen der Ozonschicht am schlimmsten sind, führt das Anwachsen von ultravioletter Strahlung zur Verminderung der Photosynthese im Phytoplankton. Plankton, der Grundbaustein der Nahrungskette im Meer, stellt 70 Prozent des Sauerstoffs auf der Welt her.

Saurer Regen

90 Prozent des Schwefelanteils in der Luft über Europa und Nordamerika in den späten neunziger Jahren stammen nicht aus natürlichen Quellen, sondern aus der Verbrennung von Kohle und Erdöl. Dieser Schwefelgehalt ist der wichtigste Verursacher des sauren Regens.

Im Nordosten der Vereinigten Staaten ist der Regen manchmal 100000 oder eine Million Mal saurer als Leitungswasser und 10000mal säurehaltiger als reines Regenwasser.

In Schottland kann Regen so sauer wie Essig sein und ist in regelmäßigen Abständen mindestens zehnmal so sauer wie natürlicher Regen. Berichten zufolge ist dort auch fallender

Schnee durch die Abgase der Kraftwerke völlig geschwärzt worden.

Das Phänomen des sauren Regens hat zur Ausrottung von Forellen in vielen Flüssen Norwegens geführt, außerdem zu einem großen Säuregehalt von Bächen von 90 000 Kilometer Länge und Seen von rund 18 000 Quadratkilometern; etwa 50 Seen in Schottland wurden schwer davon betroffen sowie 700 000 Seen in Kanada und viele in den Vereinigten Staaten.

In den westlichen Bundesländern Deutschlands ist der Anteil von Bäumen, die durch sauren Regen beschädigt wurden, von 1983 bis 1984 von 35 auf 50 Prozent gestiegen.

Abfall

Jedes Jahr werfen die Amerikaner rund 16 Milliarden Wegwerfwindeln, 1,5 Milliarden Kugelschreiber, 220 Millionen Reifen und 2 Milliarden Rasiermesser in den Müll. In diesem Abfall befindet sich genügend Aluminium, um alle drei Monate die gesamte Lufthandelsflotte der Vereinigten Staaten neu aufzubauen.

In den Vereinigten Staaten werden 80 Prozent des größeren Abfalls in 6000 Müllhalden geleert. Zwischen 1985 und 1990 wurden 3000 dieser Müllhalden geschlossen.

In der Bundesrepublik gelten 3500 aller Müllhalden als potentielle Gefahr, weil sie die Grundwasserversorgung bedrohen.

Im Jahr 1990 hat Japan 50 Prozent seines Mülls im Recyclingverfahren wiederaufbereitet, Westeuropa etwa 30 Prozent und die Vereinigten Staaten etwa 10 Prozent.

Bei der Verbrennung des Mülls auf den Halden gewinnt man Elektrizität; Westdeutschland verarbeitet etwa 30 Prozent seines nicht wiederaufbereiteten Mülls in Müllverbrennungsanlagen; in den USA beläuft sich dieser Anteil nur auf sechs Prozent.

5
Die Kultur des Todes

Die Menschen müssen sich der Tatsache bewußt werden, daß es neben ihnen auf der Erde noch eine Fülle wichtiger Pflanzen- und Tierarten gibt, die unser Planet braucht. Werden die Menschen zu zahlreich, bedrohen sie das gesamte organische Gleichgewicht der Erde: Fünf Milliarden Menschen auf unserem Planeten sind für ihn eine ziemlich schwere Belastung. Es wäre nicht schlimm, wenn die Menschen gelernt hätten, ihren Weg in Harmonie zu gehen.

Wir alle haben die Verantwortung, ein harmonisches und ausgeglichenes Verhältnis zur Erde wiederzugewinnen. Wir müssen Beschützer und Wächter der Erde sein. Wenn die Erde weiterhin existieren soll, muß dies einfach geschehen! Wir müssen die Lebensweise der Naturvölker neu erlernen – den heiligen Pfad auf der Erde zu beschreiten. Konkret bedeutet dies, daß wir bei allem, was wir tun, immer dessen gewahr bleiben sollen, daß die Erde ein mit Intelligenz begabtes, lebendes Wesen ist. Wir müssen ihr Liebe und Respekt erweisen. Wir können unseren Planeten nicht weiterhin beschmutzen, zerstören und jedes Jahr neue ökologische Katastrophen heraufbeschwören! Die Erde kann all unsere Handlungen nicht mehr verarbeiten. Die von uns verursachten Katastrophen erklären, warum die Erde nun so scheinbar feindselige Reaktionen auf uns Menschen zeigt.

Die herrschende Kultur verhält sich zur Natur wie eine echte »Kultur des Todes«. Zuerst fällen wir alle Wälder, die einen Bergsee umgeben. Dann trocknet dieser Gebirgssee aus; Tiere finden kein Wasser mehr, der Berg verödet, das ganze Bewässerungsnetz verschwindet. Der Schnee bleibt nicht länger auf dem Berg liegen, weil dort keine Bäume mehr wachsen. Für jeden gefällten ausgewachsenen Baum benötigt man etwa 2500 Sämlinge, um dessen Sauerstofferzeugung zu erreichen. Wenn wir so weitermachen, wird es bald keine Menschen mehr geben. Wenn wir uns vergegenwärtigen, daß man zwölf Bäume braucht, um für jeden Menschen genügend Sauerstoff zu erzeugen, würden wir auch anders über die Bedeutung dessen denken, was wir dem Planeten zufügen.

Vor vielen Jahren prophezeite ich den Menschen, eine Zeit werde kommen, in der sehr große Disharmonien herrschen werden: Ein Gebiet wird zu trocken sein, ein anderes zu feucht, ein weiteres wird unter zu großer Hitze leiden, ein viertes unter bitterer Kälte. Vor langer Zeit habe ich den Menschen vorausgesagt, daß die Mutter Erde ihr Wachstum unterbrechen würde. Das vorherige Kapitel sollte uns zeigen, daß dieser Zeitpunkt nun gekommen ist, mit atemberaubender Geschwindigkeit. Jeder neue Tag liefert uns neue Meldungen über Wetterstörungen, Erdbebentätigkeit, wirtschaftliche und politische Veränderungen, über vom Menschen verursachte Disharmonien im organischen Ökosystem.

In den wahrhaft niederschmetternden Statistiken des Unheils habe ich dir einen Überblick über die weltweiten Probleme gegeben, mit denen wir jetzt kämpfen müssen. In diesem Kapitel werde ich dir eine Nahaufnahme einiger dieser Probleme und ihrer Gründe präsentieren, bevor ich mich dann den eigentlich zugrundeliegenden Zusammenhängen widmen möchte. Besehen wir also einige der Meldungen über unsere Kultur des Todes; suchen wir, ob dabei zwischen Mensch und Erde Verbindungen existieren.

Im Jahr 1988 herrschte in den USA große Trockenheit, während die übermäßigen Regenfälle über West- und Ostdeutschland die Menschen dort zur Verzweiflung brachten. Im darauffolgenden Jahr gab es an der Ostküste zu viele Regenfälle, während der Westen, der mittlere Westen und der Südwesten unter zu großer Dürre litten.

Die meisten Gebiete der USA waren 1989 einem Zyklus von abwechselnder Trockenheit und Hochwasser unterworfen. Im Jahr 1988 erreichte die Trockenheitsperiode der achtziger Jahre ihren Höhepunkt: Das Flußsystem des Mississippi und des Missouri erreichte den tiefsten Stand seiner Geschichte. Ein ganzer Stab von Ingenieuren der Armee mußte das Flußbett vertiefen, damit es auch weiterhin für Schiffe befahrbar blieb.

In Afrika wird jedes Jahr ein Gebiet von der Größe des Staates Massachusetts zur Wüste und erweitert damit das bereits bestehende Wüstengebiet. Einst bestellten die Afrikaner dieses Wüstenland, und dort erstreckten sich auch seit Tausenden von Jahren die Weiden ihrer Ziegenherden. Wie ich schon erwähnte, kamen dann die Regierungen einiger technologisch weiter entwickelter Länder und wollten ihnen viele ihrer landwirtschaftlichen Maschinen verkaufen: »Wir werden euch zeigen, wie man wirklich Landwirtschaft betreibt. Wir werden euch lehren, wie man wirklich gewinnbringende Ernten aus diesem Land erwirtschaftet.«

Die Regierungen trafen Vereinbarungen, danach tauchten dort Männer mit Planierraupen und Traktoren auf, und mit ihren Maschinen rissen sie die dünne Humusschicht auf, die an bestimmten Stellen nur fünf bis acht Zentimeter dick war.

Diese Form von Landwirtschaft brachte den Afrikanern zwei oder drei Jahre lang gute Ernteergebnisse. Sie nannten diesen Erfolg »Grüne Revolution«. Danach entdeckten die Menschen aber, daß die Humusschicht und mit ihr jede Möglichkeit, Landwirtschaft zu betreiben, völlig verschwunden war. Du kannst in vielen Gebieten Afrikas beobachten, daß dort die Menschen, weil sie eben nichts anderes zu verkaufen oder zu essen hatten, ihr Holz verkaufen mußten. Du kannst diese Gebiete besuchen und wirst inmitten von Wüste noch die Stümpfe der Baumriesen finden, die gefällt und verkauft worden waren. Ein weiterer Verlust an Bäumen vergrößerte die Wüste, entzog der Landwirtschaft noch mehr Boden, schmälerte die Versorgung mit Nahrungsmitteln und brachte schließlich die schrecklichen Hungerkatastrophen des Kontinents hervor.

Es besteht die Voraussage, daß Afrika in 50 Jahren nur noch Wüste sein wird. Wüste bringt Wüste hervor. Wir treiben Mißbrauch mit den Schätzen der Natur, wie auch mit dem Wasser. Viele Gebiete trocknen völlig aus.

Du mußt vieles lernen, die wichtigste Botschaft aber lautet: Diese Erde ist unsere gemeinsame Mutter. Allein in Brasilien fallen täglich 2023 Hektar Wald der Rodung zum Opfer. Die Bäume werden gefällt und verbrannt, damit bestimmte Großunternehmen das Land bebauen und dort ihr Vieh züchten können, aus dessen Fleisch dann Hamburger für bestimmte Fast-food-Ketten in den Industrienationen produziert werden. Jedes Jahr schreitet die Zerstörung des Regenwaldes fort.

Es gibt Hunderte von Pflanzen-, Tier- und Insektenarten, die jeden Tag ausgelöscht werden. Man findet sie an keinem Platz der Welt mehr. Viele Menschen nehmen dies nicht wahr, bis dann schließlich nur noch dreihundert Arten übrigbleiben. Und endlich gibt es nur noch eine Art und dann überhaupt keine mehr. Während meines Lebens habe ich gesehen, wie einige Entenarten und andere Lebewesen völlig von der Erde verschwunden sind. Dies passiert in Lateinamerika, in den USA, Europa, ja überall auf der Welt. Es ist die Folge von Dummheit. In Peru werden Sammlungen von Schmetterlingen aus dem Amazonasgebiet billig verkauft. Und dies wird wohl so weitergehen, bis es dort überhaupt keine Schmetterlinge in freier Natur mehr gibt. Die verbleibenden Schmetterlinge werden dann wohl gesammelt und »Schmetterlingsmuseen« vermacht, die in Europa existieren.

Was geschieht mit dem Wetter?

Im Laufe der weiteren Veränderungen auf der Erde wird es Gebiete mit immer extremeren klimatischen Bedingungen geben. Mutter Erde verhindert mehr und mehr den harmonischen Ausgleich. Ich habe dies in meinen Träumen vorhergesehen, und dies ist auch Teil alter indianischer Prophezeiungen. Ende der achtziger Jahre fiel ein Drittel der wichtigsten Getreideernten in den USA anhaltender Trockenheit zum Opfer. In Deutschland gab es in diesem Zeitraum so viel

Regen, daß sie dort nur unter Mühe ihre Ernte einbringen konnten. Der Winter 1988 war der wärmste, den Japan bisher erlebt hat. 1989 begann eine Reihe von schweren Stürmen. Die Windstärken des Hurrikans »Gilbert« erreichten noch nie dagewesene Spitzengeschwindigkeiten, nämlich etwa 350 Stundenkilometer. Dies war allerdings nur eine kleine Vorbereitung für den Hurrikan »Hugo« im Jahr 1989, der zwar »nur« 280 Stundenkilometer erreichte, aber ein unglaubliches Ausmaß an Zerstörung hinterließ. Die Karibischen Inseln und die Küsten von Carolina waren ein Feld der Verwüstung. In einigen Gebieten fiel die Elektrizität völlig aus; in anderen wiederum dauerte es Monate, bis sie wiederaufgebaut werden konnte. »Hugo« zerstörte so viel Wald, daß man allein damit eine Stadt von der Größe Philadelphias aufbauen könnte.

Im weiteren Verlauf der Veränderungen auf der Erde wird es immer mehr solcher Stürme geben. Zum Teil wird dies auch durch die allgemeine Luftverschmutzung verursacht. Wir erhöhen die Temperatur auf dem Planeten und verändern damit die Strömungen der Luft. Ich habe die Menschen gewarnt, lange bevor dies alles geschah. Nach den Prophezeiungen der Hopi ist eine Zeit angebrochen, in der man kaum eine Jahreszeit von der anderen unterscheiden kann.

Über Kalifornien wehten in den achtziger Jahren die sogenannten »Santa-Anna-Winde«, Winde von ungeheurer Wucht und Geschwindigkeit. Damals war ich auf dem Weg nach Palm Springs und mußte sogar meinen Wagen an die Straßenseite fahren, weil die Winde so übermächtig wurden. Ich wollte in meinem Lastwagen bleiben. Dann aber sah ich zum Hügel hin, an dessen Seite ich entlangfuhr. Ich hatte eine Vision von einem großen Waldbrand, der sich bis zum Ende des Hügels hin verbreitete. Augenblicklich wurde mir klar, daß ich hier nicht bleiben konnte. Ich ließ den Motor wieder an und fuhr weiter.

Während ich langsam vorankam, sah ich über die Stadt, und plötzlich, als der Wind niedersauste und einen Transformator mit sich riß, erschien ein blendend heller Blitzstrahl. Danach war die Hälfte der Stadt schlagartig verdunkelt. Ich stellte mein Radio an und entdeckte, daß just an dem Ort, an dem ich vorher angehalten hatte, nach einem Waldbrand zwanzig Häuser an der Hügelseite in Flammen standen.

In den letzten Jahren wurden wir an einigen Orten, wie beispielsweise Seattle im Staate Washington, von unangenehmen Kälteperioden überrascht; an anderen Orten, wie meinem Heimatort Spokane, kam es dafür zu unerwarteter Wärme. Die Menschen in diesen beiden Städten hatten die letzten Jahre Zeit, zur Erkenntnis zu gelangen, daß eine Zeit großer Dürre begonnen hat.

Weißt du auch, warum?

Wenn du über die Gebirge im Westen der USA fliegst, dann kannst du erkennen, daß dort alle Bäume gefällt wurden. Forstwirtschaftliche Unternehmen fällten den gesamten Baumbestand und ließen ihn abtransportieren, aber sie kümmerten sich niemals um eine Wiederaufforstung. Nun sind all die schönen Berggipfel völlig baumlos. Du kannst dich selbst auf die Suche begeben, dann findest du vielleicht noch kleine Überreste des einstigen Waldes. Die großen Wälder aber sind verschwunden. Nichts bindet mehr die Feuchtigkeit, und so werden auch die Zeiten der Trockenheit dort immer häufiger.

Vor mehr als einem Jahrzehnt befahl mir der Große Geist, zu den Menschen zu sprechen und ihnen zu sagen, daß wir uns in einer Zeit großer Veränderungen befinden. Extreme Wetterformen werden immer häufiger auftreten. Die vorherrschenden klimatischen Vorgänge werden sich sehr schnell verändern, so daß wir wirklich beten müssen, um in diesen Zeiten des Umbruchs am Leben zu bleiben und für unsere Nahrung sorgen zu können.

Vor einigen Jahren träumte ich zweimal den gleichen Traum: Ich war in Südkalifornien, im wunderschönen Palm Springs, und sah, daß die Erde dort von Schnee bedeckt war.

Kurz darauf reiste ich wirklich nach Südkalifornien, um ein Seminar zu halten. Die Menschen, die dies für mich organisiert hatten, wollten mich für einige Tage zum Bergmassiv Big Bear mitnehmen, weil ich mich dort mit Vertretern ihrer Gruppe treffen sollte, aber ich entgegnete ihnen: »Kommt nicht in Frage. Da komme ich nicht mit. Außerdem werdet ihr bald sehr starke Schneefälle bekommen. Laßt uns besser nach Palm Springs fahren.« Wir einigten uns auf Palm Springs. Auf dem Weg dorthin fielen circa zehn Zentimeter Schnee, und ein Blitz ging auf den Big Bear nieder. Mein Traum war Realität geworden!

Viele Menschen reagieren ärgerlich auf Schnee und Regen. Das ist nicht vernünftig. Im Südosten der USA gab es eine große Dürre, weil sie die Naturgewalten dort nicht respektiert hatten. Wenn ihnen kein Respekt erwiesen wird, ziehen sich die Naturgewalten zurück.

Ich aber singe den Schnee- und Blitzgeistern ein Begrüßungslied. In Nevada liegt beim See Tahoe ein riesiges Wintersportgebiet. Vor mehreren Jahren hatte es dort im Monat

Dezember noch immer nicht geschneit. Mehrere Hotelbesitzer baten mich daraufhin um Hilfe. Jemand muß ihnen von einem Indianer erzählt haben, der die Regengeister rufen konnte. Und so dachten sie sich, daß er sicher auch den Schnee bringen könnte.

Sie luden mich zum See Tahoe ein und gaben ein großes Essen zu meinen Ehren. Dann meinten sie zögerlich: »Sun Bear, wir haben dich hierhergebracht, weil wir Hilfe brauchen.« Ich versicherte ihnen, ein Gebet zu sprechen, eine heilige Zeremonie abzuhalten, und dann würde der Schnee fallen. Sie würden in den nächsten vier Tagen all den Schnee bekommen, den sie bräuchten. Und so geschah es auch.

Die Menschen sollten sich also glücklich preisen, genügend Regen oder Schnee zu haben, denn dies bedeutet, auch über genügend Wasser zu verfügen.

Vor einigen Jahren gab es sogar in New York City eine strenge Wasserrationierung. Dann bat der damalige Bürgermeister Koch die Bewohner der Stadt, um Regen zu beten. Und jemand muß große Kraft in sein Gebet gelegt haben, denn es regnete, und die Wasserreservoirs füllten sich wieder.

Gebete um Regen und diese Art von Medizin können zum Erfolg führen, wenn man sie kraftvoll und auf die richtige Weise vollzieht.

Auch andere Gewalten antworten auf meine Gebete: Wind und Donner. Heftige Winde kommen auf, wenn ich meine heiligen Gebete spreche.

Vulkane und Erderschütterungen

Wie alle Veränderungen der Erde, so nehmen auch die Vulkanausbrüche weiter an Häufigkeit und Intensität zu. Innerhalb von 48 Stunden ereigneten sich im Jahr 1988 17000 kleinere Erdbeben in Japan. Diese Erdbeben brachen viele Wasser- und Gasleitungen und brachten das gesamte Transportwesen zum Erliegen. Was geschieht, wenn die großen Erdbeben kommen?

Ich habe den Großen Geist darüber befragt. Wohin führen all diese Veränderungen auf der Erde? Kann man diese Dinge überhaupt noch stoppen. Seine Antwort lautete: »Es ist unwiderrufbar. Die Veränderung hat begonnen. Noch stärkere Erderschütterungen stehen euch bevor.«

Erdbeben, wie er sie meint, übersteigen die Skala unserer gegenwärtigen Richterschen Meßtabelle; schon allein daraus können wir entnehmen, welche gewaltige Kraft sie besitzen werden.

Ein Erdbeben vor der Küste Madagaskars hob den Meeresgrund an einer Stelle um etwa 760 Meter und senkte ihn an einer anderen um 460. In den entfesselten Naturgewalten liegt unvorstellbare Kraft. Ich sehe ein Erdbeben voraus, in dessen Verlauf sich alles Land unter den Gebäuden einer Stadt verflüssigt und sich wie Wasser bewegt. Die Gebäude werden innerhalb von Sekunden in diesem flüssigen Brei versinken.

Der Große Geist spricht davon, daß alle Bewegungen der Erde notwendig für das Überleben auf dem Planeten sind. Der eigentliche Grund dafür liegt darin, daß die Menschen nicht in die Veränderungen einwilligen wollen, ohne dazu gezwungen zu sein. Sie sind zu egoistisch und zu gierig, um der Erde eine Atempause zu gönnen, wie sie es eigentlich bräuchte. Die Menschen nehmen immer mehr aus und von der Erde, bis sie alle natürlichen Kräfte zerstört haben. Wenn man ihnen aber dies gestattet, dann wird nie mehr das natürliche Gleichgewicht hergestellt. Die Erde ist ein denkendes Wesen. Sie wird deshalb alle notwendigen Veränderungen für ein Überleben des Planeten einleiten, ob die Menschen dies nun wollen oder nicht.

In Südkalifornien werden Millionen Dollar für die frühzeitige Aufdeckung von Erdbeben ausgegeben. Sie bringen kleine Richter-Meßgeräte und andere seismische Meßvorrichtungen überall an den Hauptlinien der Erdbeben entlang an. Diese Apparaturen werden ihnen genau sagen, wie stark ein Beben war – wenn es bereits vorüber ist. Und das ist, wie viele Bewohner von San Francisco im Jahr 1989 entdeckten, ein bißchen spät.

Weißt du, wer ein Erdbeben vorhersagen kann? Dein kleiner Insekten-Bruder! Die Küchenschabe dreht sich kreisförmig, um ein kommendes Erdbeben anzukündigen. Der Seewolf steht vor einem Erdbeben völlig still im Wasser. Der spitzblättrige Philodendron wirft vor einem drohenden größeren Beben alle seine Blätter ab.

In China fand vor einigen Jahren ein großes Erdbeben statt, das etwa 1,5 Millionen Menschen tötete. Nach einiger Zeit folgte ihm ein zweites Beben. Die Menschen waren darauf vorbereitet, und so konnte das Leben vieler gerettet werden. Die Überlebenden berichten, daß sie genau beobachteten, wann die Tiere anfingen, so unruhig zu werden wie kurz vor dem letzten Beben. So und nur so konnten sie die notwendigen Vorbereitungsmaßnahmen treffen.

In Kalifornien hat man daraufhin eine Meßapparatur für Erdbeben auch im Zoo angebracht. Viele Menschen lernen dort, daß Tiere vielleicht sehr viel mehr von den Ankündigungen eines Bebens verstehen als manch hochgelehrter Universitätsprofessor. Tiere besitzen ein intuitives Warnsystem. Damit können sie auch uns Menschen vor großen Veränderungen warnen – wenn wir dafür offen sind.

Zweimal bin ich bisher nach Hawaii gereist. Als ich mit meiner Gruppe zum ersten Mal dorthinkam, brach gerade ein Vulkan aus. Als ich meinen Mitreisenden dann prophezeite, daß ein neuer Ausbruch bevorstünde, dauerte dieser zweiundzwanzig Stunden an. Diesmal mieteten wir uns ein kleines Flugzeug und überflogen den Vulkan. Dieser große Berg, dessen Lava aus 500 Meter Höhe floß, war ein eindrucksvoller Anblick. Lava spritzte, es war wunderbar, zu sehen, wie der heiße Lavastrom sich aus dem Vulkan ergoß. Die Luftströme senkten das Flugzeug innerhalb von Sekunden mehrere Meter, und auch dies gehörte zu den Aufregungen dieser Fahrt.

In der Tradition der Kahunas, der heiligen Lehrer von Hawaii, gibt es viele Prophezeiungen über Vulkaneruptionen. Freilich leben auch Menschen auf Hawaii, die gar nichts von solchen Weissagungen halten. So warnten die Kahunas einmal einen Mann davor, er solle nicht in einem bestimmten Gebiet ein Haus bauen, weil dieses Land Pele, der Göttin des Vulkans, gehöre. Er aber antwortete: »Nein, ich habe dieses Land gekauft, und es gehört mir.« Er erbaute dort eine Siedlung, die die »Königlichen Gärten von Hawaii« hieß. Heute hat sich die Form dieser einstmals »Königlichen« Gärten gänzlich verwandelt. 75 Häuser liegen unter der Vulkanlava begraben. Die Kahunas sagen, daß Pele die Häuser mit einem Biß verschlungen hat.

Als ein anderer Vulkan im Jahr 1973 ausbrach, vergrößerte sich die Insel um etwa 80 Hektar. Die Inseln von Hawaii gehören den Vulkanen und niemand sonst. Sie erschufen diese Inseln, und sie gestalten sie um. Das ist ihr gutes Recht.

Die Kraft der Vulkane ist eine reale Macht. Wir müssen sie achten.

Zu viele Menschen

In der Bibel steht, daß am Anfang Mann und Frau erschaffen wurden. In den indianischen Lehren heißt es, daß der Große Geist vor langer Zeit den ersten Mann und die erste Frau ins Leben gerufen habe. Was immer du auch glauben magst, es ist offensichtlich, daß dieser Mann und diese Frau zueinanderfanden und sich vermehrten.

Im Jahr 1960 gab es auf der Welt etwa 3,7 Milliarden Menschen. Ende der achtziger Jahre war die Zahl auf über fünf Milliarden angewachsen. All diese Menschen brauchen Wasser, Nahrung und Luft, um zu atmen.

Die Weltbevölkerung wächst heute pro Jahr um circa 70 Millionen Menschen weiter an. Das sind exakt 70 Millionen mehr Menschen, die all die vorher genannten Dinge benötigen: Nahrung, ein Dach über dem Kopf, Luft, Wasser und was auch immer wir zum Leben brauchen.

Während der Präsidentschaft von Ronald Reagan wurden die Länder, die wirklich Geburtenkontrolle durchführen mußten, weil sie kaum für die bereits Lebenden die nötigen

Dinge bereitstellen konnten, von allen nötigen Hilfsmitteln abgeschnitten, die ihnen ermöglicht hätten, in ihrem Volk Geburtenkontrolle einzuführen. Dies trug kräftig zur weiteren Bevölkerungsexplosion in vielen Entwicklungsländern bei. In dieselbe Sparte fällt das Verhalten von geistlichen oder weltlichen Führungspersönlichkeiten, die die Menschen dazu aufrufen, sich für die Kirche oder das Vaterland zu vermehren. Diese Übervölkerung führt dazu, daß die Menschen diesen Planeten zerstören, nur um sich mit dem zu versorgen, was sie für das Lebenswichtigste halten. Viele Menschen sähen gerne, wenn die Bevölkerungsrate sinken würde, sind aber selbst nicht bereit, die Zahl der eigenen Kinder zu begrenzen.

Es gibt wirklich wirksame Mittel zur Geburtenkontrolle, wenn wir aber nicht bereit sind, sie einzusetzen, werden wir diesen Prozeß der Übervölkerung weiter in Gang halten, bis die Erdveränderungen uns helfen, wieder ins Gleichgewicht mit uns selbst zu kommen. Wir Indianer führten selbst traditionell Geburtenkontrolle durch.

Verseuchte Gebiete

Wenn wir auf die weltweite Verseuchung blicken, sehen wir, daß sie schon heute beängstigende Ausmaße angenommen hat. Die chemischen Unglücksfälle, die wir bereits erlebt haben, sind zahlreich und schrecklich. Die zukünftigen werden sie noch übertreffen. Der sogenannte »Love Canal« gilt als treffendes Beispiel. Man mußte dort Menschen evakuieren, weil bereits grüner Schlick aus den Swimmingpools sickerte. Dieser Schlick wurde von Abwässern der großen chemischen Unternehmen verursacht, die in das Grundwasser geflossen waren.

Ich träumte vor langer Zeit einen Traum voller Kraft, in dem ich sah, daß an verschiedenen Teilen der Welt Schilder aufgestellt waren, auf denen stand »Gefahr: Betreten Sie auf keinen Fall dieses Gebiet. Es ist verseucht.«

Im Jahr 1984 nahm ich in St. Louis im Missourigebiet an einer großen Medizinrad-Versammlung teil. Dort sah ich die Schilder an der Autobahn stehen, von denen ich damals geträumt hatte. Sie warnten die Menschen davor, anzuhalten oder aus ihren Autos zu steigen, denn diese Gegend war hochgradig mit Dioxin verseucht.

In Thailand gibt es keinerlei Beschränkungen im Gebrauch von giftigen Mitteln. So ließen sich auch die chemischen Großkonzerne dort nieder, mißbrauchten das Land bis zu dem Augenblick, an dem es in keinem der Seen und Flüsse noch sauberes Wasser gab. Nahezu alles Wasser ist vergiftet. Die Durchsetzung des Wassers mit Giften hat viele Fische in dieser Gegend getötet.

Am Ende der achtziger Jahre war die Nordsee, ein ganzes Meer, in akuter Gefahr. Hier wachsen Algen, die allen Sauerstoff aufsaugen. Zur gleichen Zeit starben nahezu 1,5 Millionen Robben an der Küste Norwegens und im nördlichen Europa an unterschiedlichen Formen von Vergiftung.

Schwer geschädigt und vergiftet ist auch der Rhein, der kaum noch Fische führt.

Auf der ganzen Welt müssen die Fischereiflotten immer weiter hinausfahren, denn der natürliche Fischbestand nahe den Küsten ist entweder durch die Vergiftung des Wassers oder durch den übertriebenen Fischfang dezimiert. Wir zerstören oder brauchen alles zu Wasser und zu Lande auf, was nur in unsere Reichweite gerät.

1988 gab es eine Katastrophe, verursacht durch ausgelaufenes Erdöl, das das Flußnetz um Pittsburgh, Pennsylvania, verschmutzte. Sechs Millionen Liter Erdöl trieben ans Ufer und vernichteten dort das gesamte Ökosystem.

Danach wurden die 42 Millionen Liter Erdöl der Exxonkatastrophe an die Küsten von Alaska gespült. Abertausende von Lebewesen ließen dabei ihr Leben. Die ganze Gegend wird für viele Jahre völlig vergiftet sein. Wir müssen diese weitreichenden Auswirkungen dieser einzelnen Katastrophen aufzeichnen, damit wir sie verstehen und eine mögliche Wiederholung vermeiden können!

Wir müssen diese Verschmutzung unserer Umwelt wahrnehmen, damit wir sie endlich beenden und uns selbst vor den Nachwirkungen all der Dinge schützen können, die bereits vorgefallen sind. In vielen Gebieten der Welt kann man keinen Fisch mehr essen, wenn er über drei Kilogramm schwer ist, weil sein Fleisch zu stark mit Giften angereichert ist. In manchen Flüssen tragen die Fische große Wunden in ihrer Haut. Dies ist nur ein Teil der Krankheiten, die wir über die Erde und das Wasser gebracht haben. Aber dies sind auch die Teile der Krankheit, die wir selbst wieder zurückbekommen.

Lebenspendendes Wasser wird knapp

Im Westen der Vereinigten Staaten sind viele Farmen und Anbaugebiete von Menschen verlassen, weil es dort nicht mehr genügend Wasser gibt. In den späten achtziger Jahren trat ein Gesetz in Kraft, daß man kein Wasser aus dem Colorado River oder anderen Flüssen entnehmen konnte, wenn man nicht schon aus der Zeit vor 1910 dort die Wasserrechte innehatte.

Wir nähern uns dem Ende einer frei verfügbaren Wasserversorgung, und die Regierungsvertreter sagen, daß die Wasserrechte für eine bestimmte Zeit an sie zurückgehen müssen, damit man überhaupt noch Recht auf Wasser hat. Die Reklamationsstelle, die sich mit dem Bewässerungssystem befaßt, erklärte gegenüber Farmern in Kalifornien während der achtziger Jahre, daß sie ihren Wasserverbrauch um 50 Prozent senken müßten. Kalifornien versorgt die USA u. a. mit vielen Gemüsesorten, und ein Stopp der Wasserversorgung hätte auch einen drastischen Rückgang der Lebensmittelproduktion zur Folge.

Der Grundwasserspiegel der Vereinigten Staaten sinkt jedes Jahr in vielen Gebieten um circa 50 Zentimeter, in manchen Gebieten beträgt die Rate sogar 2,74 Meter jährlich.

In Jacksonville, Florida, ist ein Fluß in so hohem Grad verseucht, daß die in ihm lebenden Fische Löcher und Risse in ihrer Haut tragen. Nachts aber fahren die Schiffe der Umweltverschmutzer ohne Beleuchtung auf den Fluß und schütten noch mehr Chemikalien in das Wasser. In Nordflorida ist das Grundwasser durch Pflanzenschutzmittel und Chemikalien versucht, die von den Landwirtschaftsbetrieben und der chemischen Industrie benutzt wurden, so daß keiner mehr dieses Wasser trinken kann. Man muß in dieser Gegend wirklich sehr umsichtig sein, bevor man dort ein Stück Land kauft, denn das Grundwasser kann nicht mehr länger benutzt werden. Ähnliche Vorfälle geschehen überall in den Vereinigten Staaten.

Wegen unserer eigentümlichen Bauweise von Bewässerungssystemen wird das Wasser im Südwesten der Vereinigten Staaten und in Arizona in die trockenen, wüstengleichen Gebiete geleitet, um sie zu bewässern. Dort verdunstet es sofort durch die dort herrschende Sonneneinstrahlung. Sturm und Regenwolken bilden sich und lassen Wasser an anderen Orten entweichen.

In Indien und an anderen Orten der Erde beobachtet man, daß wegen des bestehenden Ungleichgewichtes in der Natur das Wasser, das eigentlich als Regen über das Land fallen sollte, nun in den Ozean fällt. Diese Formen von Ungleichgewicht nehmen überall auf unserem Planeten immer deutlicher Gestalt an.

Ähnlich problematisch ist die Reinheit der Luft. Es gibt schon seit geraumer Zeit keine keimfreie Luft mehr. So hat man beispielsweise 1961 zum letztenmal reine Luft auf den Bergen von New Mexico gemessen.

Als ich zum ersten Mal kreuz und quer durch die Vereinigten Staaten zog, pflegte ich zu sagen, daß Los Angeles der einzige Ort sei, an dem Smog herrsche. Mittlerweile kennen die meisten Großstädte der USA und der anderen Kontinente dieses Problem zur Genüge. Wo gehen wir hin?

Weizen oder Gold?

Im Sommer des Jahres 1989 hatte die Welt bereits zwei Jahre erlebt – 1987 und 1988 –, in denen die Menschen mehr Nahrung verbrauchten, als sie erzeugt hatten. Im Sommer 1989 ging man davon aus, daß auf der ganzen Welt nur noch eine Getreidereserve vorhanden war, die für 58 Tage reichen würde. Die Sowjetunion und China, deren Versorgung mit Getreide noch weniger ausreichend war, kauften alles auf, was sie bekommen konnten. China litt unter großer Trockenheit; Hunger drohte. In vielen Ländern Osteuropas und in der Sowjetunion gab es Lebensmittelrationierung. Die Zahl der rationierten Lebensmittel wurde von Tag zu Tag größer.

1988 war das Jahr der größten Trockenheit in der bisherigen aufgezeichneten Geschichte. Die USA verloren dadurch nahezu ein Drittel ihrer Getreideernten. 1989 besaßen die USA nur noch eine Reserve von etwa 16 Millionen Tonnen Getreide, benötigten aber rund 25 Millionen Tonnen, um den eigenen Bedarf abzudecken. Wegen der Auswirkungen der Katastrophe von Tschernobyl kaufte die Sowjetunion immer noch Getreide von den Vereinigten Staaten. Um diese Nahrungsmittel zu erhalten, mußten die Sowjets Gold verkaufen.

Ähnliche Prozesse spielen sich auch an anderen Orten der Welt ab. In Lateinamerika töten terroristische Organisationen Farmer oder Menschen, die landwirtschaftliche Kooperativen aufbauen wollen, weil sie den Zustand völliger Unordnung weiter aufrechterhalten wollen. Hungernde Menschen sind offen für jede Weltanschauung, wenn sie ihnen nur verspricht, sie satt zu machen. 1988 war auch das erste Jahr in den Vereinigten Staaten, in dem die *Quaker Oat Company* den Hafer für Haferflocken importieren mußte.

Dieser Liste von Unglücksfällen muß man hinzufügen, daß am Ende der achtziger Jahre ein Großteil der Weizen- und Getreideernte der USA zudem durch einen bestimmten Schädling bedroht wurde, den man allgemein als »sibirische Weizenmilbe« bezeichnet. Dieses Insekt verhält sich so klug, daß man sich – trotz des ganzen Aufwands mit Schädlingsbekämpfungsmitteln – seiner bisher nicht entledigen konnte. Die Milbe sitzt untertags, während die Giftstoffe über die Felder versprüht werden, in einem Versteck in der Erde und kommt nur nachts heraus, um sich ihre Nahrung zu holen. So können diese Sprühaktionen gar nichts gegen sie ausrichten.

In den Vereinigten Staaten und in Europa hat die technologisierte Gesellschaft Zuchtpflanzen hervorgebracht, die eine höhere Ernte einbringen sollen. In diesem Züchtungsverfahren verschwanden aber auch alle natürlichen Abwehrkräfte dieser Pflanzen. Viele von ihnen haben keine ausreichende Unempfindlichkeit mehr gegenüber Insekten, Schimmelpilz oder anderen Plagen.

Im Jahr 1970 fielen 75 Prozent der Getreideproduktion im Süden dem Brandpilz – einer Getreidekrankheit – zum Opfer. Diese Krankheit konnte nicht unter Kontrolle gebracht werden; sie flog von einem Feld zum anderen und breitete sich dann nach Süden aus. Später tauchte sie auch in Idaho auf. Dort setzten Tomaten und Zwiebeln Schimmel an. Ganze Felder mußten wegen dieser Krankheit aufgegeben werden. Man kann auf den betroffenen Feldern nichts mehr anbauen, denn ihr Boden ist völlig mit dieser Krankheit verseucht.

Ein weiteres Merkmal der künstlich erzeugten Pflanzen ist die Tatsache, daß man zwar eine Ernte einbringen, das Saatgut aber nicht ein weiteres Mal einpflanzen kann. Man muß sich also wieder an Saatzuchtunternehmen wenden, um die Ernte des nächsten Jahres pflanzen zu können. Denn das Saatgut ist in Wirklichkeit Eigentum der Saatgutunternehmen, die wiederum den multinationalen Konzernen gehören.

Diese Unternehmen haben nahezu Monopolstellung, und so müssen die Bauern jedes Jahr eine Preissteigerung der Samen hinnehmen. Die Farmer erhalten den gleichen Preis für ihre Produkte, aber sie haben jedes Jahr mehr und mehr Geld für den Samenkauf aufzuwenden. Sie sind so sehr im Netz der multinationalen Konzerne gefangen, daß sie jeden von den Multis festgelegten Preis bezahlen müssen. Es ist dieselbe Bedrohung, als stünde ein Mann mit Gewehr im Anschlag, hielte es an den Kopf des Bauern und sagte zu ihm: »Du kannst auf deinem Land nicht weiter Landwirtschaft betreiben, wenn du mein Saatgut nicht kaufst.«

Bei dem Saatgut für den Garten verhält es sich ähnlich. Das Saatgut, das ich früher für fünf Cent kaufte, kostet jetzt mehr als einen Dollar. Es wurde speziell für den zusätzlichen Gebrauch von chemischem Dünger und Pflanzenschutzmitteln entwickelt. Auch hier kontrollieren die Multis inzwischen den Markt.

Um dieser Entwicklung überhaupt etwas entgegenzusetzen, haben einige von uns regelrechte Saatgutbanken aufgebaut, wo Saatgut kostenlos verteilt wird. Menschen, die dieses Saatgut erhalten, spenden ihrerseits Saatgut nach den Ernten, und so können wir diese Saatgutbank aufrechterhalten. So helfen wir unseren Brüdern und Schwestern, weiterhin auf dem Planeten zu leben.

Siehst du nicht, was überall geschieht? Wir Menschen geraten immer mehr unter Kontrolle von Dingen, auf die wir selbst keinen Einfluß haben.

Es ist wirklich erschreckend, daß wir nicht nur in unserem ganzen Transportwesen auf Fahrzeuge angewiesen sind, die mit Benzin betrieben werden, sondern auch unsere Landwirtschaft basiert auf dem Einsatz von Benzin bei Maschinen, landwirtschaftlicher Ausrüstung und chemischen Einsatzstoffen, die aus Erdöl entwickelt wurden. Ich denke oft darüber nach, was wohl in den Vereinigten Staaten, in Deutschland und Europa geschehen würde, wenn es kein Erdöl, Benzin oder Brennmaterial mehr gäbe.

Einst konnte man noch überall beobachten, daß Menschen ihren Acker mit Pferden pflügten. Das ist jetzt Vergangenheit. Wir leben in einer sehr gefährlichen Zeit, denn wir sind in vollkommener Abhängigkeit von den Erdölfirmen, um unsere Nahrungsversorgung zu gewährleisten; diese wiederum befinden sich in Abhängigkeit vom Mittleren Osten. Dies alles müssen wir uns immer wieder vergegenwärtigen, wenn wir die weitere Entwicklung verstehen wollen.

Wenn die Harmonie gestört ist

Im Jahr 1973 trat in Tule Lake, im nördlichen Kalifornien, eine unerwartete Mäuseplage mit über 100 Millionen Mäusen auf. Die dortigen Bewohner baten darum, ihnen Katzen zur Verfügung zu stellen. Sie töteten die Mäuse, erschlugen sie, errichteten Schutzwälle und taten alles Erdenkliche, um sich von der Plage zu befreien.

1984 brach in Südidaho eine Hasenplage aus; Tausende von Hasen verwüsteten die Felder. Nach Aussagen der Farmer richteten sie jährlich in den Feldern einen Schaden von etwa fünf Millionen Dollar an. Die Farmer legten Hasenpfade an; an einem Wochenende töteten sie 85000, am nächsten 90000.

Woher kam diese Hasenplage? Und woher diese Millionen von Mäusen? Der Grund: Diese Rancher und Farmer hatten nahezu jeden Falken, jede Eule, jedes Stinktier und jeden Koyoten ausgerottet – damit alle natürlichen Feinde dieser Schädlinge, die für das Gleichgewicht in der Natur sorgten.

Wir bringen Ungleichgewicht hervor und müssen anschließend unter den Konsequenzen leiden, die wir selbst geschaffen haben. Was aber wird sich in Abwesenheit von Mäusen und Hasen vermehren können?

Durch unseren Eingriff sind die Wachstumszyklen vieler Tiere wie besagter Mäuse, Hasen und auch der Fische aus den Fugen geraten. Ich habe beobachtet, daß heutzutage viele Tiere ihre Jungen zwar zur Welt bringen, danach aber einfach jede weitere Aufzucht und Pflege ihrer Nachkommen verweigern. Es handelt sich dabei sowohl um Haustiere als auch um Tiere in freier Natur. Wenn die Elemente der Natur aus den Fugen geraten, dann verlieren auch die Tiere die Fähigkeit, miteinander in Harmonie zu leben.

Auch bei den Pflanzen können wir dies feststellen. Schon zu so früher Zeit wie im Monat Februar knospen nun die Bäume selbst in nördlicheren Regionen. Dann aber bricht oftmals der Frost wieder herein, und die Pflanzen erfrieren.

Auch und besonders der Mensch lebt disharmonisch. Ich sehe, daß den Völkern Europas und den Vereinigten Staaten große Seuchengefahr droht. Einige können von den Giftstoffen herrühren, die die Menschen unachtsam über das

Land gegossen haben. Die Kreuzung bestimmter Gifte kann wieder neue Krankheiten hervorbringen. Die Viruskrankheit AIDS ist meiner Meinung nach nur der Vorläufer weiterer Krankheiten, über die wir keinerlei Kontrolle besitzen.

Die vielen Chemikalien, die wir in unserer Nahrungskette verwendet haben, haben den Nährwert all unserer Mahlzeiten gemindert. Wir haben den Boden ausgelaugt und ihm keinerlei anreichernden Nährstoff zurückgegeben. Meist werden unsere Nahrungsmittel in noch unreifem Zustand geerntet, so daß ihnen die Kraft fehlt, die sie eigentlich besitzen müßten; anstatt unsere Widerstandskraft zu stärken, schwächen sie diese vielmehr.

Im Immunsystem unseres Körpers liegen weitere Probleme, denn viele Menschen haben immer in übertriebener Sauberkeit gelebt. Sie besitzen keine Abwehrkräfte, um ganz natürlichen Keimen zu widerstehen. Als ich noch ein Kind war, lief ich draußen immer barfuß. Auf unserem Hof marschierte ich durch den Dung von Kühen und Pferden, schnitt mir an Stöcken, Steinen und Glas die Füße auf. Infolgedessen hat mein Körper sich ein eigenes Abwehrsystem geschaffen. Ich besitze ein großes Maß an Widerstandskraft, über das andere Menschen nicht verfügen.

Die Kraft vieler Menschen wird durch Fast-food und ungesunde Fertiggerichte ausgelaugt; sie besitzen einfach keine körperliche Ausdauer mehr. Vor einiger Zeit kamen zwei junge Männer zu mir, um mit mir Holz zu hacken. Eigentlich wollten sie meine spirituellen Schüler werden. Aber ich sagte zu ihnen: »Dies ist die erste spirituelle Handlung. Wir werden das Holz dieses Stoßes kleinhacken.«

Kurz danach waren sie fix und fertig. Sie jammerten: »Das ist Schwerstarbeit. Können wir eine Pause einlegen?«

Und ich antwortete: »Ich kenne euch, ihr seid die Fast-food-Generation. Ihr habt keine Widerstandskraft, weil ihr die falschen Dinge eßt.«

Diese falschen und einseitigen Eßgewohnheiten werden ihrerseits zu den Krankheiten beitragen, die uns bedrohen können.

All dies wird geschehen wegen des bestehenden Ungleichgewichts zwischen Mensch und Natur. Die vom Menschen selbst verursachten Probleme erzeugen Disharmonie in seiner Beziehung zur Natur; der Teufelskreis dreht sich immer weiter und macht die Veränderungen um so notwendiger.

6
Krieg oder Frieden?

Wenn wir die Vorgänge auf unserem Planeten wirklich verstehen wollen, müssen wir auch einen Blick auf die Menschen werfen, die all diese Zerstörung und die potentielle Vernichtung ihrer Mitmenschen verursachen. In früheren Zeiten planten die Menschen die Zerstörung der Naturvölker, die sie heute nahezu völlig ausgerottet haben. Diese Taten spiegeln ihr Denken wider.

Ihre geistige Haltung reicht weit, weit in die Geschichte zurück. Sie läßt sich bis in eine Zeit zurückverfolgen, in der bestimmte Stämme sich anmaßten, jemanden zu töten, weil er ihren besonderen Glauben nicht teilte oder nicht ihrer Rasse angehörte. Diese Stammesangehörigen glaubten, daß *sie* allein das gottgegebene Recht auf Zerstörung besäßen. Wir müssen dieses Denkmuster näher besehen, denn viele Menschen haben es bis zum heutigen Tag beibehalten.

Als historisches Exempel bieten sich die alten Hebräer an. Sie verstanden sich selbst als Gottes ausgewähltes Volk. Doch auch die Philister und die anderen benachbarten Völker glaubten dies. Und all diese Menschen betrachteten ein- und dasselbe Land als ihr eigenes Territorium und waren bereit, jeden fremden Eindringling für sein unbedachtes Tun zu töten.

Ein anderes Beispiel gibt uns ein früherer König Assyriens, der sich selbst für den Herrn der Welt hielt. Er glaubte daher das Recht zu besitzen, alle anderen umliegenden Völker zu unterwerfen. Solange er Erfolg und Macht besaß, verfuhr er mit den anderen Völkern in völlig rücksichtsloser Weise. Die ägyptischen Pharaonen waren andere »Herrscher des göttlichen Rechts«, die damals ihre blutigen Eroberungszüge führten und am Ende die Völker der Umländer versklavten, um mit deren Hände Arbeit die Pyramiden und andere Bauwerke zu errichten.

Darauf folgte viel später das »ruhmvolle« Römische Reich, dessen Geschichte uns weiteres Anschauungsmaterial über die Versklavung anderer Völker liefert. Die Römer strebten nach der Macht über das Leben anderer Menschen. Auch sie glaubten, das höchste Recht zu besitzen, zu tun, was immer ihnen gefiel, weil sie mittels eines »von den Göttern gegebenen Rechts« regierten.

Im Anschluß an die Herrschaft Roms entstand die sogenannte »christliche Kirche«. Einst lebten die Kirchenobersten im festen Glauben an ihre uneingeschränkte Macht – vor allem die katholische Kirche – und verfolgten die, die nicht mit ihnen übereinstimmten. Wer ihren dogmatischen Überzeugungen nicht folgen konnte oder wollte, wurde der »Heiligen Inquisition« unterworfen, durch die die Kirche viele, viele Menschen foltern und töten ließ. Eine ungefähre Schätzung aller Inquisitionsopfer in Europa spricht von neun Millionen Toten. Sie wurden getötet, weil sie nicht dem herrschenden Glauben der damaligen Gesellschaft Folge leisten wollten.

Während die Heere der Christen aufmarschierten, waren auch die Moslems im Aufbruch. Mohammed, der Begründer des Islam, predigte die Eroberung durch Schwert und Unterwerfung. Die Lehren der Moslems wurden durch das Schwert in viele Teile der Welt gebracht. Zehntausende wurden getötet, weil sie den islamischen Glauben nicht annehmen wollten.

Wir richten nun unseren Blick auf China, wo die großen Eroberer Krieg gegen alle Völker führten, die sich ihrem Glauben widersetzten. Dschingis-Khan und Tamerlan sind zwei der hervorragendsten Beispiele.

Aber es gab auch viele andere Völker auf der Welt, die glaubten, daß sie das Recht besäßen, jedem vorzuschreiben, wie er leben sollte. Wenden wir uns Mittel- oder Südamerika zu. Zuerst will ich die Inkas erwähnen, die meinten, sie seien die Herren der Welt. Und dies gab ihnen das »Recht«, andere Völker zu versklaven oder zu töten, die sich ihnen widersetzten. Auch die Azteken behaupteten von sich, sie seien Götter, Söhne der Sonne. Ihrer Anschauung nach sollten alle anderen Stammesvölker ihre Sklaven sein oder aber in ihren Tempeln geopfert werden.

Dies ist nur ein kurzer, sehr verknappter Ausschnitt aus der blutigen Geschichte der Menschheit. Seitdem uns Geschichte überliefert ist, wollte jeder nur die anderen beherrschen. Jeder versuchte, den Menschen den Tod zu bringen, die nicht mit den jeweiligen Lehren oder Glaubenssetzungen übereinstimmten. Wir müssen dieses Verhalten sehr genau untersuchen, denn auf diese schändliche Art haben Menschen immer Macht ausgeübt. Sie wandten sie zur Zerstörung ihrer Mitmenschen an – nicht auf heilige Art.

Aber gehen wir noch weiter zurück und betrachten wir die Periode, als die Indianer noch allein in Nordamerika lebten. Viele Stämme bevölkerten weit voneinander entfernte Gebiete. Sie führten nur in begrenztem Ausmaß Kriege gegeneinander. Jeder Stamm lebte auf einem Gebiet, das ihm vom Großen Geist zugewiesen worden war; die meisten von ihnen dachten auch nicht, daß sie den anderen überlegen seien. Zugegebenermaßen gab es allerdings auch andere, die vom Gegenteil überzeugt waren. Die Arroganz, das auf der ganzen Welt verbreitete Übel, das so viel Leid und Schmerz verursacht hat, existierte also auch in einigen Regionen Nordamerikas.

In diesen relativ übersichtlichen Rahmen brachen die großen »europäischen Eroberer« ein. Zuerst kamen die spanischen Konquistadoren – »für Gott, Ruhm und Vaterland«. In Wahrheit erschlugen sie so viele Indianer wie sie konnten für Gold, Ruhm und Vaterland. Sie brachten Millionen von Indianern in Mexiko und Südamerika ums Leben. Sie versklavten andere und verfuhren mit ihnen, wie sie wollten, ja, fühlten sich geradezu berechtigt dazu, denn sie glaubten, daß der Christengott sie dafür segnete.

Die meisten der europäischen Völker, die nach und nach das Große Wasser überquerten, pflegten unterschiedliche religiöse Überzeugungen. Viele von ihnen hatten Europa sogar verlassen, um der religiösen Verfolgung dort zu entkommen. Trotzdem aber verhielten sie sich völlig intolerant gegenüber den Indianern und deren Spiritualität und negierten ihr angestammtes Recht, in diesem Land zu leben. Die Europäer handelten in dem Glauben auf ihr »zu erfüllendes Schicksal«. Dies verlieh ihnen scheinbar das Recht, das gesamte Land von Ost nach West zu besetzen. Es gab ihnen außerdem das Recht, alle Indianer zu ermorden. In Nordamerika sank die indianische Bevölkerung von drei Millionen

Anfang des 17. Jahrhunderts auf einen Stand von 300000 um 1900.

Die grundlegende Philosophie der Regierung der Vereinigten Staaten, aber auch der Engländer und Franzosen zuvor, wurde durch den Ausspruch eines Generals geprägt, in dem es heißt: »Nur ein toter Indianer ist ein guter Indianer.« Und ein anderer General, bevor er seinen Truppen befahl, Krieger, aber auch Frauen und Kinder abzuschlachten: »Aus Nissen werden Läuse. Tötet sie alle.«

Dies ist ein weiteres bedrückendes Kapitel aus der blutigen Geschichte der Menschheit. Im Namen »Gottes« und des »Vaterlandes« haben die Menschen immer wieder versucht, ihre Mitmenschen umzubringen. Ernest Seton, der Begründer der *Woodcraft Rangers,* wandte sich enttäuscht später von der Organisation der Pfadfinder ab, die er ins Leben gerufen hatte, nachdem er festgestellt hatte, daß mehr Menschen im Namen von Gott und Vaterland umgebracht worden waren als aus irgendwelchen anderen Beweggründen. Deshalb lehnte er jede Organisation ab, die Patriotismus als Leitmotiv für die Jugend vorgab. Er war überzeugt, daß jede echte spirituelle Haltung mit dem Patriotismus für Mutter Erde und unsere Mitmenschen beginnen müßte.

Gedanken über den Fortschritt

Der widerliche und entwürdigende Kampf des Menschen gegen seinen Bruder kulminierte in den Massenmorden des 20. Jahrhunderts. Adolf Hitler hat sechseinhalb Millionen Juden und viele Millionen Polen, Tschechoslowaken, Russen und Angehörige anderer Völker getötet, weil er sie zu »Untermenschen« degradiert hatte. Er dachte, daß »Arier« zur Herrenrasse gehören, und diese eingebildete Überlegenheit gab ihm scheinbar das Recht, all die anderen Menschen umzubringen. Hitler hatte den Genozid von verschiedenen Völkern Europas planmäßig vorbereitet. Er übernahm die Macht, ohne daß das deutsche Volk oder dessen Verbündete ihm großen Widerstand entgegengesetzt hätten.

Als das Hitlerregime begann, unternahmen die sogenannten »zivilisierten Staaten« wenig, um dem Spuk ein Ende zu setzen. Sie beobachteten das Geschehen und ließen es sich vollziehen. So konnte dieser ungeheuerliche Völkermord in unserem Jahrhundert stattfinden.

Wir müssen anhand dieses erschreckenden Beispiels genau studieren, wie »gute« Menschen, wie »betroffene« Menschen einem Diktator erlauben, sich in einem Land einzunisten und dort die Macht zu übernehmen.

Wir müssen auch das Phänomen »Stalin« in der Sowjetunion exakt analysieren. Er tötete Millionen seiner eigenen Landsleute direkt und verursachte unzählige Tote durch Rationierung von Nahrungsmitteln und Zwangsumsiedlungsprogramme. Er vernichtete ganze Bevölkerungsgruppen, die nicht mit ihm oder seiner Politik übereinstimmten.

Diese schier ungeheuerlichen Ereignisse geschahen in unserem Jahrhundert, in dieser höchst »zivilisierten« Zeit. Wir müssen die Geisteshaltungen studieren, die für eine Fortdauer des menschlichen Unglücks sorgen.

Und während du diese Zeilen liest, bringen sich Menschen in Irland, Afrika, Lateinamerika, im Mittleren Osten, im Vorderen Orient und in Amerika gegenseitig wegen religiösen oder patriotischen Glaubensfragen um. Wer will da noch fragen, warum Veränderungen auf unserem Planeten so dringend notwendig sind?

Verschließ nicht deine Augen! Wir müssen diese Wirklichkeit als solche erkennen, um die zerstörerischen Umgangsformen der Menschen untereinander verstehen zu lernen. Nur durch dieses Verständnis können wir beginnen, unsere verborgenen Verhaltensmuster zu ändern.

Nehmen wir zum Beispiel den Libanon. Wegen religiöser und politischer Unterschiede bringen sich verschiedene Bevölkerungsgruppen gegenseitig um. All diese Menschen tragen Schuld. Keiner hat weniger Schuld als der andere. Sieh genau hin: Dies sind die Verbrechen, die von Menschen gegen die Menschlichkeit begangen werden. Solange dieser Geist sich frei und ungehindert auf der Erde bewegt, müssen wir darauf achten. Wir müssen ihn verstehen, um ihn zu besiegen. Wir müssen uns dessen bewußt werden, um zu verstehen, warum eine Reinigung der Erde eingesetzt hat.

Seid nur nicht so naiv zu glauben, daß es irgendwelche Orte gegeben hat, an denen keine Grausamkeiten durch Soldaten während des Zweiten Weltkriegs begangen wurden! Im Zweiten Weltkrieg verantworteten die Alliierten grausame Verbrechen an Soldaten ebenso wie an der Zivilbevölkerung. Sie trieben die Japaner wie Vieh zusammen, folterten sie und mißhandelten sie in Gefangenenlagern.

Während des Vietnamkriegs konnten wir nicht die Augen davor schließen, welch grausame Verbrechen auch dort von amerikanischen Soldaten begangen wurden. Diese »guterzogenen, jungen Christen« aus Amerika metzelten die ganze Bevölkerung eines Dorfes nieder, nachdem sie die

Frauen in ihre Gewalt gebracht hatten. Sie ermordeten sie, weil sie Vietnamesen waren. Wir dürfen all diese Ereignisse nicht vergessen. Sie sind Teil der Anklage, die besagt, daß wir Menschen für die Erde verantwortlich sind.

Überlege dir, welche Denkkategorien dies ermöglicht haben! Sieh dir an, welche charakteristische Prägung uns von unseren politischen Führern aufgezwungen wird. Unsere Kirchenobersten sind noch heute der Ansicht, daß jeder, der nicht unserer Religion angehört, Freiwild und damit potentielles Opfer ist. Die Politiker, die andere Menschen als »Ausländer« bezeichnen, maßen sich an, mit diesen zu verfahren, wie ihnen beliebt. Ich nenne dieses Verhalten Rassismus und Nationalismus. Beides sind die schlimmsten Krankheiten der Menschheit. Sie haben die Zerstörung des Planeten zum großen Teil verschuldet; sie sind die eigentlichen Gründe für Sklaverei und Abwertung vieler Menschen. Der Reinigungsprozeß, der schon eingesetzt hat, will alle Menschen von Rassismus und Nationalismus befreien, aber auch von der Arroganz, einen Menschen über einen anderen zu stellen.

All diese krankhaften Vorstellungen der Menschen haben massive und tiefgehende Zerstörung über unsere Welt gebracht. In sinnlosen Konflikten haben die Menschen die Erde zerstört. In den heutigen Kriegen stellt sich nicht allein das Problem, was den Menschen geschieht. Sondern es stellt sich auch die Frage, was aus dem Reich der Tiere, Pflanzen und der Gesteine wird. Denk nur einmal an die ungeheure Wasserverschmutzung, die von den gedankenlosen Menschen während des Krieges im Iran und Irak verursacht wurde! Denk auch an die vielen Geschöpfe des Meeres, die durch diesen unsinnigen Krieg zu Tode kamen! Während des Kriegs zwischen Iran und Irak flossen Tausende Liter Erdöl in den Persischen Golf und töteten dabei viele Fische und alles übrige Leben.

Wäre ich am Ende dieses Jahrhunderts Politiker, würde ich versuchen, Menschen zu finden, die offen und ansprechbar sind, unabhängig davon, welcher politischen Gruppierung sie angehören. Zusammen würden wir eine vereinigte Front bilden, um unsere Botschaft noch wirkungsvoller an die Öffentlichkeit weiterzugeben.

Einer der Gründe, warum der Bärenstamm das *Wildfire Magazine* herausgibt, ist, daß wir damit so vielen Leuten wie möglich zeigen wollen, daß man sich organisieren und Methoden lernen kann, um die eigenen Probleme wirksam zu lösen. Wir kriechen nicht in unsere Höhlen zurück und weinen: Wir wirken vielmehr *aktiv* an der Veränderung mit. Wir kämpfen darum, eine Wirtschaft auf der Basis von Selbstversorgung zwischen Naturvölkern und anderen Völkern überall auf der Erde aufzubauen.

Wer ist arm?

Dies ist der erste notwendige Schritt, denn während sich die Veränderungen auf der Erde mehr und mehr intensivieren, finden viele Menschen hierzulande heraus, daß sie die eigentlich armen Menschen sind. Ich reiste vor einiger Zeit mit einer Gruppe von rund 35 Nordamerikanern nach Südamerika. Sie sahen, wie die Maya-Indianer dort im Urwald lebten, und einige der Touristen nannten sie »arm«. Aber die

Maya können ein Haus im Zeitraum von drei oder vier Tagen bauen. Sie rammen Pfähle in den Boden, setzen danach einige gekreuzte und einige abgeschrägte Pfähle oben auf, um so das Dach zu bilden. Sie bedecken es mit Stroh, und im Handumdrehen steht ein ganzes Haus. Wenn sie die Hühner und Truthähne vom Haus fernhalten wollen, umgeben sie die Seiten mit einigen Stämmen.

Es ist vielleicht keine sehr ausgefallene Behausung – aber sie kostet schließlich auch kein Vermögen. Ich sagte zu meinen Begleitern, daß die Maya für mich keinesfalls arme Menschen sind. Sie bauen dieses Jahr Mais an, ebenso wie im letzten Jahr. Sie kümmern sich nicht darum, was in Guatemala City los ist, weil sie von der Regierung nichts erwarten. Die Regierung von Guatemala wiederum kann ihre Maisernte nicht besteuern. Denn sie würde niemanden in den Urwald schicken, um dort die Steuern einzukassieren. Die Maya leben, wie sie dies seit Urzeiten getan haben.

Die armen Menschen, für die ich wirkliches Mitleid fühle, sind die Bewohner der Vereinigten Staaten, die in ihren beschränkten Ansichten verharren und glauben, daß das herrschende System unübertrefflich ist. Ich sehe dann vor meinem geistigen Auge, wie die Maya sich mir nähern und auf ihrem Rücken ihren Maisüberschuß in Taschen tragen. Auch diese Taschen haben sie selbst gemacht. Es gibt im Urwald keine Traktoren, die 50 000 Dollar kosten. Diese Menschen haben in ihrem Leben keinerlei Schwierigkeiten. Was auch immer in den anderen Teilen der Welt geschehen mag, sie werden etwas zu essen haben. Ihr Leben wird weitergehen.

Dies ist ein Teil dessen, was ich den Menschen zu vermitteln suche, denn ich lebe in Opposition zu den Regeln dieser Gesellschaft. Man hört bei jeder Gelegenheit: »Nimm doch mehr Kredit auf.« Viele arme Menschen in diesem Land sind total verschuldet!

Am Ende der dreißiger, Anfang der vierziger Jahre ging meine Schwester mit geflickten Jeans zur Schule, und einige Kinder machten sich deshalb über sie lustig. Sie meinte nur: »Wenigstens haben es die Schuldeneintreiber nicht auf diese Hose abgesehen!«

Bin ich ein guter Staatsbürger? Ich halte die Gesetze dieses Landes ein, aber ich stecke nicht weitere Kraft in diesen Staat. Wenn diese Regierung und andere Dinosaurier untergehen, so hoffe ich, daß sie nicht auf mich fallen! Das wäre der einzige Punkt, um den ich mich wirklich kümmere. Ich verfasse keine Bittschriften an die Regierung der USA, denn das käme einem sterbenden Pferd gleich, dem man einen Stoß versetzt, und es gleichzeitig bittet, einem vor seinem Tod doch noch etwas vorzutanzen.

Statt dessen ist meine Energie darauf gerichtet, eine neue, lebensvolle und echte Lebensform zu finden. Wir haben die erste Phase des Bärenstamms durchlaufen. Nun ist eine Gemeinschaft entstanden, zu der Menschen gehören, die erfolgreich und glücklich sind. Jeder hat regelmäßige Mahlzeiten, und es funktioniert sowohl für diejenigen, die auf dem Land leben, als auch für die, die dem Stamm in anderer Form verbunden sind.

Politische Unordnung

Ich sehe voraus, daß uns eine Zeit der Wirren, der Unordnung und auch gewaltiger wirtschaftlicher Probleme bevorsteht. Sowohl die Sowjetunion als auch die Vereinigten Staaten entledigen sich der Rolle, den Ländern der Dritten Welt Hilfe zu leisten. Sie haben nicht mehr die nötigen Mittel dazu. Kein anderer Staat besitzt sie noch. Diese Entwicklung begann im Sudan, dem Tschad und in Äthiopien. 1989 senkten die Sowjetunion und die USA ihre militärische und finanzielle Unterstützung für viele Länder. Darum forderten sie auch die Länder auf, ihre Probleme nun selbst in die Hand zu nehmen.

In den späten achtziger Jahren herrschten Spannungen und Auseinandersetzungen in der Sowjetunion. Die Moslems waren in den Konflikt im Libanon verstrickt. Der Krieg zwischen Iran und Irak dauerte an; Aufstände in Lateinamerika.

Dies sind einige wichtige Elemente im heutigen Weltgeschehen. Sei dir dessen bewußt! Viele Staaten versinken wegen politischen Problemen im Chaos. Das politische Chaos zieht aber als unmittelbare Folge nach sich, daß die Menschen sich nicht weiter um den Anbau von Nahrungsmitteln kümmern. Die Folge: Hungerepidemien drohen.

Zum Beispiel Afrika: Einer der Auslöser der dortigen Krise ist die Tatsache, daß dort so viele verschiedene Gruppen gegeneinander kämpfen. Infolgedessen fühlen sich die dortigen Bewohner auch nicht sicher genug, sich weiterhin um den Anbau zu kümmern, denn sie wissen ja nicht, ob sie überhaupt noch die Ernte einbringen werden. Deshalb hat die Landwirtschaft an Bedeutung für sie verloren.

Eine meiner weit zurückliegenden Befürchtungen rückt in immer greifbarere Nähe. Ich habe niemals einen Atomkrieg zwischen den USA und der Sowjetunion vorhergesehen. Aber ich habe erkannt, daß kleinere atomare Kriege zwischen den arabischen Staaten und Israel möglich sind. Wenn sie unter zu großen Druck geraten, dann könnte eines dieser Länder tatsächlich von dieser militärischen Möglichkeit Gebrauch machen.

Probleme der Weltwirtschaft

Ein anderes Problem liegt in der Weltwirtschaft. Viele Währungen werden heute nur durch Glauben und Gebete gestützt. Die Industrienationen haben den Entwicklungsländern Kredite gewährt, die ihnen wohl nie zurückgezahlt werden können. Sie müssen Milliardenbeträge abschreiben.

Ich habe einen meiner Brüder gefragt, der in einer der führenden Banken der Welt arbeitet, wie es im Moment um die Wirtschaft bestellt sei. Und er meinte: »Sie ist momentan sehr empfindlich; wenn nur irgend jemand hustet, dann ist sie völlig ruiniert.«

Teil dieser Entwicklung ist auch, daß den Banken die Felle davonschwimmen. Da gibt es nicht mehr sehr viel, was sie wie in früheren Zeiten zu Geld machen können. Das Kreditwesen für den Kauf von Fahrzeugen beispielsweise ist von den Automobilunternehmen übernommen worden.

Und da sind auch noch unsere lieben Brüder und Schwestern, die bis über beide Ohren Darlehen auf ihr Haus aufgenommen haben; wenn nun die Zinsraten steigen, befinden sie sich in höchsten Schwierigkeiten.

All diese Prognosen klingen wie die Geschichte von dem alten Indianerhäuptling, der sagte: »Mein Volk, ich muß euch eine schlechte und eine gute Nachricht überbringen. Dieses Jahr wird sehr hart werden, wir werden den Winter über nichts anderes als Büffelscheiben zu essen haben!«

Seine Leute fragten ihn: »Und wie lautet die gute Nachricht?«

Er erwiderte: »Wir haben eine riesige Menge davon.«

So sieht auch unsere wirtschaftliche Zukunft aus, wie sie noch vor dem Jahr 2000 eintreten wird.

Hilfsmaßnahmen

Im Bereich der Wirtschaft müssen wir einige wichtige Lektionen lernen. Eine Lektion liegt darin, wie wir unsere Abhängigkeit von einem System abziehen müssen, das immer unzuverlässiger wird, um schließlich zu uns und der Mutter Erde zurückzufinden. Das heißt für mich, daß man Leute finden muß, mit denen man arbeiten und Gemeinschaften gründen kann. Ich meine damit nicht, daß man nun notwendigerweise mit allen im selben Haus wohnen muß, aber daß man lernen sollte, Verbindungen zu anderen Menschen einzugehen.

Der Bärenstamm funktioniert auf diese Weise: Wir haben Mitglieder in Städten, die dort arbeiten und Geld in den Stamm einbringen; es gibt aber auch Menschen, die für den Stamm das Land bestellen und etwa 80 Prozent unserer Nahrung anbauen. So sieht unsere Verbindung aus.

Wir sind dabei, ein Netzwerk von Gemeinschaften im

ganzen Land und in allen Teilen der Welt aufzubauen. Wir tun dies auch aus dem Grund, weil der Geist mir befahl, zu den Menschen zu gehen und ihnen ein anderes Bewußtsein zu vermitteln. Wenn sie mehr an Wissen erreicht haben, dann besteht der nächste Schritt darin, sie dann auch lebendig und kraftvoll durch die Zeit der Veränderungen zu bringen. Ich versuche die Menschen in kurzer Zeit eine Menge zu lehren, weil unsere Zeit knapp und kostbar ist.

Für mich ist moderne Technologie etwas, womit wir sehr achtsam umgehen sollten. Wir müssen stets auf den Zusammenhang unserer Handlungen mit ihren Konsequenzen achten und uns fragen: Was kommt auf uns zu? Wieviel kostet uns das? Ich spreche jetzt nicht von Geld, sondern von Kosten für Umwelt, für Gesundheit und andere Sektoren. Darauf müssen wir achten. Es ist sehr wichtig, zu wissen, daß wir auch für die Technologie, die wir benutzen, bezahlen müssen.

Einst sprach ich zu Menschen in einem Ashram in Los Angeles. Anfangs meinten die Zuhörer dort wohl, ich hätte nicht die nötige politische Weitsicht. Sie fragten mich, ob ich nicht eine Petition unterschreiben wolle, um den Kohleabbau in Black Mesa zu stoppen. Sie hielten mir lange Vorträge, warum auch ich eine Petition dazu herausgeben sollte. Ich fragte sie: »Wollt ihr wirklich die Gruben in Black Mesa schließen lassen?« Und sie antworteten eifrig: »Ja, ja. Genau.« Dann sagte ich zu ihnen: »Okay. Dann müßt ihr nur dies eine tun.« Und griff an die Wand und knipste den Lichtschalter aus.

Ich sagte zu ihnen, daß wir in einer Welt von Angebot und

Nachfrage leben. »Wenn ihr weiterhin mehr Strom fordert, dann werden sie auch weiterhin das Bergwerk in Black Mesa betreiben, um euch mit Strom zu versorgen. Wenn ihr aber mehr Verantwortung für euer Leben übernehmen wollt, dann müßt ihr ›nein‹ sagen.«

Ich persönlich habe überhaupt nichts gegen Elektrizität. Ich reise per Flugzeug, ich fahre einen Wagen. Aber ich gebe ehrlich darüber Auskunft, was ich benutze. Manchmal spielen dir Leute den Heiligen vor. Und ich frage sie nur: »Und wie bist du heute hergekommen, mein Bruder, meine Schwester? Sag es mir. Wo steht dein Pferd?«

Achte auf die Technologie und benutze sie auf respektvolle, heilige Weise! Du kannst ein Fahrzeug fahren, aber gehe so damit um, daß du daraus einen Gewinn ziehst. Versuche, Energie in wirkungsvoller Weise einzusetzen! Nimm in deinem Fahrzeug andere Menschen mit. Lösch die Lichter zu Hause, die du nicht unbedingt brauchst! Spüle nicht jedesmal mit soviel Wasser in der Toilette nach, wenn du sie benutzt hast. Kleine Details wie diese zeigen die Verantwortlichkeit für unser Leben. So übernehmen wir Verantwortung für Technologie.

Werde nicht zu abhängig von Technologie! Versuche nicht, in einer Umwelt zu leben, wo alles nur noch per Computer funktioniert. Sei nicht zu abhängig von Systemen, die jenseits deiner Kontrollmöglichkeiten liegen; sie bergen große Gefahr. Wenn plötzlich die Elektrizität, das Gas, das Öl abgestellt sind und du nicht weißt, wie du kochen oder heizen kannst, bist du in Nöten. Wenn die Pumpen der Wasserwerke nicht mehr arbeiten, dann wird die Lage brenzlig.

Wenn ich an die Großstädte der Welt denke, dann bekomme ich mehr und mehr den Eindruck, daß sie eigentlich tödliche Fallen für ihre Bewohner sind. Ich kann mir nicht vorstellen, daß irgend jemand noch sehr viele Kilometer sicher außerhalb der Stadtgrenzen kommen könnte, wenn dort alles zusammenbricht und das absolute Chaos beginnt. Der Ursprung aller Probleme in der Stadt liegt in der Tatsache, daß du für alles und jedes auf jemand anderen angewiesen bist. Das Wasser fließt nicht aus einer Quelle, sondern aus einem Wasserhahn. Man weiß nie, woher es eigentlich kommt. Wenn ich länger darüber nachdenke, dann erinnere ich mich, daß in vielen Städten das Wasser zwölfmal durch Recyclingverfahren wiederaufbereitet wird. Man weiß also nie, was das Trinkwasser eigentlich enthält. Viele Dinge bewegen sich hin und her. Hinzu kommen noch alle Chemikalien, die in oder nahe bei den großen Städten gelagert werden. Wenn der Reinigungsprozeß weiter fortschreitet, wird man in den Städten, in denen man die Wunder der Technik anbetet, feststellen müssen, daß sich die Götter gegen uns gewandt haben.

7
Wie Dinosaurier sterben

Viele unter euch rechnen vielleicht mit Veränderungen auf der Erde, können sich aber nicht vorstellen, wie die Strukturen von hochentwickelten Ländern überhaupt zusammenbrechen können. Ich werde in diesem Kapitel zwei Szenarien ihres Zusammenbruchs vorstellen, entwickelt von zwei Persönlichkeiten, denen ich hohen Respekt zolle. Eine von ihnen ist Bill Mollison, Begründer einer landwirtschaftlichen Methode mit dem Namen »Permakultur«. Seine Ansichten, die im folgenden Teil wiedergegeben werden, sind sinngemäß seinem Aufruf entnommen, den er »Eine Einführung in Permakultur« genannt hat*.

Die eigentlich elementaren Systeme der Natur, deren Zusammenbruch jetzt auf der Erde beginnt, sind Böden, Wälder, Luft und der Nährstoffkreislauf. Und *wir* tragen die Verantwortung dafür. Wir haben in keiner Region des Westens (und ich glaube letztendlich nirgendwo, mit Ausnahme der Gebiete einiger Naturvölker) Methoden von Land- oder Forstwirtschaft entwickelt, die wir noch langfristig beibehalten können. Wir haben keinerlei derartige Methoden aufgebaut.

* Der Text ist zu beziehen über Yankee Permaculture. Box 202. Orange. Ma 01864.

Die Wälder spielen im Sauerstoffkreislauf eine viel größere Rolle, als wir das je angenommen hatten. Wir dachten immer, daß die Meere dabei das wichtigste Element seien. Aber das sind sie nicht. Nicht nur sind sie weniger bedeutend, weil sie nur zu acht Prozent zur Sauerstoffproduktion bei der Wiederaufbereitung der Atmosphäre beitragen, sondern viele Meere beginnen selbst Sauerstoff zu verbrauchen. Wenn wir noch mehr Quecksilber an das Meerwasser abgeben, wird der Sauerstoffverbrauch des Meers weiterhin zunehmen. Das biologische Gleichgewicht schwankt. Und aufgrund dieser Tatsache befinden wir uns in direkter Abhängigkeit von den Wäldern, die uns davor bewahren sollen, in völlig anarchische Zustände zu geraten.

Einige der Wälder nehmen dabei eine wirkliche Schlüsselposition ein, wie zum Beispiel der immergrüne Wald, der in zwei unterschiedlichen Erscheinungsformen auftritt. Die eine liegt im Bereich des Äquators und enthält viele verschiedene Pflanzengattungen; die andere ist der immergrüne Wald aus kälteren Gebieten wie der russischen Tundra. Die Regenwälder spielen eine ganz entscheidende Rolle innerhalb des Sauerstoffkreislaufs und der Stabilität der Atmosphäre.

Diese Wälder sorgen auch in hohem Maße für die Niederschläge. Wenn du den Wald an einem Bergkamm fällst, kannst du beobachten, wie sich die Regenmenge dort zwischen 10 und 30 Prozent senkt, was ja eigentlich noch erträglich wäre. Was du aber vermutlich nicht sehen kannst, ist, daß sich gleichzeitig dabei die gesamte Niederschlagsmenge um 86 Prozent verringert, weil der Regen ja nur einen kleinen Teil der Gesamtniederschläge in Wäldern ausmacht. Es ist durchaus möglich, daß es in ruhigen Nächten, in denen kein Wölkchen den Himmel trübt und keine Messungen über Regenfälle vorliegen, dennoch zu größeren Niederschlägen in den Wäldern selbst kommt. Dies gilt vor allem für Wälder in Meeresgebieten, aber es kann auch auf andere Klimazonen übertragen werden. Deshalb können auch sehr schnell halbwüstenähnliche Bedingungen in Regionen entstehen, deren Hügel völlig entwaldet wurden. Man hat diese Form der Zerstörung leider in großem Maßstab durchgeführt.

Wälder haben die besondere Eigenschaft, jedes Klima abzumildern. Sie gleichen übermäßige Hitze und Kälte aus und verhindern unkontrollierbares Abfließen von Wasser und unmäßige Verschmutzung der Natur; wenn man sie rodet, treten extreme Formen von Disharmonie in der Natur auf. Vor allem aber bilden die Wälder Bodensubstanz. Sie gehören zu den wenigen bodenbildenden Systemen, die wir in der Natur besitzen.

Was also geschieht mit den Wäldern? Wir benutzen viele Produkte, die aus dem Holz der Wälder stammen, für sehr kurzlebige Zwecke: Vor allem handelt es sich dabei um Papier und insbesondere um Zeitungen. Die Nachfrage nach Presseerzeugnissen hat sich ungeheuer erhöht. Wir schlagen im Jahr etwa eine Million Hektar mehr Wald, als wir wiederaufforsten. Und jeden Monat kann sich das noch in gravierenderem Maße zum schlimmeren verändern.

Nur zwei Prozent des europäischen Waldes sind übriggeblieben. Die Bäume in Europa wurden entweder aus Nachsicht an ihrem Platz belassen oder wurden vom Menschen selbst gepflanzt. Es gibt in Europa keinen urzeitlichen Wald mehr. Nur acht Prozent dieser alten Wälder stehen noch in

Lateinamerika. 15 Prozent verteilen sich auf die restlichen Gebiete. Wir haben also bereits den größten Teil der Wälder zerstört, und jetzt bearbeiten wir den Rest.

Die Abholzungsquoten fallen unterschiedlich aus, weil sie von den jeweiligen betriebswirtschaftlichen Praktiken der einzelnen Unternehmen abhängen. Aber im großen und ganzen kann man von 100 Prozent Verlusten sprechen, auch im Bereich von Südamerika und in der Dritten Welt sowie allen anderen Gebieten der westlichen Welt, in denen sich die Multis die Wälder aneignen. Diese arbeiten nach der Methode: Nach uns die Sintflut.

Wir haben uns lange genug den trügerischen Vorstellungen von Sicherheit hingegeben, die sich auf die Beteuerungen der Holzwirtschaft bezogen, an der Stelle von drei gefällten Bäumen acht neue zu pflanzen. An dieser Stelle müßte aber mit dem Begriff der Biomasse gekontert werden. Wenn man den Wäldern etwas, das etwa 150 Tonnen wiegt, entzieht und an seiner Stelle etwas pflanzt, das vielleicht ein halbes Pfund wiegt, dann erhält man nicht mehr die entsprechende Biomasse.

Zu welchem Zweck fällen wir die Wälder? Hauptsächlich wird Holz zu Zeitungen und Verpackungsmaterial verarbeitet. Sogar die wenigen verbleibenden urzeitlichen Wälder werden aus diesem Grund gefällt. Wälder, in denen der Mensch noch gar keine Spuren hinterlassen hatte, werden für den Druck von Zeitungen gefällt. Dort wachsen Bäume, deren Zweige manchmal erst 60 Meter über dem Boden beginnen, und die riesigen Kathedralen gleichen. Sie werden in Stücke geschnitten und in dieser Form verschifft. Wir erniedrigen diese Wälder für den banalsten Gebrauch.

Es bestehen natürlich auch noch andere Auswirkungen am anderen Ende des Systems. Abfallprodukte, die ursprünglich aus Holz hergestellt wurden, töten größere Bereiche des Meeres ab. Die Holzprodukte, mit denen wir den Meeresgrund in der Ostsee, des Mittelmeers und an den Küsten New Yorks beladen haben, haben zu einem Anstieg des dortigen Sauerstoffverbrauchs geführt. Grob geschätzt werden jedes Jahr durch die Zerstörung der Wälder etwa 12 000 Milliarden Tonnen Kohlendioxyd frei. Wir sind existentiell auf die Wälder angewiesen, weil diese das Kohlendioxyd binden. Durch die Zerstörung der Wälder zerstören wir auch das System, das unser Überleben gewährleistet.

Die Auswirkungen auf das globale Klima werden sowohl in der Zusammensetzung der Atmosphäre sichtbar als auch in ihrer steigenden Unfähigkeit, Veränderungen noch abzumildern. Innerhalb eines Monats können wir bisher gemessene klimatische Extremwerte sogar noch übertreffen. Selbst in Städten, in denen wir abgeschirmt von Meer und Wäldern wohnen, können wir innerhalb kürzester Zeit den windigsten, trockensten und feuchtesten Monat seit hundert Jahren erleben. Wir können also nicht behaupten, daß das Klima auf der ganzen Welt sich nach den Gesetzen des Treibhauseffektes entwickelt oder daß wir auf eine neue Eiszeit zugehen, sondern es schwankt so gewaltig hin und her, daß es nicht mehr vorhersehbar ist, welche Grenze wir als nächste überschreiten werden. Sicher ist, wir werden sie überschreiten, und zwar ganz unvermutet, und dann wird ein abrupter Bruch einsetzen. Bis zu diesem Zeitpunkt machen wir weiterhin die unterschiedlichsten klimatischen Erfahrungen.

Wenn wir so weitermachen, gibt es vielleicht in zwölf Jahren keine Wälder mehr.

Wir müssen noch einen anderen Faktor bedenken. Es wäre allein schon schlimm genug, wenn unsere Abholzungspolitik zur völligen Zerstörung der Wälder führte. Aber seit den zwanziger Jahren dieses Jahrhunderts sterben bestimmte Waldarten durch eine spezifische Abfolge von Krankheiten. Diese Serie wurde durch den Befall von Kastanienwäldern durch Mehltau eröffnet. Die befallenen Kastanienbäume machten etwa 80 Prozent des Laubwaldes aus, in dem sie wuchsen. So kann der Ausfall einer einzigen Art, wie dieses wichtigen Baumes, eine riesige Lücke in der Biomasse und der ganzen biologischen Reserve hinterlassen. Was aber von den meisten Menschen bisher nicht beobachtet und erst vor kurzem von Richard St. Barbe Baker dargestellt wurde, ist die Tatsache, daß damit all die Baumarten verschwinden, deren Blätter die größte Fläche pro Einheit bedeckten. An erster Stelle stehen die Kastanien, deren Blätterwerk pro Baum vielleicht 24 Hektar pro Baum ausmacht. Darauf folgen die Ulmen, bei denen es etwa 16 Hektar sind. Danach verschwinden die Buchen, die Eichen, der Eukalyptus in Australien und Tasmanien. Sogar die Nadelbäume in Japan sterben aus. Die Nadelwälder Japans sind unvorstellbar rar geworden, wie auch bestimmte Wälder in Kanada oder in der Sowjetunion.

Jetzt kommen wir zu einem Phänomen, daß ich ›die Heuschreckenverschwörung‹ nennen möchte. In jedem Land gibt es Wälder, deren Ulmen, Kastanien, Pappeln oder Nadelbäume von spezifischen Krankheitserregern befallen werden. Die Insekten führen zu einer weiteren Verstärkung dieser Krankheiten. In unmittelbarer Reaktion darauf würden die Amerikaner wohl Gift versprühen, die Briten die Bäume fällen und verbrennen, die Australier aber würden eher sagen: ›Ach was! Es wird schon nächstes Jahr vorbei sein.‹

Liegt das Waldsterben wirklich an diesen Krankheiten? Um welche Krankheiten handelt es sich denn eigentlich? Heuschrecken verursachen das Sterben der Eukalyptusbäume. Außerdem tritt dort auch der sogenannte »Zimtpilz« auf. Bei Pappeln handelt es sich um Mehltau, ebenso bei den Tannen.

Glaubst du wirklich, daß diese Krankheiten den ganzen Wald töten?

Wir sehen ja nur noch auf seine sterbliche Hülle. Der Wald ist ein sterbender Organismus, von dem sich verschiedene zersetzende Kräfte nähren. Wenn du den Wald sehr gut kennst, weißt du auch, daß du morgens in den Wald gehen und deine Axt in einen Baum schlagen kannst. Oder du kannst ihn mit einer Planiermaschine an der Seite berühren oder mit deinem Wagen anfahren. Wenn du danach in der Nähe dieses Baumes bleibst, wirst du innerhalb von drei Tagen sehen, daß vielleicht zwanzig verschiedene Insekten und andere Schädlinge den Schaden schon inspiziert haben, während der Baum stirbt. Denn der Geruch, den dieser sterbende Baum absondert, lockt sie an. Dieses Phänomen haben wir in Australien schon häufig erlebt. Nachdem du dort einen Baum verletzt hast, kannst du beobachten, was geschieht: Die Heuschrecken kommen herbei, denn sie nehmen den spezifischen Geruch eines sterbenden Baumes wahr. Dieser Baum wird nun ihr Futterbaum, und die

Heuschrecken holen sich von dort ihre Nahrung. Was auch immer Schädlinge, wie beispielsweise bestimmte Motten, im weiteren Verlauf tun, zuerst nähern sie sich dem sterbenden Baum und tragen zu seinem weiteren Zersetzungsprozeß bei, damit danach ein neuer Lebenskreislauf beginnen kann. Wir aber besprühen diese Motten mit unseren Giften, und dies hat wiederum Auswirkungen auf ein hochkompliziertes System der Gewichte und Gegengewichte.

Nicht die Insekten sind der *Grund* des Waldsterbens. Die eigentliche Ursache besteht aus vielen Formen der Erniedrigung. Wir deuten zwar auf einen kleinen Käfer und behaupten noch: »Dieser Käfer war's.« Denn es ist immer wesentlich besser, jemand anderen zu beschuldigen. Das weiß jeder. Und so klagen wir also den kleinen Käfer an. Wir verschwören uns gegen ihn und machen ihn für alles verantwortlich. Die Ursache für das Absterben der Bäume liegt aber darin begründet, daß sich die Lichtverhältnisse in den Wäldern geändert haben, Giftstoffe alle Naturelemente durchdringen und saurer Regen auf die Wälder niederfällt. Die Menschen, und nicht die Insekten, töten die Wälder.

Der Boden

Wir haben etwa 50 Prozent aller Böden verloren, die wir vor 1950 besaßen. Das haben wir seit dieser Zeit durch exakte Messungen festgestellt. Und wir haben 30 Prozent der Böden verloren, die noch 1950 zu unserer Verfügung standen; außerdem werden wir unvermeidlich auch wieder 30 Prozent der Böden verlieren, die uns noch geblieben sind.

Dies gilt sowohl für die westlichen Industriestaaten als auch für die Dritte Welt.

Die Quote, die den Aufbau von Nährböden beziffert, liegt ungefähr bei vier Tonnen pro Morgen Land (ein Morgen Land entspricht etwa 0,4 Hektar, d. Ü.). Wenn du nicht mehr dieselbe Menge an Boden pro Hektar verlierst, hast du den Prozeß zum Stillstand gebracht. Doch besehen wir die Tatsachen: In Australien verschwinden 27 Tonnen Nährboden pro bebautem Morgen Land im Jahr. In Amerika beträgt die Verlustziffer in Gebieten, in denen Mais angebaut wird, sogar 400 Tonnen pro Morgen Land im Jahr. Der Mittelwert beläuft sich auf 20 Tonnen, aber die Quote kann sich bis auf 400 oder 500 Tonnen erhöhen. In Kanada mißt man den Verlust des Humusbodens, der etwa die gleichen Werte erreicht. Es gibt dort kaum noch Humus. In den Prärien, in denen sich anfangs gute Humusschichten befanden, ist man mittlerweile bei der Schicht der Mineralböden angelangt.

Dies ist eine Nachricht, die uns alle angeht, also jeden Bürger, ob du nun Amerikaner oder Ostinder bist; entscheidend ist lediglich, daß du dich von Getreide ernährst. Der Anbau von Getreide kostet pro Person etwa 12 Tonnen Boden. Diese Verluste sind Folgen unserer Landwirtschaftsmethoden. Solange du den Boden bestellst, verlierst du auch Boden. Wir haben allerdings noch nicht erkannt, daß wir bei der hohen Verlustrate an Böden innerhalb von zehn Jahren keine Agrarflächen mehr zu bestellen haben.

Zusätzlich zu den Böden, die wir durch einseitige Landwirtschaft ruinieren, verlieren wir auch große Agrarflächen dadurch, daß dieses Land zu Wüste wird. Im Staat Victoria in Australien gehen für uns etwa 320 000 Hektar Land durch

Versalzung der Böden verloren. Das bedeutet nicht nur einen Verlust für das Land, das wir bebauen, sondern auch Schaden für das Land, das wir nicht bebauen. Diese Böden stehen der Landwirtschaft dann auch nicht mehr zur Verfügung.

Der wichtigste Grund für die Verminderung der Agrarflächen ist die Rodung der Wälder. Meist liegt der abgeholzte Wald weit von dem Ort entfernt, an dem der Nährboden verschwindet. Dort kannst du nichts gegen die Versalzung deines Bodens unternehmen, denn die eigentliche Ursache dafür liegt im Entwässerungsgebiet, vielleicht einige tausend Meilen vom betroffenen Gebiet entfernt. Versalzung der Böden tritt inzwischen auch in den feuchten Gebieten Australiens auf. Es ist ein Prozeß, der nicht an einen bestimmten Ort gebunden ist. Und er findet nicht nur in der Wüste statt. Er geschieht auch in feuchten Gebieten. Was passiert bei diesem Prozeß?

Es handelt sich dabei um einen komplexen Vorgang, aber er ist eigentlich leicht zu begreifen. Der Regen, der auf die Hügel fällt oder die Wälder durchdringt, verteilt sich im Boden. Wenn wir diese Wälder abholzen, verdunstet das Wasser lediglich. Die Berge leiten sauberes Wasser in den Boden, und sie geben sauberes Wasser an die Luft ab. Durch die Wasserabgabe an den Boden werden auch die ganzen Salze mitgeschwemmt, die unvermeidlicher Bestandteil der zusätzlich gebildeten vier Tonnen Boden (pro Morgen Land) sind, der durch den Verwitterungsprozeß entsteht. Normalerweise werden diese Salze in sogenannten tiefen Wasseradern weitertransportiert. Sie gehören nicht zum Wassersystem an der Oberfläche. Frisches Wasser fließt zuerst an der Oberfläche und sickert dann ein. Sogar in feuchten Klimazonen finden wir in größeren Tiefen salzigere Wasseradern als an der Oberfläche. Denn auch dort agieren die Bäume als Wasserpumpen, die die tiefgelegenen Wasseradern in der Tiefe halten.

Wenn wir die Bäume fällen, gewinnen die tiefen Wasseradern meßbar an Höhe; dieser Prozeß ist überall in Amerika, Afrika und Australien zu beobachten. Wenn sie auf die Höhe von etwa einem Meter unter der Oberfläche gestiegen sind, sterben die Bäume an Schädlingsbefall; und wenn sie dann nur noch einen halben Meter unter der Oberfläche liegen, sterben die anderen Pflanzen. Wenn sie dann bis an die Oberfläche gelangen, verdunsten sie, und der Boden versalzt. Deshalb hat die australische Regierung den Farmern gratis Pumpvorrichtungen zur Verfügung gestellt; und so pumpen sie das Salzwasser aus dem Boden. Wohin können sie aber dieses hochgepumpte Wasser ableiten?

Entscheidend ist der nächste Schritt dieses Vorgangs, denn nun sickert das Wasser der Flüsse in den Boden, aus dem sie das Salzwasser in das Meer pumpen. Und dies formt einen schier endlosen Kreislauf. Man braucht Tausende von Pumpen. Und die Regierung, die auf der einen Seite den Farmern Pumpen zur Verfügung stellt, gibt andererseits den forstwirtschaftlichen Unternehmen, denen es im übrigen wirtschaftlich blendend geht, die Konzession, die Wälder zu roden. Auf der einen Seite geben sie die Pumpen aus, auf der anderen Seite verkaufen sie das Holz. Einige Leute machen sehr viel Gewinn mit dieser Art Geschäft, aber es ist für die Entwicklung der Erde eine Katastrophe.

Wir verlieren die Böden, und die Ausbreitung der Wüste hat mittlerweile furchterregende Ausmaße angenommen. Dieser Prozeß wird nicht durch die landwirtschaftlichen Methoden verursacht. Du fragst, ob die Experten der multinationalen Konzerne dies nicht durchschaut haben? Nein, denn sie haben ihre Ausbildung in Wirtschaftswissenschaften, Betriebswirtschaft und anderen, dafür völlig belanglosen Bereichen gemacht.

Der Bergbau trägt in bestimmten Regionen auch zur Versalzung der Böden bei und ist in den Gebieten Westaustraliens weitgehend für das Verschwinden der Hartholzwälder verantwortlich. Durch die Arbeit in den Minen werden viele Rückstände an die Oberfläche gebracht, die am Boden verdunsten.

In Großbritannien gehen wertvolle Böden vor allem verloren, weil an ihrer Stelle Autobahnen gebaut werden. Dasselbe gilt für Amerika. In Großbritannien entspricht ein Kilometer auf der Autobahn einem Quadratkilometer Land. Diese Autobahnen werden auch immer weiter ausgebaut; dies geschieht in der Annahme, daß man den verwendeten Boden nie mehr brauchen wird. Auf der anderen Seite vergrößert die Autobahn wiederum den Verbrauch von Energie. Der Autobahnbau führt zum Verlust von Böden, genauso wie die Vergrößerung der Städte.

Die Städte befinden sich meist in den 11 Prozent des besten Bodens auf der Erde. Kanada liefert hierfür ein wirklich interessantes Beispiel. Hier hat der Städtebau in diesem Jahrzehnt ohne jeden Grund zum Verlust der allerwertvollsten Böden geführt; die Bauern aber müssen sich auf eine weniger erträgliche Situation einstellen. Wir verlieren an

Boden, müssen aber gleichzeitig die landwirtschaftliche Leistungsfähigkeit aufrechterhalten oder die Produktivität in den Böden erhöhen, die uns noch verbleiben. Weil der Verlust der Agrarflächen gerade auch mit dem maßlosen Einsatz von Energie, mechanischer und auch chemischer Energie, verbunden ist, muß die Tatsache, daß wir unsere Produktivität in den verbleibenden Landwirtschaftsgebieten erhalten wollen, bedeuten, daß sich der Verlust von fruchtbarem Boden weiter erhöhen wird; dies resultiert wiederum aus der Tatsache, daß wir immer mehr Energie für immer weniger Boden umsetzen.

Auch der Wind baut den Boden ab. Durch Windeinfall wurden viele Böden in Amerika zerstört. Der Nährboden wird vom Wind bei Los Angeles fortgeweht und fällt als roter Regen wieder zur Erde. Und auch fruchtbare Humusschichten aus den Grenzgebieten von Zentralaustralien werden vom Wind verweht und fallen als fein aufgelöster Staub auf die angrenzenden Städte; pro Tag ergibt das 12 Tonnen pro Morgen Land. Der Wind unterstützt auch die Vernichtung wertvoller Böden. Je trockener das Klima wird, um so bedeutsamer der Wind. Wir glauben kaum, daß es in wenigen Jahren noch große Flächen an bebaubarem Boden geben wird; dafür müssen dann die restlichen Flächen um so intensiver bearbeitet werden.

Wir könnten unsere Untersuchung schon auf den Boden und den Wald beschränken, um die Endlichkeit unserer Umwelt zu erkennen. Wir müssen davon ausgehen, daß wir keine Forst- oder Landwirtschaft besitzen, die sich als solche aufrechterhalten läßt.

Das Wasser

Vor einem Jahrzehnt behauptete jemand, daß Wasser eines Tages das seltenste Element der Welt sein würde. Der Wasserspiegel fällt mit ansteigender Geschwindigkeit. Wir spielen mit uralten Organismen. Viele davon haben eine Entwicklung von vierzigtausend Jahren zurückgelegt. Es gibt immer weniger Möglichkeiten, die Kosten für Oberflächenwasser wirklich niedrig zu halten. Wenn dies möglich wäre, würde die Stadt Los Angeles alles aufkaufen und benutzen. Wir haben riesige Flächen mit Städten und Autobahnen zugepflastert. Wir geben kein Wasser an das Grundwasser ab. Sobald das Wasser sich in einem Fluß oder Bach sammelt, ist es verloren. Entweder strömt es zum Meer, oder es verdunstet. Der Fluß ist für uns nicht länger von sehr großem Nutzen. Zwei kritische Punkte des Wassernetzes sind die Städte und die Randgebiete der Wüste. Beide werden in große Schwierigkeiten geraten. Die sich vergrößernden Wüsten töten jetzt einige Millionen Menschen. Man kann von der Luft aus erkennen, daß Mensch und Tier in Scharen die Sahara verlassen.

Eine weitere große Gefahr liegt auch darin, daß man den Atommüll in der Nähe der tiefen Wasseradern deponiert hat. Einige dieser verseuchten Wasserarme sickern im Tal von Sacramento aus der Erde. Am besten beginnt man jetzt auch damit, die Radioaktivität des Wassers aus dem Wasserhahn zu messen oder den Dioxingehalt – denn all dies ist im Wasser von Maine, New Jersey und Kalifornien bereits enthalten – und ich vermute, auch an anderen Orten. Bisher hat die jeweilige Industrie nur tiefe Bohrlöcher benutzt, um sich des gefährlichen Abfalls zu entledigen, was zu dem Ergebnis führte, daß das dortige Grundwasser zum größten Teil nicht mehr getrunken werden kann. Ich glaube, das Grundwasser der Stadt Boston ist bereits ungenießbar. Und du wirst es auch nie mehr wieder trinken können. Denn es gibt keine Methode, stinkendes Wasser wieder in reines zurückzuverwandeln.

In vielen kleinen und großen Städten enthält das Leitungswasser pro Million Teile siebenhundert Anteile gelöster Salze; das ist der Grenzwert dessen, was für die menschliche Niere verträglich ist. Bei einer Quote von eintausendeinhundert Teilen auf einer Million würden körperliche Schwächung, Wasseransammlung in den Geweben und andere gesundheitliche Probleme auftreten. Viele Menschen sterben an diesen Ursachen, in Perth und Adelaide, in Australien, aber auch in Los Angeles. In all diesen Gebieten sollte man kein Leitungswasser mehr trinken. Man kann noch duschen, obwohl du beim Duschen in Atlanta fast dabei erstickst. Ich glaube, daß inzwischen 20 Prozent der männlichen Amerikaner steril sind.

Das Schwinden der Wälder wirkt sich in großem Maße auch auf die Verknappung des Wasserkontingents aus, das überhaupt wiederaufbereitet werden könnte. Ich nehme an, daß 97 Prozent des Wassers für alle Zeit verloren sind und nur drei Prozent wirklich in das Recyclingsystem geleitet werden. Die Gründe dafür sind ganz und gar lächerlich. Zum Beispiel entspricht die tatsächliche Produktionsmenge von Atomenergie in den USA etwa dem Bedarf an Energie der vorhandenen Wäschetrockner.

Der Weg der Kultur zum Chaos

Der andere Überblick, wie die Dinosaurier der Zeitgeschichte sterben werden, stammt von Wabun Wind, meiner Freundin und Koautorin vieler Bücher, dieses miteingeschlossen. Ich glaube, daß ihre Erfahrungen und Beobachtungen dir ein sehr anschauliches Beispiel dafür liefern können, wie ein entwickeltes Land immer weiter im Chaos versinkt. Lies ihren folgenden Bericht!

Um überhaupt verstehen zu können, was sich in Peru abspielt, einem Land, das die Situation vieler anderer lateinamerikanischer Staaten widerspiegelt, muß man sich auch in dessen aktuelle Geschichte vertiefen. Peru, dessen Bevölkerung zu etwa 85 Prozent aus Indianern oder Mestizen besteht, wurde von europäischen Herrschaftssystemen geprägt, seitdem die ersten spanischen Eroberungen im Inkareich in der Mitte des 16. Jahrhunderts stattfanden. Von dieser Zeit an war Peru ein feudalistisch organisiertes Land, in dem Indianer als Sklaven zur Arbeit in den Minen, bei der Errichtung von Bauwerken und der Landwirtschaft mißbraucht wurden. In diesem Jahrhundert umfaßte Peru ein riesiges System von Haciendas, auf denen spanische Großgrundbesitzer den größten Teil des Landes bebauten und dabei Indianer als Landarbeiter ausbeuteten. Das so beschriebene System erinnerte sehr an die Plantagenwirtschaft der Vereinigten Staaten vor dem Bürgerkrieg.

Die Indianer lebten auf den Haciendas, arbeiteten für die Großgrundbesitzer und empfingen von ihnen, begleitet von unterschiedlichen Abstufungen von Freundlichkeit und Ehrlichkeit, das Nötigste zum Leben. Viele Jahre lang schwankte diese formelle Republik zwischen Regierungen durch Militärdiktatoren oder schwachen zivilen Regierungen hin und her. Im Jahr 1968 übernahm nach einem radikalen Bruch, der nichts mit den überkommenen Interessen des Landes Peru zu tun hatte, eine reformorientierte Militärdiktatur die Macht. Diese Regierung zog allen Grund der Haciendas ein und teilte ihn in Kooperativen auf, in denen nun die früheren Landarbeiter arbeiteten. Das größte Problem bestand aber darin, daß die Regierung sich nicht darum kümmerte, die neuen Leiter in die Kunst einzuführen, wie diese Kooperativen zu leiten seien. So warfen die Genossenschaften weniger Ertrag ab als in früheren Zeiten. Außerdem litt auch die Regierung unter großer Mißwirtschaft.

1980 kehrte Peru wieder zu einer zivilen Regierung zurück, die von einer unförmig großen Bürokratie gestützt wurde und bis heute erhalten ist. In den späten achtziger Jahren hatten einige der Landarbeiter, die *Campesinos* genannt werden, beschlossen, die Grundstücke wieder in Privatbesitz zu verwandeln, wobei jeder zur Bebauung eine Parzelle erhielt. Sie beschlossen dies, weil innerhalb des Kooperativensystems der Gewinn aus der Ernte unter allen Arbeitern gleich aufgeteilt worden war. Dies wiederum ermöglichte einigen Menschen, nur sehr wenig zu arbeiten und doch genausoviel zu erhalten wie diejenigen, die hart arbeiteten.

Während die Militärdiktatur noch an der Macht war, wurden viele Landarbeiter dazu ermutigt, ihr Land zu verlassen und in die Städte abzuwandern. Viele folgten dieser Aufforderung. Sie besaßen jedoch nicht die Geschicklichkeit oder die Fähigkeiten, sich in dieser städtischen Umgebung zurechtzufinden. Heute ist die Bevölkerung Perus auf 23 Millionen angewachsen. Seit 1990 leben etwa 40 Prozent davon in Lima, der Hauptstadt, das heißt zehn Prozent mehr als vor zehn Jahren. Viele der übrigen Peruaner leben in den kleineren Städten. Wegen der Bevölkerungszunahme herrscht in all diesen Städten große Armut.

Die Abwanderung in die Städte wurde durch die nur zögerlich durchgeführte Landreform abgestützt, die in den sechziger Jahren begonnen hat. Diese Migration hält weiterhin an, denn der Guerillakrieg hat viele Leute obdachlos gemacht oder sie ihres sicheren Wohnorts auf dem Lande beraubt.

Viele der Neuankömmlinge in den Städten leben in Elendsvierteln, in Häusern, die aus Strohmatten gefertigt sind. Diese neuen Ansiedlungen werden von Außenstehenden *Pueblos jovenes* genannt, also »junge Städte«; die dortigen Bewohner nennen sie aber *Asentiamentos humanos*, »menschliche Stätte«. Hunger, Verbrechen und Krankheiten durchdringen diese Wohngebiete. Die Kriminalitätsrate ist im ganzen Land sehr hoch; am häufigsten wird Raub verübt.

Die Geburtenrate in Peru ist ebenfalls sehr hoch. Viele der Frauen der Unterschicht bekommen mit Beginn der Geschlechtsreife schon ihr erstes Kind und gebären bis zum Eintritt in die Menopause immer weitere Kinder. Viele dieser Kinder haben nur sehr geringe Möglichkeiten, eine Ausbildung zu erhalten oder ein glücklicheres Leben zu führen.

Wie viele andere Entwicklungsländer scheint auch Peru die Requisiten der sogenannten Industrieländer zu verehren. Jeder, der das nötige Geld besitzt, kauft sich einen Wagen.

Die meisten dieser Fahrzeuge sehen allerdings aus, als kämen sie unmittelbar von einem amerikanischen Autofriedhof. Ihre Besitzer chauffieren sie mit halsbrecherischer Geschwindigkeit durch die Straßen, als nähmen sie an einem Rennen teil. Nur wenige dieser Wagen haben ein angemessenes Auspuffsystem, daher ist die Luft voller Abgase.

Peru ist gegenüber dem Internationalen Währungsfonds so hoch verschuldet, daß der Fonds im Jahr 1989 damit drohte, Peru auszuschließen. Die meisten Schulden entstanden durch Regierungskredite, die aber dann in die Taschen einiger Regierungsvertreter flossen. Peru zahlt mit dem Geld, das nicht zur Aufrechterhaltung der Bürokratie dient, seine Schulden ab.

Der durchschnittliche Arbeiter verdient vielleicht gerade zwei Dollar pro Tag oder 50 Dollar im Monat. Als Wabun Peru besuchte, sank der Wert der Landeswährung pro US Dollar von 5000 auf 15 000 intis. Obwohl die Preise für Grundnahrungsmittel nicht im unmittelbaren Verhältnis dazu anstiegen, so erhöhten sie sich doch. Es gibt eine ständige Rationierung von Reis, Milch, Öl und Zucker.

In der aktuellen Wirtschaftslage ist es nicht erstaunlich, daß Peru große Anstrengungen unternimmt, seine natürlichen Ressourcen abzubauen oder aber den Industrienationen diesen Abbau zu gestatten. Unter anderem besitzen amerikanische Firmen große Bergwerke im Land. Holzwirtschaftliche Unternehmen organisieren den Abbau des Regenwaldes im Amazonasgebiet. Fischereiunternehmen bemächtigen sich aller Fische, die sie nur fangen können, mit den Methoden, die sie für die preisgünstigsten halten. Wenn sich auch immer wieder Delphine in den Thunfischnetzen verfangen, so beklagen sich doch nur wenige Menschen darüber, denn der Thunfisch ist eines der wichtigsten Exportgüter in Peru.

Im unberührten Amazonasbecken und den umgebenden Bergregionen ist das Vicuña, ein lamaähnliches Tier, fast bis zur völligen Ausrottung gejagt worden, bevor es die internationalen Bemühungen von Tierschützern gerettet haben. Aufgespießte Schmetterlinge von unglaublicher Schönheit sind in allen Touristenläden zu kaufen. Denn hungrige Menschen würden jeden verkaufbaren Gegenstand beschaffen und zu Geld machen. Wen kümmert es, wenn eine Tierart ausgelöscht wird, wenn man so das Essen für die eigenen Kinder besorgen kann?

Die Furcht wächst

Verschiedene terroristische Gruppen haben das Land in ein allgemeines Chaos getrieben. Die Gruppierung, die wohl die meiste Aufmerksamkeit der Medien auf sich zieht, ist *Sendero Luminosa,* eine maoistische Gruppe, die von einem Philosophieprofessor vor etwa zwanzig Jahren gegründet wurde. Zu den offiziellen Zielen der Gruppe gehört vor allem das Land ins Chaos zu stürzen. Das scheint eine völlig überflüssige Aufgabe, wenn man die bereits bestehenden Lebensverhältnisse in Peru studiert.

Die Terroristen haben viele Campesinos umgebracht, um die anderen Landarbeiter unter Druck zu setzen, sich ihnen anzuschließen. Sie unterhalten auch Verbindungen zu den »Drogenbaronen«, die Kokain in den Bergen des Landes anbauen. Der Gewinn, den Kokain erwirtschaftet, macht es zum wichtigsten Exportprodukt des Landes.

Die Armee tötet Campesinos, weil sie sie verdächtigt, zu den Terroristen zu gehören. So gesehen ist die Lage der Campesinos wirklich sehr schwierig. Ihr elendes Dasein besteht hauptsächlich aus Furcht um ihr eigenes Leben oder das ihrer Kinder.

In dem Guerillakrieg, der in Peru geführt wird, haben innerhalb von neun Jahren bereits 15 000 Menschen ihr Leben gelassen; er hat Peru in verschiedene bewaffnete Lager aufgespalten.

Das Klassensystem in Peru ist sehr stark ausgeprägt. Die Einwohner mit europäischer Abstammung und einige wenige Mestizen, die zu Wohlstand gelangt sind, stehen an der Spitze der Hierarchie. Ihnen folgen andere, die kleinere Unternehmen besitzen oder Positionen in der Verwaltung oder Bürokratie einnehmen. Unter ihnen steht die Mehrzahl der Mestizen, die sich als Arbeiter in den Städten verdingen. Auf der untersten Stufe der Hierarchie leben die Campesinos. Wohlhabende Menschen leisten sich mindestens ein Hausmädchen und/oder einen anderen Hausangestellten, der für Kost und Logis einen Lohn von 10 bis zu 40 Dollar im Monat erhält. Wabun war bestürzt darüber, in welchem Ton manche Leute über ihre Bediensteten sprachen, so als seien sie Untermenschen und menschlicher Gefühle, Gedanken oder vernünftiger Handlungen unfähig.

Als Wabun mit Angehörigen verschiedener sozialer Schichten diskutierte, machte sie vor allem zwei erstaunliche Beobachtungen. Jeder, ganz gleich aus welcher Schicht, war der Meinung, daß das Land sich in großen Nöten befände. Zum einen schienen die Probleme die Menschen auf irgendeine Weise stolz zu machen, genauso wie wohlhabende Leute aus Manhattan stolz von ihrem Mut sprechen, zu Fuß durch die Straßen zu spazieren oder auch die U-Bahn zu nehmen. Zum anderen schienen alle Leute nach jemandem zu suchen, der sie aus ihrer Not befreien könnte: jemand anderen, nur nicht sie selbst. Das Gefühl von Hilflosigkeit durchdrang alle Schichten der Gesellschaft. Alle Menschen stimmten miteinander überein, daß sämtliche Politiker, die vorher versprochen hatten, sie von ihren Problemen zu befreien, in Wirklichkeit die Lage nur weiter verschärft hatten. Bestünden nicht so starke Familienbande in Peru, so wären wohl viele Menschen längst emigriert.

Betrug am Gringo

Wie aber sah das Leben in Lima aus? Alles war überlagert von einem ständigen Gefühl der Angst. Dies wurde nur noch durch die Angriffe der Terroristen – obwohl diese nur eine kleine Gruppe waren –, die Gerüchte über kommende Angriffe und die ständige Präsenz der schwerbewaffneten privaten und staatlichen Polizei verstärkt. Jedes Regierungsgebäude wurde von Militärs mit Maschinengewehren bewacht. Jede Bank und auch viele Geschäfte hatten zu diesem Zweck eine eigene Privatpolizei angestellt. Als die Terroristen eine Offensive für die Zeit der Kommunalwahlen angekündigt hatten, durchquerten Polizei und Armee die Stadt in panzerähnlichen Fahrzeugen oder Geländewagen, an deren Seiten überall Maschinengewehre angebracht waren.

Anderen Anlaß zu Befürchtungen geben die Elendsviertel und Slums, die die reicheren Teile der Stadt einschließen. Wabun hörte oft von Warnungen, daß eine wohlhabende

Person, die sich in diesen Gebieten aufhielt, dort nicht mehr lebend herauskäme. Obwohl es sich dabei wohl um eine Übertreibung handelt, kommt es überall im Land zu Raubüberfällen. Fast jeder Gesprächspartner von Wabun, der übers Land gefahren war, hatte die eine oder andere Erfahrung mit Raubüberfällen gemacht: Dies reichte von Erlebnissen, daß dir deine Uhr vom Arm gefetzt wurde, über andere Erfahrungen, wo dir dein Geldbeutel vom Hals gerissen wurde, bis zum Schock am Flughafen, daß dort dein ganzes Gepäck aufgeschlitzt wurde, bevor du es ausgehändigt bekamst.

Das Gefühl der Verzweiflung durchdringt ganz Peru. Überall in der Stadt verkaufen Straßenhändler buchstäblich alles, von kunstgewerblichen Gegenständen über Bälle, Plastikhandschuhe bis zu Boxhandschuhen oder Toilettenbrillen. Man nennt diese Straßenhändler *Los ambulantes,* weil sie ihre meiste Zeit in ständiger Bewegung auf der Straße verbringen und dabei versuchen, genügend Waren zu verkaufen, um an diesem Tag etwas zu essen zu haben.

Im Gewimmel der Straßenverkäufer bewegen sich auch die *Cambistas,* die Geldwechsler, die immer Dollars gegen Intis zum jeweiligen Kurs verkaufen. An den Straßenecken preisen Essensverkäufer ihre Waren an, die von Süßigkeiten zu vollen Mahlzeiten reichen. Auf den Touristen hat dieses Treiben eine aufregend exotische Ausstrahlung. Aber für den kundigeren Betrachter ist es offenbar, daß all diese Leute dem Verkaufsgewerbe nachgehen, um lediglich ihr Überleben zu sichern.

Bettler sind überall anzutreffen. Viele von ihnen sind zerlumpte Kinder, die wirklich so aussehen, als bräuchten sie dringend wieder eine gute Mahlzeit. Nur behaupten die Einheimischen, daß diese Kinder von ihren Eltern losgeschickt werden, die das ganze Geld abkassieren, das man ihnen gibt, um es zu vertrinken, zu verspielen oder für Drogen auszugeben.

Andere, gewitztere Jugendliche betrachten bestimmte Wohngebiete als ihre Territorien. Sie bewachen also dein Auto, wenn du es parkst, und beschützen es vor Einbrüchen, die sie sonst vielleicht auch selbst verüben. Du gibst ihnen dafür ein bestimmtes Trinkgeld. Andere bieten dir an, deinen geparkten Wagen zu waschen, und du gibst ihnen dafür soviel du willst. Soll man dies als Dienst am Kunden bezeichnen oder aber als exotisch? Vielleicht, aber diese Erfahrungen sind gleichzeitig ein Gradmesser der dort herrschenden Armut.

Eine Armee von kleinen Schuhputzern wartet nur darauf, eines der Lieblingsspiele zu inszenieren, das wohl heißen könnte: »Nimm den Gringo aus«. Sie bieten dir also an, für einen halben Dollar deine Schuhe zu putzen. Wenn sie etwa halb damit fertig sind, fragen sie, ob sie deine Schuhe auf eine besondere Art polieren sollen. Und wenn du damit einverstanden bist, dann schmieren sie deine Schuhe mit einer Essenz ein, die ganz verdächtig nach Benzin riecht, bringen sie so auf »Hochglanz« und verlangen dafür 3 Dollar 50.

Es gibt für alles und jedes einen besonderen Gringopreis. Normalerweise liegt er etwa ein halbmal höher als der Preis für einen Peruaner. Ist das unfair? Man muß sich immer klar darüber sein, daß in einem Land, in dem ein Arbeiter einen Durchschnittslohn von etwa 50 Dollar bezieht, alle Europäer und Amerikaner im Vergleich zu ihm als wohlhabend erscheinen müssen.

Hinter dieser Gewohnheit, den Gringo auszunehmen, verbirgt sich eine Mischung aus Neid und Groll gegenüber Menschen, die der eigentliche Grund der Armut des Landes zu sein scheinen und die auf der anderen Seite doch alle Sehnsüchte des Volkes verkörpern. Alle amerikanischen Fabrikate, von Schuhen bis zu Kugelschreibern, erfreuen sich großer Beliebtheit. Diese widersprüchliche Mischung aus Haß und Liebe gegenüber den Amerikanern, von der Wabun und andere nichtindianische Freunde berichten, ist auf der ganzen Welt verbreitet. Bei Aufenthalten in den meisten Ländern Mittelamerikas oder Südamerikas, auf Hawaii, in der Karibik und auf den pazifischen Inseln machen Touristen die Erfahrung, daß ihnen eine immer feindseligere Stimmung von den dortigen Bewohnern entgegenschlägt.

Eine Umweltkatastrophe

In Peru herrschen katastrophale Umweltbedingungen. Abgesehen davon, daß der Regenwald im Amazonasgebiet abgeholzt wird und manche Tierarten fast völlig ausgerottet werden, um sie zu Geld zu machen, gibt es noch viele Formen von Umweltverschmutzung in diesem Land. Zum einen tragen dazu die veralteten, halbkaputten Autos in den Städten bei. Ein weiteres Element ist die Verschmutzung durch chemische Industrieproduktion. In Peru gibt es nur wenige staatliche Auflagen bezüglich Industrieabfällen oder anderen Bereichen. Aber auch die chemische Verschmutzung durch Haushaltsmittel, die von den Hausangestellten auf Weisung ihrer Herrschaft in riesigen Mengen eingesetzt werden, hat gravierende Folgen.

Während Wabun sich in Peru aufhielt, wurde dort eine Kampagne durchgeführt, um die Menschen dazu anzuhalten, ihren Müll auf der Straße aufzulesen und ihn in großen Säcken zu den Müllabfuhrwagen zu bringen. Nach der Menge des Mülls zu urteilen, der nach wie vor die Straßen überflutete, hatte die Kampagne keinen großen Erfolg. Der Müll wurde von Hunden, aber auch von hungrigen Menschen auf der Suche nach etwas Eßbarem durchwühlt.

Und das Wasser? Die armen Peruaner trinken es. Nicht aber die Touristen und wohlhabendere Leute, die sich in Flaschen abgefülltes Wasser leisten können. In einem Gebiet, in dem es fast nie regnet oder schneit, nimmt die zyklische Wiederverwendung von Wasser erschreckende Ausmaße an.

Wabun erfuhr von einem Peruaner, daß die Wasserwerke eines Tages versehentlich ein Ventil geöffnet hatten, durch das ungefilterte Abwässer in die Wasserleitungen der Stadt einströmten. Er meinte, daß zu dieser Zeit viele Witze darüber gemacht wurden, wie sehr die Menschen nach Abwässern stanken. Gleichgültig, ob dieser Zwischenfall ein reines Versehen oder aber ein Sabotageakt war, so brachte er doch das Risiko einer Massenepidemie über die Stadt. Was würde wohl passieren, wenn dies über einen längeren Zeitraum geschähe? Welche Folge hätte es, wenn Flutwellen diese Abwässer, die ja stetig in das Meer gepumpt werden, in die Stadt zurückbrächten?

Arzneimittel sind in Peru sehr rar, denn sie sind zu teuer, als daß sie von einem normalen Bürger gekauft werden könnten. Deshalb treten dort auch noch viele Krankheiten auf, die man wirksam mit Medikamenten bekämpfen könnte. Zum Beispiel warnt man Touristen davor, Essen bei

Straßenhändlern zu kaufen, weil viele von ihnen an Tuberkulose leiden. Man kann also sehen, daß in diesem Land der Boden für eine fürchterliche Epidemie bereitet ist, die dann auch viele Menschen das Leben kosten könnte.

Was aber lehrt uns dies alles über die Veränderungen auf der Erde? Wabun beschreibt Peru als ein Land, das unter Übervölkerung und einer großen Wirtschaftskrise leidet. Seine Wirtschaft ist starken Schwankungen unterworfen; bewaffnete Aufstände erschüttern das Land, und eine Armee ist bereit, auf jede kleinste Provokation militärisch zu antworten. Die Menschen sind arm und verzweifelt.

Die politischen Probleme in Peru machen das Überleben schwer für die dort lebenden Menschen. Die Terroristen sprengen oft Stromleitungen, die zu den Städten führen, und verursachen dadurch den Stromausfall in riesigen Bereichen und immense Stromkosten. Wenn die Elektrizität in einigen Gebäuden über eine längere Zeit ausfällt, ist auch die Wasserversorgung gefährdet.

Zwei Welten

Wabun erfuhr von einigen Peruanern, daß es in Wirklichkeit zwei Welten im Land gebe. Die eine ist die offizielle Wirklichkeit, die von der Regierung und Presse dargeboten wird. Die andere aber ist der eigentliche Alltag der Menschen.

Nehmen wir Huancayo, eine kleine Stadt, die einige Autostunden entfernt östlich von Lima liegt. Sie soll eine Terroristenhochburg sein. Während der Kommunalwahlen im Jahr 1989 berichteten Regierung und Presse, daß die Wahlen dort vollkommen friedlich verlaufen seien. Die Bewohner der Stadt aber erzählten, daß niemand dort zur Wahl gegangen sei, weil die Terroristen gedroht hatten, jedem die Finger abzuschneiden, der dies versuchen würde. Außerdem seien viele Kandidaten schon im Vorfeld der Wahlen umgebracht worden. Im Jahr 1989 wurden 130 peruanische Politiker ermordet. Auf allen Gebäuden standen die Kampflosungen der Terroristen zu lesen, und überall explodierten Bomben.

Was wird wohl passieren, wenn sich die wirtschaftlichen Bedingungen weiterhin verschlechtern? Wenn die Rationierung der Grundnahrungsmittel zu einer Dauereinrichtung wird? In einem Land von so großer Armut könnte allein der Hunger die Menschen zu Verzweiflungstaten führen und in einen riesigen Volksaufstand münden.

Was also würde dann wohl geschehen, wenn sich die Umweltbedingungen in Peru veränderten? Wenn kein Regen mehr auf das Hochland fiele, in dem die Quellen der Flüsse liegen, die die Wasserversorgung der Städte gewährleisten? Oder wenn Regenfälle im Übermaß auf eine Stadt niedergingen, die sonst kaum Wasser bekommt? Was geschähe, wenn unerwartete Kälte über eine Stadt hereinbräche, die im Sommer sonst nur mildes Klima gewohnt ist?

Die Folgen wären katastrophal. Peru liegt auf einer der größten Erdbebenspalten des Gebietes, das als »Kreis des Feuers« bekannt wurde. Und es hat auch schon verschiedentlich schreckliche Erdbeben in riesigem Ausmaß erlebt.

Was würde geschehen, würden Lima oder eine andere Stadt in Peru von einem schlimmen Erdbeben heimgesucht? Würden die Menschen zueinanderfinden, um sich gegenseitig Hilfe zu leisten, wie das in San Francisco während des Bebens im Jahr 1989 der Fall war? Oder würden gewisse politische Gruppierungen das sich ausbreitende Chaos nur nutzen, um die Probleme des Landes und seiner Bewohner noch zu vergrößern? Würden die Terroristen diese Gelegenheit ergreifen, um das völlige Chaos einzuleiten, von dem sie glauben, daß es endlich das Land wehrlos machen könnte? Und wie würde das Militär mit einer solchen Bedrohung umgehen? Würde Peru jemals von dem schweren wirtschaftlichen Schock genesen, der auf ein solches Ereignis folgt? Oder wäre dies ein wirtschaftlicher und gesellschaftlicher Schlag, von dem sich ein Land wie Peru niemals erholen könnte? Was aber würde geschehen, wenn die Menschen entdeckten, daß aus dem Hinterland keine Nahrungsmittel mehr kämen?

Peru ist ein Extrembeispiel eines Landes, das sich in immensen Schwierigkeiten befindet. Aber es unterscheidet sich nicht sehr von seinen anderen mittel- und südamerikanischen Nachbarn oder von anderen Ländern in Afrika oder im Nahen und Fernen Osten. Wenn aber alle Entwicklungsländer sich nicht mehr in der Weise entwickelten, wie das von den Industrienationen vorbestimmt war, was würde diesen technologisch hochgerüsteten Riesen passieren?

Erinnere dich daran, daß die meisten Industrienationen ja auch gerade von den Entwicklungsländern abhängen, vor allem wegen der Nahrungsmittel und der Rohstoffe, die sie aus ihnen einführen. Wenn aber diese Waren nicht mehr erhältlich wären, würde es dann sehr lange dauern, bis diese Staaten sich auch in der gleichen Situation gefangen sähen, in der Peru heute lebt?

2. Buch
Heller Tag

8
Die Erde heilen

Wenn du die Welt nicht so liebst, wie sie ist, dann erschaffe dir jetzt eine Welt, so wie du sie lieben kannst. Erwarte nicht das Ende der Veränderungen auf der Erde, um zu handeln. Ein wichtiger Bereich dieser Veränderungen ist, was die Menschen jetzt tun. Als Menschen befinden wir uns jetzt in einem Prozeß der spirituellen Öffnung. Wir sollten dieses Bewußtsein zeigen, indem wir gewaltige Dinge vollbringen. Zuerst kommt die spirituelle, darauf folgt die körperliche Veränderung.

Achte auf das Essen, daß du in deinen Körper aufnimmst! Du könntest ja beschließen, daß ab jetzt Geleerolle und Kaffee nicht mehr das optimale Frühstück für dich sind. Überlege dir, wieviel Junk-food du konsumierst! Errechne einmal die ökologischen Belastungen dadurch, gemessen an der Styropormenge, die für die Verpackung benutzt wird, oder an den Unmengen von Einwickelpapier, für die die Bäume abgeholzt werden.

Denke an die Luft, die du atmest! Sie ist verschmutzt. Denke an das verschmutzte Wasser. Erinnere dich, daß 93 Prozent des Wassers auf der Erde vergiftet sind. Denke an die Erde selbst, ihre Verletzungen und ihre Verschmutzung! Wie kannst du also dein Leben neugestalten und helfen, diese Wunden auszuheilen und dich von der Verschmutzung befreien? Werde zu einem Streiter für die Belange der Mutter Erde und der ganzen Schöpfung. Versuche vor allem, an die Dinge zu denken, die du selbst tun kannst.

In diesem Kapitel werde ich dir einige Anregungen geben, wie du der Erde und all ihren Geschöpfen helfen kannst. Weil ich weiß, daß man durch die Statistiken des Unglücks, die ich in Kapitel vier anführte, auch in tiefe Verzweiflung geraten kann, habe ich meine Anregungen in ähnliche Bereiche aufgeteilt, wie ich das bei den Umweltproblemen versucht habe. Auf diese Weise wirst du verstehen, daß, obwohl bestimmte Probleme wie Entwaldung als übermächtig erscheinen, du selbst alldem nicht hilflos gegenüberstehst. Denn die Veränderungen der Erde sind bereits in Bewegung, und du hast auch durchaus die Möglichkeit, die Erde und dich selbst zu heilen. Dieses Kapitel wird dir Mittel dazu geben, wie du beides, auf der rein praktischen und auf der spirituellen Ebene, angehen kannst.

Lies es aufmerksam durch. Am Ende des Buches werde ich dich darum bitten, weitere Schritte auf den Anregungen dieses Kapitels zu unternehmen.

Die klimatischen Veränderungen – unser aktiver Anteil daran

Viele Menschen behaupten, daß man am Wetter nichts verändern könne. Ich habe allerdings eine andere Erfahrung gemacht. Wenn du vielleicht noch nicht weißt, wie du für die Donnergeister Bruder oder Schwester sein kannst, so sind das doch erste Schritte, den Weg zu ihnen zu finden.

- Danke den Regen- und Donnergeistern, wenn sie zur Erde kommen. Sage ihnen nicht, daß sie deinen Tag zerstören.
- Rufe die Wetterredaktion im Radio oder Fernsehen an, die während einer Dürre meldet, daß es heute oder am Wochenende fürchterlich regnen wird. Sag ihnen, daß es keineswegs etwas Fürchterliches für die Erde und die Menschen ist, soviel Wasser zu bekommen, wie sie benötigen.
- Achte auf die Sonne und deinen Körper, indem du dich nur in begrenztem Rahmen ihren Strahlen aussetzt. Begreife aber, daß du mehr Wärme und Vitamin D bekommst, wenn du an diesen Tagen in der Sonne bist.
- Lege keinen schönen Rasen an, wenn du in einem trockenen Gebiet wohnst. Seine Pflege erfordert zuviel Wasser. Pflanze an seiner Stelle die Pflanzen der Umgebung an, die der Trockenheit widerstehen und wenig Pflege benötigen. Wenn du in einem Wüstengebiet wohnst, erfreue dich an einem Garten mit Wüstenlandschaft.
- Wenn du in einer von Stürmen heimgesuchten Gegend wohnst, dann sei auf kommende Stürme vorbereitet. Lerne, was zu tun ist. Besorge dir eine Spezialausrüstung. Nimm mit deiner Familie an vorbereitenden Kursen teil. Triff Vorkehrungen, daß ihr irgendwo zusammenkommen könnt, wenn du nicht mehr bis zu deinem Haus vordringen kannst.
- Wenn du reist, sei immer auf unerwartet heißes und kaltes Wetter vorbereitet. Gewöhne dich daran, mehrere Schichten Kleider anzuziehen. Führe einen Sonnenhut und einen Regenschirm bei dir, falls du beides benutzen möchtest.
- Auch wenn es besonders heiß oder kalt ist, dreh deinen Thermostat oder deine Klimaanlage nie weiter auf als nö-

tig. In den Zeiten großer klimatischer Veränderungen kann es sehr hilfreich sein, Energie zu sparen und so weitere Umweltverschmutzung zu verhindern.

Erdbeben – wie wir ihnen aktiv begegnen

- Versuche alles über das Gebiet zu erfahren, in dem du lebst. Liegt es über einer seismischen Spalte? Hat es dort früher Erdbeben gegeben? Ist dieser schöne Berg vielleicht ein schlafender Vulkan?
- Wenn du in einem Gebiet lebst, in dem schon Erdbeben stattgefunden haben, dann bereite dich darauf vor. Überlege dir vorbereitende Maßnahmen und mögliche Teilnahme an Vorbereitungskursen mit deiner Familie und deinen Freunden.
- Lerne die Zeichen, die die Erde aussendet, zu entschlüsseln, damit du im voraus weißt, was sich ereignen wird.
- Spreche Gebete und führe Zeremonien für die Kräfte der Erdspalten oder Vulkane durch.

Bevölkerungszahl – was wir selbst unternehmen können

Kaum zu glauben: Es gibt eine wissenschaftliche Debatte darüber, ob die Bevölkerungszahl auf der Erde wirklich ein Problem für uns bedeutet oder nicht. Die eine Partei vertritt die Behauptung, daß es positiv sei, wenn mehr Menschen auf der Erde lebten, weil dies bedeute, daß es auch mehr

Menschen gäbe, die ihre intellektuelle Potenz dazu benutzten, an der Lösung der Probleme auf der Erde mitzuwirken. Ich hoffe, die Wissenschaftler mit dieser Überzeugung werden auch eine Möglichkeit finden, damit diese Denker auch ohne Nahrung, Energie und Wasser auskommen. Dir rate ich folgendes:

- Begrenze die Zahl deiner Kinder.
- Wenn du wirklich Kinder liebst, dann versuche weitere zu adoptieren. Es gibt viele Kinder, die einfach ausgesetzt werden und sich sehr danach sehnen, mit jemand zusammenzusein, der ihnen Liebe schenkt.
- Unterstütze die Informationskampagnen zur Geburtenkontrolle für junge Menschen und für Bewohner der Dritten Welt.
- Unterstütze Politiker, die für das Recht der Frau auf Abtreibung kämpfen.
- Unterstütze auch die medizinische Versorgung von schwangeren Frauen und alle gesundheitlichen Vorbeugemaßnahmen für alle Kinder auf der Welt.
- Unterstütze Politiker und eine gerechte, soziale Gesetzgebung, die sich für die Rechte der Kinder einsetzen, damit alle Kinder, die in diese Welt geboren werden, Hoffnung auf ein menschenwürdiges Leben haben.

Wasser – wie wir es schützen können

Dies ist ein Gebiet, auf dem jeder von uns seinen persönlichen Beitrag leisten kann.

- Achte auf deinen Wasserverbrauch! Eine Toilettenspülung entspricht etwa 20 Litern Wasser; jede Minute, in der Wasser in den Ausguß läuft, vergeudet 11 bis 18 Liter Wasser. Eine Dusche von zehn Minuten bedeutet den Verbrauch von 190 Litern, jede Waschmaschine benötigt etwa 110 Liter Wasser.

- Vermeide es, zu oft die Toilette zu spülen!
- Viele Toiletten haben einen größeren Tank, als sie eigentlich bräuchten, was wiederum zu einer größeren Wasservergeudung führt. Benutze zum Spülen eine mit Wasser gefüllte Flasche oder Ersatzbehälter, um das Wasser zu sparen!
- Stöpsel aus Stahl für Spülen und Badewannen sind meist wasserdurchlässig. Besorge dir die alten Gummistöpsel.
- Leiste dir um deiner eigenen Gesundheit willen ein gutes Wasserfiltersystem. Es wird viele Schadstoffe aus deinem Trinkwasser herausfiltern.
- Wenn du in Flaschen gefülltes Wasser kaufst, dann nur in Pfandflaschen.
- Gib deinem Rasen nicht zuviel Wasser. Lege keinen Rasen an, wenn du in einem trockenen Gebiet lebst.
- Nimm dich eines Gebiets um einen See oder einen Bach an und begreife es als persönliche Verantwortung, die Schönheit dieses Stücks Natur zu beschützen. Es ist traurig, dort soviel Unrat schwimmen zu sehen.
- Versuche für deine Dusche, Badewanne und Spüle einen niedrigeren Wasserdruck einzustellen.
- Benutze Waschwasser mehrmals. Wasche beispielsweise dein Kind mit biologisch abbaubarer Seife, damit du das Badewasser danach benutzen kannst, um bestimmte Handwäsche durchzuspülen. Wenn du biologisch abbaubare Seife benutzt, dann kannst du es danach auch als

Blumenwasser verwenden. Manche Leute haben für ihr Waschwasser richtige Verwertungssysteme entwickelt.
- Du kannst Wasser sparen, wenn du deinen Körper mit einem Badeschwamm wäschst.
- Benutze einen Zuber für das Abwaschen und Spülen des Geschirrs. Du vergeudest zuviel Wasser, wenn du bei laufendem Wasserhahn abspülst.
- Danke den Wassergeistern für ihr tägliches Geschenk.

Landwirtschaft – so werden wir bewußter

- Kaufe an Weihnachten einen Christbaum mit Wurzeln! Du kannst ihn dann später in deinem Garten oder im Wald einpflanzen. Informiere dich über alles, was du für seine weitere Pflege wissen mußt.
- Lege einen Garten an. Er sichert dir ein besseres Essen, und du kannst auch deinen Kompost auf gesunde Art weiterverwerten. 50 Prozent der Haushalte in den USA besitzen einen Garten. Sie erzeugen etwa 18 Prozent der Lebensmittel der USA.
- Versuche Methoden zu finden, den Ertrag deines Gartens weiter anzuheben. Die Permakultur-Methode von Bill Mollison, von der ich bereits gesprochen habe, kann dir dabei gute Dienste erweisen.
- Bringe alle deine organischen Küchenabfälle und Fruchtschalen auf den Kompost.
- Bringe auch das Heu des gemähten Rasens und das Laub dorthin.
- Kaufe nur biodynamische Lebensmittel. Kaufe bei Leu-

ten, die versuchen, der Mutter Erde Respekt zu erweisen. Dein bei ihnen investiertes Geld kann weitere Auswirkungen auf den Umsatz dieses Wirtschaftsbereiches haben. In Kalifornien stieg der Umsatz der Lebensmittelindustrie am Ende der achtziger Jahre von 20 auf 100 Millionen Dollar.
– Kaufe wenn möglich bei Bauern deiner Umgebung. Diese Lebensmittel sind gesünder, und dort werden auch weniger Chemikalien als in den großen landwirtschaftlichen Betrieben benutzt.

Lerne, bewußt zu leben!

Die meisten Probleme heute sind vom Menschen selbst verursacht. Ich versuche hier eine Vielzahl von Eingriffsmöglichkeiten zu nennen, die ich in den anderen Bereichen noch nicht aufgeführt habe.
– Wenn du rauchst, um dich zu entspannen, dann höre jetzt damit auf! Du verschmutzt die Luft, nicht nur für dich, sondern auch für alle anderen. Wenn du dennoch rauchst, dann lese deine Zigarettenkippen auf und werfe sie in den Müll. Auch sie sind Abfall.
– Benutze nur biologisch abbaubare Seife und Reinigungsmittel.
– Verwende keine scharfen Chemikalien und schütte sie dann auch nicht ins Wasser. Denke daran, daß in den Städten das Wasser bis zu zwölfmal einen Recyclingkreislauf passiert.
– Unterstütze die Vertreter der Legislative, die Gesetze zum Schutz der Natur verabschieden.

– Kämpfe gegen die Vertreter der Legislative, die Gesetze zum Schaden der Natur durchsetzen.
– Sprich öffentlich über die Umwelt und schreibe Briefe zu Umweltproblemen. Viele Teile der Welt haben sich verändert, weil die Menschen den Mut hatten, ihre Meinung öffentlich zu äußern.
– Schreibe über die Umweltproblematik Leserbriefe an Zeitungen. Andere Menschen werden sie lesen und zum Nachdenken angeregt.
– Unterstütze Projekte, die den Menschen bei der Selbstversorgung helfen! Es gibt viele Naturvölker auf der Erde, die versuchen, ihr Land und ihre Kultur zu beschützen. Wir helfen ihnen, indem wir ihnen Saatgut spenden und einen Absatzmarkt für ihre Produkte finden. Viele Naturvölker sind gezwungen, Naturprodukte zu verkaufen, nur um zu essen. Oder aber sie machen Jagd auf gefährdete Tierarten um ihres Fleisches oder ihrer Felle willen. Wir können ihnen helfen, einen anderen Lebensunterhalt zu finden.
– Es gibt eine interessante Gruppe in den Vereinigten Staaten mit dem Namen »Adopt a Highway«. Mehrere Gruppen haben Verantwortung übernommen, um den gesamten Abfall dort zu beseitigen und die Fahrwege sauberzuhalten. Es wäre wirklich erfreulich, wenn diese Idee sich weiter verbreiten ließe.
– Benutze Recyclingpapiererzeugnisse.
– Schneide die Plastikringe von Sechserpackungen auseinander, damit sie nicht später als Abfall im Meer andere Lebewesen töten.
– Halte all deine Geräte in gutem Zustand, damit sie weniger Energie verbrauchen.

– Boykottiere Produkte, die aus bedrohten Tierarten hergestellt werden, oder Produkte, bei deren Herstellung oder Entwicklung Tiere leiden müssen. Boykottiere den Thunfischkauf, bis der Thunfischfang andere Methoden entwickelt, mit denen keine Delphine mehr getötet werden.

Wälder – so helfen wir den Bäumen

– Sprich über die Vernichtung des Regenwaldes. Denke daran, dies ist deine Welt! Denke an die vielen Quadratkilometer Land, die zerstört wurden, und die vielen Indianer, die ihr Land verlassen mußten.
– Gib Altpapier ins Recycling.
– Kauf keine Produkte, die aus tropischem Hartholz hergestellt werden!
– Boykottiere die Geschäftsleute, die in die Zerstörung der Wälder verwickelt sind.
– Laß Politiker wissen, wie du über diese Themen denkst.
– Pflanze Bäume.
– Bete zu den Baumgeistern.
– Beteilige dich an öffentlichen Aktionen, in denen Brasilien mitgeteilt wird, daß man keine Produkte von dort mehr abnehmen wird, bis der Völkermord an den Indianern und die Zerstörung der Regenwälder ein Ende finden.

Atomenergie – so leisten wir aktiv Widerstand

– Schränke deinen Verbrauch von Elektrizität ein, damit der Bedarf an Atomkraftwerken gesenkt werden kann. Wenn man mich fragt, was man in diesem Problemfeld tun kann, dann antworte ich oft mit einer Geste: nämlich dem Ausknipsen von Lichtquellen.
– Isoliere und kontrolliere deinen Energieverbrauch. Denke daran, daß der Bau von neuen Atomkraftwerken oder Kohlekraftwerken sich nach dem Energiemarkt richtet. Wir leben in einem System von Angebot und Nachfrage. Wenn du mehr Strom verbrauchst, dann wird die erforderliche Energie auch produziert.
– Wenn du ein Haus baust, dann isoliere es gut und nutze soviel Sonnenenergie wie nur möglich.
– Laß die politischen Vertreter deines Landes wissen, daß du Atomwaffen, Atomtests und Atomkraftwerke ablehnst.
– Unterstütze die Gruppen, die andere Menschen von der Problematik der Atomenergie, der Tests und des Atommülls informieren.
– Bete um Frieden.

Sonnenkraft – so können wir sie nutzen

– Sende Gebete und Opfergaben an Vater Sonne und danke ihm für alles Licht, Hitze und Wärme, die er aussendet.
– Achte auf die Sonne und Phänomene wie Solarstürme,

Sonneneinstrahlung und ihre Auswirkungen auf die Erde.
- Schütze dich vor Gefahren wie Solarstürme und übermäßige Sonnenbestrahlung.

Ozonschicht – so dämmen wie ihre Schädigung ein

Einige Wissenschaftler behaupten, das Loch in der Ozonschicht sei nicht wirklich durch die Fluorchlor-Kohlenwasserstoffverbindungen verursacht, sondern Folge eines Vulkanausbruchs in der Antarktis. Obwohl auch Vulkantätigkeit sich negativ auswirkt, so zeitigen aber auch die gebräuchlichen chemischen Verbindungen ihre verheerenden Konsequenzen für die Ozonschicht.
- Benutze keine Sprays, die diese Verbindungen als Treibgas verwenden.
- Stell deine Klimaanlagen nur an, wenn es unbedingt notwendig ist. Prüfe, ob deine Klimaanlagen, vor allem in Fahrzeugen, wirklich funktionieren.
- Laß deine Klimaanlage in einem Laden reparieren, in dem auch Fluorchlor-Kohlenwasserstoffverbindungen im Recyclingverfahren aufbereitet werden.
- Benutze kein Styropor.
- Benutze deine eigenen Behälter anstelle von Styroporbehältern.
- Kaufe keine Produkte, die in Styropor eingepackt sind.
- Fahre weniger Auto. Gründe Fahrgemeinschaften und gehe zu Fuß. Mexiko City hat ein System ausgearbeitet, nach dem nur Autos mit einem bestimmten Farbaufkle-

ber an bestimmten Wochentagen auf den Straßen zugelassen sind. Versuche dir ein ähnliches Programm für dein Land zu überlegen. Nimm den Bus, den Zug oder die U-Bahn, sooft du kannst.
- Benutze das Fahrrad. Fahrradfahren und Fußmärsche sind wichtige Übungen für die Stärkung des Körpers.
- Sorge für die Pflege deines Wagens, damit er nicht zur Smogbildung und der weiteren Verkleinerung der Ozonschicht beiträgt.
- Achte darauf, daß deine Autoreifen immer gut aufgepumpt sind. Das hilft dir, Benzin zu sparen.
- Kauf keine Halon-Feuerlöscher.
- Stell dir bildlich vor, die Ozonschicht sei unverletzt und heil. Bitte die Schutzgeister des Ozons, dabei zu helfen, diese Vorstellung Wirklichkeit werden zu lassen.

Saurer Regen – so können wir uns schützen

- Beachte die ersten sieben Punkte in den Vorschlägen zum Thema Ozonschicht! Denn die verschiedenen Abgase verursachen ebenso sauren Regen wie auch die Verkleinerung der Ozonschicht und die allgemeine Smogbildung.
- Nimm am aktiven Boykott der Unternehmen teil, die für eine exzessive Verschmutzung sorgen.
- Achte auf den Wasserkreislauf, lies dazu alle Anmerkungen zum vorherigen Stichwort »Wasser«.
- Benutze nur Feuerstellen zum Erzeugen von Wärme, nicht aber zum Gestalten gemütlicher Atmosphäre.
- Sorge dafür, daß Ofen und Kamin immer sauber sind.

Müll – so halten wir ihn gering

– Versuche jede Form von Abfall ins Recyclingverfahren zu geben.
– Gib alte Kleider und Haushaltsgegenstände in Kleidersammlungen oder an eine bedürftige Person.
– Beginne in deiner Umgebung ein Recyclingprogramm, wenn es bisher noch keines gab, oder benutze die existierenden Recyclingstrukturen.
– Nimm keine Postwurfsendungen mehr an oder nimm auch diesen Abfall ins Recycling auf.
– Staple altes Papier als Teil deines Heizsystems bei deiner Feuerstelle. Bündle das Papier gut übereinander. Benutze kleine Papiere als Anzünder.
– Im Bärenstamm haben wir einen Eimer bei der Toilette inner- und außerhalb des Hauses aufgestellt. Hier hinein wird das Toilettenpapier geworfen, das wir später im Herd verbrennen.
– Denke daran, daß auch Zeitungen und alte Telefonbücher als Toilettenpapier geeignet sind. Aber spüle sie nicht mit hinunter, denn oft verstopfen sie die Leitungsrohre.
– Wenn du ein Kind hast, dann versuche, eher Stoffwindeln als Wegwerfwindeln zu benutzen, denn diese sind ein Umweltproblem.
– Übernimm Verantwortung für die Welt, die dich umgibt. Wenn du zeltest oder ein Picknick machst, dann sammle dort allen Abfall auf, den du siehst, auch wenn er nicht von dir stammt. Verbrenne die aufgesammelten Papiere in deinem Lagerfeuer.
– Kaufe dir haltbare Stofftaschen, die einige Jahre benutz-

bar sind, und verwende sie anstatt von Plastik- oder Papiertaschen.

- Kaufe keine Ware, die übermäßig viel Verpackung erfordert.
- Sorge immer dafür, daß deine Autoreifen ausreichend aufgepumpt sind, damit du nicht die Menge der 240 bis 260 Millionen Autoreifen im Jahr vergrößerst, die auf den Müllplatz geworfen werden.
- Kaufe Waren in Behältern, die du wiederverwenden kannst.
- Verwende wiederaufladbare Batterien.
- Wenn du das Öl in deinem Wagen wechselst, dann bring das verbrauchte Öl zu einer Stelle, an der es wiederaufbereitet wird. Unterstütze solche Geschäfte.

Es wird sicher einige Zeit dauern, bevor diese Ideen in deinem Leben wirksam werden. Sei sanft mit dir, während du zu der neuen Lebensweise des *Hellen Morgens* findest. Denke daran, daß Schuld ein völlig nutzloses Gefühl ist. Und auch Selbstgerechtigkeit ist im besten Fall nutzlos. Schlimmstenfalls aber bringt sie totalitäre Verhaltensweisen hervor. Bewahre deinen Sinn für Humor. Lachen ist die beste Medizin, und du hilfst der Erde auch dadurch, daß du selbst gesünder wirst.

9
Praktische Anleitungen für das Überleben

Die Veränderungen der Erde vollziehen sich auf allen Ebenen unseres Lebens mit einer ungeheuren Geschwindigkeit. Deshalb möchte ich dir einige praktische Anleitungen anbieten, wie du auch inmitten dieser Veränderungen überleben kannst. Wir leben in einer Zeit, in der man beweglich sein muß. Ich kann voraussehen, daß Bargeld künftig wieder eine wichtige Rolle spielen wird. Denn es wird die letzte Ware sein, die aus dem Verkehr gezogen wird. Ich möchte hier gar nicht anregen, große Mengen Gold oder Silber anzuhäufen, obwohl diese Metalle wahrscheinlich ihren Wert länger bewahren als irgend etwas anderes. Sie sind freilich nicht leicht konvertierbar und erfordern eine ständige Bewachung. Die Jagd nach Gold und Silber hat viele der Probleme eröffnet, die wir heute auf der Welt erleben.

Ich rate deshalb eher, Lebensmittelreserven anzulegen und zu lernen, wie man Nahrungsmittel richtig aufbewahrt, damit sie nicht verderben oder ihren Geschmack verlieren. Sei dir dessen bewußt, daß die folgenden Schritte die notwendige Vorbereitung für dein langfristiges Überleben darstellen.

Lebst du in der Nähe einer großen Stadt, mußt du immer die Möglichkeit ins Auge fassen, daß etwaige Katastrophen die

Wasser- und Gasleitungen sprengen und die Abwasserkanäle öffnen könnten. In der Nähe jeder Großstadt lagern wir genügend Gasvorräte und chemische Stoffe, um damit die ganze dort lebende Bevölkerung vernichten zu können.

Um deines eigenen Überlebens willen mußt du wissen, wie du Gas, Elektrizität und Wasser in der Wohnung abstellen kannst. Nimm an einem Erste-Hilfe-Kurs teil und leg dir eine Erste-Hilfe-Ausrüstung zu. Bewahre immer einen vollen Benzinkanister in deinem Wagen auf. Lagere im Kofferraum deines Wagens etwa vier Liter Wasser, Schlafsäcke und eine Überlebensausrüstung. Zu Hause solltest du etwa 20 Liter Wasser in einem Plastikcontainer aufbewahren und das Wasser immer wieder erneuern. Hinzu kommt noch eine Fünf-Tage-Ausrüstung an getrockneten Lebensmitteln, Früchten und Nüssen; dies sollte innerhalb von fünf Monaten aufgezehrt sein, damit du immer wieder frische Lebensmittel zu Hause hast.

Du solltest dir unbedingt einen guten Rucksack und eine Feldflasche besorgen für den Fall, daß du dein Wohngebiet zu Fuß verlassen mußt.

Der Rucksack sollte groß genug sein, um so viel von deinem Lebensmittelbedarf aufzunehmen, wie du wirklich tragen kannst. Packe zudem warme Kleidung, Regenschutz, Extrasocken, Streichhölzer, Desinfektionstabletten für das Wasser ein. Besorge dir außerdem einen Kompaß und Landkarten. So kannst du notfalls ein Katastrophengebiet auch zu Fuß verlassen. Mein Buch *Leben mit der Kraft** wird dich mit wertvollen Ratschlägen auf deiner weiteren Schutzsuche begleiten.

* Goldmann Taschenbuch Nr. 11822

Lebst du in der Stadt, lerne, wie man Samen zum Keimen bringt; wenn du die Möglichkeit hast, leg dir einen eigenen Garten an. Informiere dich, wer in der Nähe Landwirtschaft betreibt.

Wenn du dich für eine Region auf dem Land entschieden hast, lerne auch ihr Umland kennen. Mach dich kundig, welche eßbaren Pflanzen hier wild wachsen und wie du sie ernten kannst, ohne ihren Bestand innerhalb eines Jahres bereits stark zu vermindern.

Wenn du die Lage deines Hauses bestimmst, denk daran, daß es dort nach einer bestimmten Zeit vielleicht keinen Strom mehr geben kann. Du bist dann auf Kerzen oder Sonnenenergie angewiesen. Auch das Wasser könnte in bestimmten Gegenden völlig verschmutzt sein. Vertiefe dein Wissen und deine Fähigkeiten, um Wasser zu finden oder es zu reinigen. Nutze deine Zeit für diese Forschungen. Sonst könnte dein Unwissen oder deine Angst tödliche Folgen für dich haben. Versuche Menschen mit guten medizinischen Kenntnissen kennenzulernen oder dir die wichtigsten Elemente von Erster Hilfe anzueignen.

Versuche dein Leben auch unter diesen neuen Bedingungen so angenehm wie möglich zu gestalten. Das ist es, worin ich alle Menschen in meiner Umgebung bestärke.

Lerne ein Gebiet wirklich kennen, bevor du dich dorthinbegibst! Überlege dir genau, was du für diesen neuen Lebensabschnitt benötigen wirst, und achte auf gute Qualität der Produkte. Du wirst keine Billigware haben wollen, wenn du sie durch nichts mehr ersetzen kannst. Versuche verschiedene handwerkliche Fähigkeiten zu erlernen, bevor du sie benötigst.

Auf all meinen Reisen trage ich immer Taschenlampe, Besteck und einen Büchsenöffner bei mir. Während eines Aufenthaltes in Lima hatten Terroristen einige Stromleitungen gesprengt. Ich mußte also zu Fuß und in vollkommener Dunkelheit zu meinem Zimmer im elften Stock des Hotels gelangen. Die Taschenlampe hat mir bei der Suche geholfen. Ich danke dem Großen Geist, der mir an diesem Tag seinen Schutz gewährt hat.

Bereite dich innerlich darauf vor, daß viele Menschen in Zeiten großer Belastung psychisch »ausrasten« können. Die rechtlichen Strukturen laufen Gefahr zu zerfallen; die Gewalt im Alltag wird zunehmen. Weil städtische Dienste wie Müllabfuhr oder das Gesundheitssystem nicht mehr funktionieren, drohen Epidemien; die Kriminalitätsrate steigt.

Auch ein Kompaß sollte zu deiner Grundausrüstung gehören; lerne eine Karte zu lesen.

Hast du in deinem Zuhause einen Holzofen, dann danke dem Großen Geist dafür! Bewahre dein Altpapier auf und benutze es, um zu heizen oder Feuer anzuzünden. Zeitungen können beim Ofen aufgestapelt werden. Wenn du noch zusätzliches Holz brauchst, dann besorge dir eine Stichsäge und lerne damit umzugehen.

Halte dich körperlich fit! Ich gehe viel zu Fuß und mache regelmäßig leichte Yogaübungen. Auch Holzhacken und Gartenarbeit helfen mir, Energie zu tanken. Ich bin am 31. August 1989 sechzig Jahre alt geworden und fühle mich glänzend. Natürlich leide ich von Zeit zu Zeit unter kleineren Beschwerden. Aber im großen und ganzen bin ich körperlich in Ordnung und danke dem Großen Geist jeden Tag für dieses Geschenk.

Wir müssen während der Zeit der Reinigung sehr auf unsere Gesundheit achten, denn viele Dinge, die wir für unser körperliches Wohlbefinden benötigen, werden vielleicht künftig schwieriger erhältlich sein. Ich ermutige jeden, sich den notwendigen ärztlichen Behandlungen zu unterziehen.

Besitzt du ein Fahrzeug, dann behandle es pfleglich, damit es jederzeit fahrbereit ist.

Viele Menschen haben jahrelang in Zelten gelebt. Wenn du dir ein Zelt besorgst, dann sorge dafür, daß es wirklich wasserdicht ist. Kaufe dir einen wasserdichten Schlafsack. Daunengefüllte Schlafsäcke halten nicht mehr warm, wenn sie feucht werden. Du solltest eine andere Lösung finden.

Ein Großteil deiner zukünftigen Ernährung sollte aus Getreideflocken, Bohnen und Linsen bestehen. Eine Umstellung in der Ernährung kann dir selbst, aber auch der Erde Heilung bringen. Die Transportkosten vermindern sich, wenn du deine Lebensmittel en gros kaufst; der Aufwand an Verpackung wird geringer, damit gibt es weniger Müll. Kaufe dir eine gute Getreidemühle, die du auch manuell benutzen kannst.

Wenn du einen kleinen Garten hast, solltest du dort auch Gemüse anbauen; dann kannst du getrost in die Zukunft blicken.

Ich habe dir eine Liste aller Dinge zusammengestellt, die du zu deinem Überleben benötigen wirst. Sie enthält auch Gegenstände, die du für dein Leben auf dem Land während der großen Veränderungen brauchen wirst:

– Ein gutes Taschenmesser und einen Schleifstein.
– Verschiedene Hammersorten, Nägel, Drahtzangen,

Drahtscheren, Schraubenzieher, Rohrschlüssel, Isolierband.
- Gute Sägen.
- Feilen, mehrere Äxte und Beile.
- Vorschlaghammer.
- Kerosin und Öllampen.
- Einen guten Holzofen.
- Seife für Bad und Wäsche.
- Ersetze dein Toilettenpapier im Notfall durch das Papier von Zeitungen und alten Telefonbüchern.
- Zwei Radioapparate; einen, der mit Batterie und ein anderer, der mit Strom betrieben wird. Du brauchst Informationen aus dem Radio über die weitere Entwicklung der Veränderungen auf der Erde.
- Die guten Bücher, die du schon immer lesen wolltest.
- Eine zusätzliche Brille und einen Satz weiterer Kontaktlinsen.
- Medikamente: Stelle eine Erste-Hilfe-Medikamententasche zusammen, die aber auch Mittel gegen Kopfschmerzen, Magenverstimmung, Verstopfung, Erkältungen, Wunden sowie Desinfektionsmittel und dir verordnete Medikamente oder andere Dinge, die du regelmäßig benötigst, enthält.
- Töpfe und Pfannen, Geschirr (am besten unzerbrechlich).
- Binden oder Tampons als Vorsorge für die Menstruation.
- Windeln für Babys. Probiere Stoffwindeln aus. Fülle sie mit Moos oder trockenem Gras. Die Chippewas packten ihre Kinder in taschenähnliche Windeln aus Hirschleder. Das Moos darin wurde immer wieder ausgewechselt.
- Nahrungsmittel für das Überleben über einen langen Zeitraum. Die folgend aufgeführte Liste ist für den jährlichen

Bedarf einer Person errechnet (kann nach Bedarf leicht abgeändert werden):
150 Kilogramm Weizen,
50 Kilogramm Reis,
jeweils 25 Kilogramm Bohnen, Erbsen und Linsen,
30 Kilogramm Honig,
1,5 Kilogramm Salz,
1 große Dose Cheyennepfeffer,
andere Gewürze,
40 Kilogramm Trockenmilch,
getrocknete Früchte,
eingemachte oder getrocknete Lebensmittel,
25 Kilogramm Hafermehl,
Ölsardinen je nach Bedarf.

- Wenn du ein Baby hast, dann lege auch eine Liste der wichtigsten Säuglings- und Babynahrung an.
- Wenn du Haustiere hast, solltest du auch an ihre Versorgung denken. All diese Nahrungsmittel müssen in trockenen, vor Insekten und Mäusen gesicherten Behältern eingelagert werden.
- Eine Getreidemühle, die mit der Hand betrieben werden kann.
- Wasserreserven für mindestens fünf Tage, wobei etwa vier Liter pro Tag und pro Person gerechnet werden sollten.
- Ein gutes Zelt, Schlafsäcke für jeden, zusätzliche Bettwäsche, Kopfkissen und Isoliermatten. Denke auch an eine wasserdichte Plane, mit der du deine Ausrüstung abdekken kannst.
- Wenn in deiner Nähe ein sauberer Fluß oder eine saubere

Quelle fließt, dann danke dem Großen Geist dafür. Leiste dir eine gute Feldflasche und ein Behältnis, in dem du Regenwasser auffangen kannst. Koche dein Wasser immer ab. Und lege dir einen Vorrat an Desinfektionstabletten für Wasser an.

- Taschenlampen mit Ersatzbatterien und Ersatzbirnen, Kerzen, Propan- oder Kerosinlampen mit Zusatzbrennstoff sowie Dochte.
- Ein natürlicher Schutz gegen Insekten.
- Einen Spiegel, damit du ab und zu einen Blick auf dich werfen kannst.
- Kleidung für jedes Wetter.
- Zahnbürsten, Natron oder Zahnsalz und ein Stäbchen, auf dem du kauen und mit dem du dein Zahnfleisch massieren kannst.
- Kompaß.
- Topographische Karten deiner Region.

10
Leben lernen

Das Bewußtsein aller Menschen der *Hellen Morgendämmerung* unterscheidet sich gewaltig von dem aller anderen Menschen dieser Gesellschaft. Der Respekt vor und die Achtung der Erde nehmen in ihren Gedanken einen wichtigen Raum ein. Als ich begann, Vorträge zu halten und mit anderen Menschen mein Wissen zu teilen, befahl mir der Große Geist, ich solle mein Wissen nur mit den Menschen teilen, die bereit und offen dafür seien. Ich solle nur solche Orte besuchen, zu denen man mich eingeladen hatte. Mein Wissen solle nur die Menschen erreichen, die nach größerer Weisheit strebten und die Erde genug liebten, um auch wirklich nach einem neuen Gleichgewicht auf diesem Planeten zu suchen. Meine Arbeit solle nur Menschen einbeziehen, die nicht zerstörerische oder kriegerische Verhaltensweisen zeigten. Ich solle nach Menschen Ausschau halten, deren Charakter nicht vom Hochmut verdorben war. Denn sie hätten eher die Fähigkeit, die wichtigsten Aussagen der Naturvölker aufzunehmen, die mit der Erde eins sein – nicht sie uns untertan machen wollten.

Die Zeit der Reinigung der Erde ist auch die Zeit der Großen Reinigung für den Menschen. Jetzt ist die Zeit gekommen, daß die Menschen die Glaubenssysteme der Vergangenheit überprüfen, die ihnen dabei halfen, unsere Welt so zuzurichten. Wir sind umgeben von einem Meer der Zerstörung; der ganze Planet und viele unserer Mitmenschen sind unmittelbar davon betroffen.

Eingeschränkte Ideologien haben die Menschen glauben gemacht, sie würden nur für begrenzte Zeit auf der Erde leben. Sie haben die Menschen gelehrt, daß sie später in den Himmel kämen; deshalb waren viele nicht bereit, Verantwortung für den Planeten zu übernehmen. Unmittelbare Folge dieser Überzeugung war, daß die Menschen große Zerstörung über die Welt brachten. Nun müssen die Menschen diese veralteten Anschauungen einer strengen Prüfung unterziehen.

Wir sollten jetzt an einem neuen Glaubenssystem arbeiten, das sich nur auf den Wahrheiten begründet, die in der Natur offen zutage treten. Alle Menschen, die überleben wollen, müssen von den Naturvölkern die Lehre vom harmonischen Leben im Gleichgewicht der Natur annehmen.

Ich fühle, daß wir jetzt die spirituellen Verbindungen des Glaubens wiederfinden müssen, die einst Erde und Mensch vereinten. Die Zeit ist gekommen, in der wir die alten Kraftfelder suchen sollten, die Orte, an denen wir beten und mit den Naturkräften und Geisterwesen, die dort seit Tausenden von Jahren leben, wieder Kontakt aufnehmen können. Durch ihre Gebete werden die Menschen neue Wege finden, Liebe und Verständnis für ihre Mitmenschen zu zeigen. Und schließlich werden sie auch das innere Gleichgewicht wiedererlangen, das für ihr eigenes Überleben und die weitere Existenz des Planeten notwendig ist.

Der Große Geist befahl mir, an einem neuen Glaubenssystem zu arbeiten, dessen Gesetze wir im Herzen tragen werden und in dem wir nie mehr zu einem strafenden Gott aufsehen müssen, der uns abhalten soll, uns selbst, unseren Nachbarn oder der Erde Übles anzutun. Wir müssen lernen, auf der Erde unmittelbare Verantwortung für unser alltägliches Leben zu übernehmen. Diese Dinge versuche ich an die Menschen durch meine Vorträge und Bücher weiterzugeben. So verstehe ich meine Arbeit.

Um Verantwortung zu übernehmen, müssen die Menschen auf ihren eigenen Lebensweg achten. Sie müssen so voranschreiten, daß sie immer größere Ausgewogenheit und Harmonie in ihrem Leben finden. Ich glaube, daß sich viele Menschen danach sehnen, selbst Heilung zu erfahren: Ihr eigenes Gesundwerden wird auch zur Gesundung der Erde beitragen. Ich möchte betonen, daß jeder die Verantwortung für sein eigenes Leben übernehmen sollte. Ich glaube, daß jeder das Recht hat, zum Schöpfer zu sprechen, seinen eigenen Traum zu formulieren und seine persönliche Vision zu suchen. Ich lehre die Menschen, die Schönheit in sich und der Schöpfung zu erkennen. Die Menschen werden auf ihrer Suche oft dadurch abgelenkt, daß sie glauben, immer mehr Geld verdienen zu müssen. Es gibt immer einen guten Grund dafür – entweder erhöhen sich die Wohnungskosten, oder man will wie die Nachbarn einen neuen Wagen oder schicke, neue Kleider kaufen, Urlaub machen oder ähnliches.

Meine älteren Brüder und ich lebten auf einem 32 Hektar großen Grundstück im nördlichen Minnesota; dort bauten wir all unsere Nahrungsmittel an, die wir zum Leben brauchten. Wir züchteten außerdem auch Tiere. Der Kreislauf unseres Lebens umschloß das Sammeln von Pflanzen, Jagen und Fischen und die Ernte unserer Feldfrüchte. Dieses Leben dauerte so lange an, bis meine älteren Brüder von dort fortgingen, weil sie ihr eigenes Leben führen wollten. Sie strebten nach anderen, neuen Zielen. Sie wollten sich ein neues Auto leisten und dies und das. Deshalb zogen sie aus. Weil aber ihre Bedürfnisse gestiegen waren, mußten sie auch mehr verdienen. Schließlich zogen sie in die Großstädte, um dort das Geld zu verdienen, das sie glaubten, zum Leben zu brauchen.

Manchmal brauchst du einfach jemanden, der dich zur Aufmerksamkeit zwingt, weil du selbst in deinem Alltag gefangen bist und dafür in vieler Hinsicht bezahlst. Du bezahlst es mit deiner innersten Kraft.

Die verbotene Kraft

Denke daran, was diese Gesellschaft in all den Jahren den Menschen angetan hat, um in ihnen ihre aktuellen Probleme und falschen Bedürfnisse entstehen zu lassen! Ich habe dir erzählt, wie die Menschen in Europa, als die sogenannte »Neuzeit« begann, die anderen Menschen kastrierten, ihnen das Gefühl ihrer weiblichen oder männlichen Identität raubten und diese Kraft mit Verboten und Einschränkungen unschädlich machten. Sie setzten die Menschen in kleine Schachteln, wo sie kein naturverbundenes Leben mehr führen konnten. Naturvölker bezeichnen diese verbotene Energie als »Lebenskraft«. Die Huichols in Mexiko nennen sie *Kipura*. Diese Energie durchfließt uns ständig. Sie bringt das Gras zum Wachsen, die Bäume und viele andere Dinge in der Natur.

Eines der größten Feste, das wir abhalten, ist die Zeremonie der Erneuerung der Erde. Wir feiern zur Zeit der Wintersonnwende die Wiedergeburt von Vater Sonne; dieses Fest leitet unseren Jahreszyklus ein. In der Zeit der Erneuerung der Erde werden alle Feuer gelöscht. Danach entzünden wir wieder das Feuer in unseren Schwitzhütten. Während wir Gebete sprechen, bringen wir auch zu unseren Wigwams Feuer.

Dieses Feuer verkörpert die Rückkehr von Vater Sonne. Während Vater Sonne zu uns zurückkommt und seine segensreiche Kraft wieder Mutter Erde zuwendet, erneuert sich das Leben. Ein heiliger Vorgang, denn wenn Vater Sonne nicht zurückkehrte, wäre unser Leben zu Ende.

Im Südwesten der Vereinigten Staaten, mitten im Pueblogebiet des Hopilandes in Arizona, sehen die Indianer zu zwei Gipfeln auf, den Sunwatcher Peaks. Du kannst an den Schatten dieser Berggipfel erkennen, wann die Sonne wieder zum Süden gewandert ist. Sobald die Sonne sich dort zeigt, feiert man ihre Rückkehr. Die Verschmelzung von Vater Sonne und Mutter Erde, dem männlichen und weiblichen Prinzip, bringt neues Leben hervor.

Ich versuche meine Schüler gerade darin zu unterweisen, daß diese Lebenskraft, diese sich entfaltende männliche und weibliche Energie, die wir in uns fühlen, ungeheuer stark ist. Wenn ein Mann und eine Frau zur richtigen Zeit des Monats miteinander schlafen, dann können sie so neues Leben, ihr Kind, zeugen.

Diese Energie kann auf unterschiedliche Weise benutzt

werden; man kann mit ihr auch heilen. Wir lernen, wie wir sie in unseren Alltag miteinbeziehen können, wir verströmen diese Kraft, und so erfüllt sie unser Leben.

Einige Menschen aus meiner Umgebung begegnen mir voller Mißtrauen, weil ich einen großen Anteil männlicher und weiblicher Energie in mir trage. Andere Menschen aber spüren diese Energie und sagen: »Du bist voller Leben.«

Jedesmal wenn die Lebenskraft wieder auf der Erde wirksam wird, dann spüre ich auch, wie mein Körper sich erneut mit Kraft füllt. Ich muß mich dann manchmal richtiggehend beherrschen und mein Gleichgewicht neu bestimmen, denn ich fühle, daß sonst die ganze Kraft in mir durchbricht.

Wir sollten lernen, wie wir diese Energieform als lebendige Kraft für unser Leben nutzen. Wir sollten keinerlei Schuldgefühle deswegen in uns aufbauen.

Wenn ich eine Frau in die Arme nehme, dann spüre ich, wie mich diese Energie erfüllt und sie mir guttut. Ich spreche zum Schöpfer und frage ihn: »Großer Geist, wer hat mich mit dieser Kraft beschenkt, die sich so gut anfühlt? Du selbst? Dann bin ich zufrieden.«

Wenn jemand also Probleme hat, weil ich gerne Frauen in den Arm nehme, dann sollte er sich lieber um sein eigenes Verhalten kümmern.

Wenn du Fragen stellst, anstatt zuerst daran zu denken, welche verqueren Gedanken in deinem Kopf zu ihnen geführt haben, dann mußt du dich dieser Tatsache stellen. Du mußt die Quelle dieses Fehlverhaltens herausfinden, das durch die Gesellschaft erzeugt wird. Sonst werden bestimmte soziale Normen und Ansprüche dich in deiner kleinen Schachtel gefangenhalten, bis die Veränderungen auf der Erde dich mit Gewalt dort herausholen.

Die Gesellschaft zwingt die Menschen dazu, Masken zu tragen. Wenn sie morgens aufstehen, dann setzen sie sich eine Maske auf, um ins Büro zu gehen. Eine andere Maske tragen sie vor ihrer Familie, denn ihre Verwandten verstehen nicht, was sie wollen oder was sie tun.

Die nächste Maske stülpen sie sich über, wenn sie zur Kirche gehen, und vielleicht tragen sie sogar vor ihrer Frau eine weitere Maske. Weil sie ihr Gesicht immer mit einer Maske bedecken, wissen sie nicht, wer sie wirklich sind.

Ich erkenne die meisten ihrer Probleme und bin innerlich zutiefst gegen ein System aufgebracht, daß solche Verhaltensweisen in den Menschen erzeugt. Oftmals bin ich sehr traurig darüber. Die Gesellschaft zwingt dich zu Schuldgefühlen und legt all diese Spiele fest. Ich lebe völlig anders, ich folge dem heiligen Pfad. Und ich erlaube den Menschen nicht, mir ihre Schuldgefühle überzustülpen. Falls sie es aber doch versuchen, lasse ich sie einfach stehen und sage zu mir: »Ich weiß, wer ich bin. Ich weiß, woran ich glaube und wie ich es umsetzen kann.«

Ich betrachte all diese Gefühlskrüppel, die die Gesellschaft hinterläßt. Der Beruf des Psychiaters ist eine der expansivsten Berufsgruppen in diesem Land, weil viele Menschen wirklich einen Psychiater brauchen. Einer von drei Amerikanern leidet heute unter schwerwiegenden emotionalen Problemen. Wir erkennen diese Probleme allerdings oft erst, wenn er ein Gewehr in die Hand nimmt und auf zehn unschuldige Nachbarn schießt.

Diese Menschen sind völlig verstrickt in die Verbote und Normen dieser Gesellschaft – und plötzlich brechen sie gewaltsam aus. Solch negative Energie kann sich in Selbstmorden, Gewalt gegen andere und grauenhaften Unfällen entladen.

Wir leben in dieser Gesellschaft vollkommen getrennt voneinander. Diese Einsamkeit ist auch der Grund für viele unserer psychischen und emotionalen Probleme; sie ist die größte soziale Krankheit. Menschen weinen oft, weil sie sich verlassen fühlen. Und doch haben sie auch Angst davor, sich den anderen zu nähern. Sie haben diese Unmittelbarkeit verloren und verschließen sich in ihren winzigen Wohnungen. Ich sehe das, und große Traurigkeit erfüllt mich.

Neulich besuchte ich das kanadische Vancouver, eine ansehnliche Großstadt. In allen Großstädten sieht der Alltag der Menschen ähnlich aus: Sie wechseln lediglich von einer kleinen Box in die nächste. Dein Einkommen bestimmt natürlich, wieviel Platz du in deiner Wohnung hast. Ich besuchte Freunde in Vancouver, warf einen Blick in ihre Wohnungen und meinte zu ihnen: »Ihr habt keine Probleme im Leben. Wenn ihr mal sterben solltet, dann laßt einfach eine Zementplatte über eurer Tür anbringen, und so braucht ihr kein anderes Grab mehr. Eure Wohnungen, eure Paläste gleichen Gräbern.«

Ich möchte es nicht erleben, daß du, nur weil du meinen Warnungen nicht gefolgt bist, schon bald mit deinem Hab und Gut eilig die Stadt verlassen mußt! Darum spreche ich jetzt zu dir. Der Große Geist befahl mir, diese Botschaft anzunehmen und unmittelbar an dich weiterzugeben. Die Zeit ist gekommen, dein Leben zu überprüfen! Unser Schöpfer möchte nicht, daß Menschen in die nächste Welt eingehen, die noch immer den alten abgedroschenen lebensfeindlichen Mustern anhängen.

Viele Menschen – aus Wirtschaft und Industrie, Werbung, Kirche und Politik – haben dich belogen und dir auch noch eingeredet, es sei für dein Bestes. All diese Zwänge und Lügengebilde müssen aufgedeckt werden. Viele Menschen, die dir nie auf deiner Suche nach dem Sinn des Lebens halfen, geraten jetzt in eine große Krise.

Um zu überleben, mußt du durch diese Veränderungen hindurchgehen. Achte auf dein eigenes Gleichgewicht.

Streit verletzt

Wir können die Welt heilen, indem wir einen Teil der hier herrschenden Spannung abmildern. Unsere Beziehungen, wie unser Familienleben, sind häufig von Konflikten durchzogen. Manchmal ist der Anlaß banal, aber anstatt einer Klärung dieser kleinen Schwierigkeit verharren die Menschen auf dem Problem. So kommt viel Leid in ihr Leben.

Wenn jemand auf ein bestimmtes Thema sehr empfindlich reagiert, sollten wir es nicht bei jeder Gelegenheit wieder vorbringen. Wir können einem anderen Menschen nur helfen, wenn wir aufhören, ständig auf ihn einzutrommeln.

Oft weiß ich zwar, daß ein Mensch dringend Hilfe braucht, dennoch muß ich zuerst immer berücksichtigen, wie weit er bereit ist, darüber zu reden. Ich zwinge ihn nicht, sich damit zu befassen.

Menschen müssen sich von ihrem inneren »Seelenmüll« befreien. Seit alten Zeiten wenden die Naturvölker die unterschiedlichsten Methoden an, um die Menschen von ihrer

Last zu erleichtern. Als ich die Maya besuchte, lernte ich dort ihre Methode kennen, sich von den geistigen oder emotionalen Problemen zu lösen, sich von Ärger, Furcht oder Eifersucht zu befreien oder anderen Krankheiten, unter denen sie leiden.

Dort muß der »Patient« in einen Fluß waten, in dessen vorbeifließendem Wasser stehen und dann all seine Nöte darin versenken. Das Wasser trägt alles mit sich fort.

Indianer in Mexiko wenden eine andere Methode an. Sie formen einen Menschen aus Pappmaché mit dem Namen »Dr. Gloom«, schreiben ihre Schwierigkeiten auf Zettel, die sie alle an dieser Figur befestigen. Danach verbrennen sie die Pappfigur in einem großen Fest. Und alle ihre schlechten Gefühle lösen sich in Rauch auf.

Die Indianer kannten viele Arten, sich von negativer Kraft zu heilen: Bei den Stämmen im Südwesten wird ein Ritual abgehalten, bei dem die Menschen mit ihren Waffen durch das Dorf tanzen und alle bösen Geister aus der Gemeinschaft vertreiben. Danach fegen sie das ganze Dorf mit Zederzweigen aus und beschließen das Fest mit einem rituellen Maisessen.

Bei den Chippewa werden leidende Menschen aufs Land geschickt, um dort tiefe Löcher zu graben, danach müssen sie in diese Gruben hinabsteigen und all ihren Schmerz laut aussprechen. Dann verschließen sie dieses Erdloch wieder und beten, daß ihr Schmerz dort verharren und die Mutter Erde befruchten solle. Manchmal legen die Menschen auch Eicheln oder andere Samen in das Loch, um später zu sehen, daß aus ihrem Schmerz etwas Gutes emporwächst.

Wir müssen uns von diesen negativen Kräften und ihren Rückständen befreien. Zu mir kommen viele Menschen, die großen Schmerz in sich tragen. Eine Frau, die glaubte, an Krebs zu leiden, kam zu mir und bat mich um Heilung. Nachdem ich eine Heilungszeremonie für sie durchgeführt hatte, fühlte sie sich wesentlich besser, aber ich hatte den Eindruck, daß ihr Leiden noch eine andere Ursache hatte.

Ich sagte zu ihr: »Dein Problem liegt tiefer. Du empfindest großen Haß gegen jemanden.«

»Ja, das stimmt. Ich hasse meinen früheren Mann«, antwortete sie. »Wenn ich nur seinen Namen höre, gerate ich in Wut.«

Ich entgegnete: »Das ist die eigentliche Ursache deiner Krankheit. Dieser Haß zerfrißt dich innerlich. Du mußt dich von diesem Gefühl lösen. Versuche ein tiefes Loch in die Erde zu graben, in das du all deinen Kummer und Ärger versenkst. Mach so lange mit dieser Übung weiter, bis du dich wirklich befreit hast.«

Nach eineinhalb Monaten sah ich sie wieder. Sie nahm an meinem Workshop teil und erzählte mir: »Ich fühle mich sehr viel besser, Sun Bear. Ich habe meinen Frieden gefunden. Aber ich mußte, um dorthinzugelangen, sehr viele Gruben ausheben, und vielleicht ist dieser Prozeß auch noch nicht ganz zu Ende. Es war eine meiner wichtigsten Erfahrungen.«

Ich habe schon mit vielen Leuten zusammengearbeitet. Ich traf dabei auf Psychiater und andere Spezialisten, die herausfanden, daß diese Methode wirklich sehr geeignet war, Menschen von ihrem Kummer zu befreien. All diese negativ aufgestauten Gefühle hindern dich daran, ein ganzer, ausgewogener, wunderbarer Mensch zu werden. Sie stehlen dir Kraft.

Du blockierst dich völlig mit diesen Gefühlen, sie versperren dir den Zugang zu tieferem Wissen und der Lebensenergie aus der Natur.

Es liegt in deiner Macht, diese Gefühle loszulassen, denn sie schaden deiner Seele. Übernimm die Verantwortung, befreie dich davon! So schaffst du für die Lehren und das Wissen aus der Schöpfung wirklichen Raum in dir.

Ich glaube, daß der Schöpfer uns zur Erde gesandt und genau um unsere Bestimmung, unsere Erfahrungen und Gefühle gewußt hat. Ich bin mir sicher, daß es nicht seine Absicht war, unseren Planeten in ein Gefängnis zu verwandeln. Wir sind auf Erden, um die höchste Stufe unserer Vollendung als Menschen zu erreichen. Wir sollen uns öffnen, in Gemeinschaft leben und an allen Aufgaben wachsen.

Der Schöpfer breitet alle Möglichkeiten des Lebens vor uns aus und spricht zu uns: »Seht her! Ihr könnt all diese Fähigkeiten einsetzen, um euch gegenseitig umzubringen oder die Erde in ein Paradies zu verwandeln. Die Entscheidung liegt bei euch.«

Neulich fragte mich jemand: »Sun Bear, vor was fürchtest du dich am meisten?« Und ich gab ihm zur Antwort: »Es ist sicherlich nicht die Atombombe, denn ich fürchte mehr als alles andere die Manipulationen, die die Gesellschaft am menschlichen Charakter vorgenommen hat. Damit meine ich all die Übergriffe auf das Denken der Menschen, um sie dazu zu bringen, ein bestimmtes Glaubenssystem zu akzeptieren.«

Nimm dich am meisten vor den extremen Moralisten in acht! Dies sind nämlich die gefährlichsten Menschen. In den Kirchen, aber auch in der New-Age-Bewegung findet man einige dieser orthodoxen Gläubigen.

Die Freiheit wächst

Wenn du völlig in deiner kleinen Box eingeschlossen bist, kannst du gleich den Schlüssel abziehen und alles vergessen, denn du stehst mit einem Bein bereits im Grab. Du wächst geistig nicht mehr. Du mußt dir deine geistige Beweglichkeit bewahren.

Ich kann von Glück sagen, denn ich besuchte die Schule im nördlichen Minnesota nur bis zur achten Klasse. Ich habe inzwischen begriffen, vor welcher Bedrohung ich mich in Sicherheit brachte. Früher quälte es mich manchmal, daß ich nur bis zur achten Klasse zur Schule gegangen war, aber dann fand ich heraus, daß ich deswegen auch sehr viel anpassungsfähiger und kreativer geblieben war als die meisten anderen Menschen. Ich schreibe Bücher, gebe eine wichtige Zeitschrift heraus und verbringe die meiste Zeit mit Seminaren und Vorträgen.

Ich kümmere mich um die wirtschaftliche Entwicklung in den Indianerreservaten, habe dort verschiedene Unternehmen und Projekte ins Leben gerufen und arbeite mit vielen verschiedenen Menschen zusammen. Ich bin froh, daß ich nicht länger zur Schule ging, denn ich brauchte offensichtlich kein Universitätsdiplom, um schöpferisch mit meinem Leben umzugehen.

Ich war nur einmal, allerdings als Lehrbeauftragter, am

College. Ich unterrichtete Publizistik und indianische Philosophie an der University of California in Davis. Eine Kollegin der philosophischen Fakultät befürchtete, ich würde trotz meines Abgangszeugnisses aus der achten Klasse weiter in der Universität lehren, und so intrigierte sie erfolgreich gegen mich; ich mußte die Universität verlassen. Aber ich kam durch eine andere Tür, mit einem neuen Lehrauftrag an einem Experimental College, wieder in die Forschung zurück und unterrichtete auch wieder.

Die eigene Freiheit wächst dadurch, daß man mehr Verantwortung im eigenen Leben übernimmt. In unserer Zeit müssen all unsere Brüder und Schwestern ihre alten Fesseln abstreifen. Wirf sämtliche Behinderungen fort, die deine Kraft lähmen!

Viele kommen zu mir, bitten mich um Rat und geraten in großen Zorn, wenn wir gemeinsam ihr Leben betrachten. Viele von ihnen glauben, daß andere, d. h. Männer, Frauen, Onkel, Tanten, Geistliche oder Politiker, ihnen ihr Leben gestohlen haben. Sie begreifen allmählich, daß sie anderen Menschen erlaubt haben, ihnen sieben, zehn oder zwanzig Jahre ihres Lebens zu enteignen, indem sie ihnen vorgeschrieben haben, wie sie sich verhalten sollten. Diese Menschen hatten Angst davor, ihren eigenen Weg zu gehen. Wiederholt machen sie die Bemerkung: »Ich hätte dies ja gerne tun wollen, aber mein Mann oder meine Frau verhinderte das.«

Wenn wir nicht gemäß unseren eigenen Vorstellungen leben und Menschen im umfassendsten Sinne werden, werden wir immer anderen Leuten die Schuld für unsere Fehler geben. Du kannst nur zu deiner Kraft zurückfinden, wenn du dich von deinen Gefängniswartern befreist und endlich begreifst, daß nicht nur du, sondern auch die Erde in Gefangenschaft gehalten wird. Zerreiß die Ketten, sie wiegen nicht schwer! Du kannst dich nicht für die Belange anderer einsetzen, solange du selbst nicht in Freiheit lebst.

Viele Leute wundern sich darüber, daß ich nun schon seit so langer Zeit dem heiligen Pfad folge.

Als ich jung war, heiratete ich eine Frau, die Juristin werden wollte. Sie erreichte ihr Ziel und ließ sich von mir scheiden; ich weiß nicht, ob ich ihr erster oder ihr zweiter Fall war! Nach der Scheidung beschloß ich, daß nie wieder in meinem Leben jemand anderer darüber befinden sollte, mit wem ich im Land meiner Väter zusammenlebte. Ich heiratete nie mehr. Doch ich bekam im Lauf der Jahre zwei Töchter, die ich ebenso wie ihre Mütter achte, und ich liebe sie wirklich sehr. Ihre Mütter gingen ihren Weg, und ich bin glücklich, daß sie inzwischen gefunden haben, wonach sie immer suchten. Die Begegnung mit ihnen war für mich eine wunderbare Erfahrung.

Als ich mich von Betty, der Mutter meiner älteren Tochter trennte, wollten wir unseren Haushalt zwischen uns aufteilen. Ich meinte daraufhin zu Betty: »Nimm die Möbel, denn du ziehst in eine andere Wohnung.« Ich half ihr beim Umzug und bat sie, auch die Katze zu sich zu nehmen. Denn ich wußte nicht, ob ich überhaupt Platz für ein Tier haben würde. Ich trug mich mit dem Gedanken, vielleicht ins Reservat zurückzugehen, um dort gemeinsam mit den anderen zu arbeiten; ich würde also kein festes Einkommen haben, es aber auch nicht benötigen. Ich bat Betty also, das Bankkonto zu übernehmen. Wir hatten damals eine Menge Geld gespart, weil wir ausschließlich von meinem Einkommen lebten und ihr Lehrergehalt in einem Sparbuch angelegt hatten. Betty befolgte meinen Rat, und wir blieben weiterhin gute Freunde.

Schließlich waren noch zwei Goldfische in einem kleinen Aquarium übrig. Sie symbolisierten in meiner Vorstellung die Frau, von der ich mich nun trennte, und mich selbst; so sagte ich zu den Goldfischen: »Ich mache mich auf, um in die weite Welt zu gehen, und ihr habt das gleiche Recht darauf.«

Ich trug die Goldfische zu einer Brücke über einem Fluß, ließ sie dort ins Wasser plumpsen und sprach ein Gebet: »Wachst und gedeiht.« Und so verlief das Ende meiner kleinen Feier anläßlich meiner »Scheidung«.

Kraft ist Verantwortung

Jüngst fuhr ich mit einem Kollegen aus der New-Age-Bewegung zum Flughafen; auf dem Weg dorthin blieb sein Auto stehen, weil er nicht mehr genügend Benzin im Tank hatte. Ich hatte seit Beginn der Fahrt die Nadel auf dem Armaturenbrett beobachtet, weil sie nicht mehr viel Benzin anzeigte. Er meinte aber, als das Auto zum Stehen kam: »Mein Karma trägt die Schuld daran.«

Ich entgegnete ihm nur: »Dann streich dir mal morgens mehr Karma auf dein Frühstücksbrot! Der eigentliche Grund dafür liegt doch darin, daß du nicht genügend Benzin getankt hast.« Die beste Antwort auf solche karmischen Entschuldigungen steht auf einem Riesenaufkleber: »Shit happens/Scheiße wird gemacht.«

Auch Indianer nehmen Zuflucht zu bestimmten Erklärungen, um sich vor der eigenen Verantwortung zu drücken. Ein Indianer und ich befanden uns auf dem Weg zu einer Zeremonie, als wir plötzlich eine Reifenpanne hatten. Ein Blick auf den alten Reifen machte mir klar, daß man ihn schon vor Tausenden von Kilometern hätte auswechseln müssen: Sein Profil war völlig abgefahren, und an einer Stelle klaffte ein riesiges Loch. Aber der Fahrer sagte zu mir nur: »Mein Reifen ist geplatzt, weil jemand einen bösen Zauber auf mich gelegt hat.«

Ich widersprach ihm: »Mein Bruder, das ist doch nicht der Grund. Die Reifenpanne ist passiert, weil du nicht daran gedacht hast, den Reifen vorher zu wechseln.«

Wir müssen uns immer Mühe geben, zu verstehen, wie wir die Realität, in der wir leben, selbst erschaffen haben. Wenn ich ein anderes Land der Welt oder einen anderen Teil der USA besuche, stelle ich mir zu allererst die Frage: Was bestimmt das Leben und den Charakter dieser Menschen?

Ich frage mich nicht, wer ihre Eltern sind – ich frage nur danach, warum sie sich so entwickelt haben. Was hat sie geformt? Welche Kategorien bestimmen ihr Denken? Nur dafür interessiere ich mich.

Um zu den Menschen der *Hellen Morgendämmerung* zu gehören, mußt du dein Leben ordnen und eine neue Einstellung zu ihm gewinnen. Ich erzähle den Menschen immer, daß die Philosophie, die ich wirklich respektiere, das Getreide wachsen läßt. Ich meine damit, daß eine Philosophie jetzt und alle Tage deines Lebens Auswirkungen auf die Mutter Erde hat. Du solltest deine Anschauungen daraufhin überprüfen. Wenn sie dir nicht helfen, auf heilige Art zu leben und im Besitz der Kraft zu bleiben, die du für dein Überleben brauchst, dann solltest du sie aufgeben.

Der heilige Pfad ordnet alle Elemente deines Lebens in eine bestimmte Richtung. Du mußt dich für keinen Teil deines Lebens entschuldigen. Und du brauchst auch keinen Bereich deines Lebens vor deinen Mitmenschen verstekken.

Du solltest dahinkommen, niemandem mehr für dein Leben Rechenschaft abzulegen oder jemandem dein Leben zu erklären. Sonst wirst du dich mit einer Menge falscher Schuldgefühle belasten. Schuld ist ein völlig überflüssiges Gefühl. Es verschwendet nur Energie. Es raubt dir Energie und verhindert dein inneres Wachstum.

Warte nicht darauf, daß etwas geschieht! Finde selbst dein Gleichgewicht wieder und folge dem heiligen Pfad. All das gehört zu deiner Ausbildung als Streiter für die Erde. Wenn du weiter vorangeschritten bist, dann wirst du später auch die Geister der Natur um Hilfe bitten können.

Wir leben in einer Zeit, die meine Kahunabrüder als eine Zeit bezeichnet haben, in der die Geister ihre Kinder zu sich rufen. Wir leben auf Erden, um unseren Zielen zu folgen. Wir leben, um zueinanderzufinden, um mit anderen Menschen zusammenzuarbeiten oder ihnen in der Zeit der Verwandlungen beizustehen. Darin unterstützen uns unsere Lehrer und die Geister der Natur.

Lerne mit deinen Gaben, deiner Kraft, in positiver Weise umzugehen!

Der eigentliche Sinn des Lebens besteht für die Menschen darin, ihren Fähigkeiten entsprechend zu leben. Wenn du dich dann noch weiterentwickelst, dann wirst du auch fähig sein, andere Menschen zu erreichen oder ihnen zu helfen. Dies ist der Beginn eines neuen Denkens, der dich in den *Hellen Tag* führen wird.

ANHANG

11
Vorhersagen für das Jahr 2000

Meine Vorhersagen über die Dinge, die sich in dieser Phase der Erdgeschichte ereignen werden, gründen auf meinen Träume und Visionen. Durch sie weiß ich, daß alles Übel, das unserer Mutter Erde angetan wurde, wiedergutgemacht werden kann, wenn nur die unverständigen Menschen, die diese Probleme verursacht haben, bewußter und einsichtiger werden.

Ich sehe nicht so viele große Erdveränderungen, wie eine Menge anderer Leute vorhersagt. In manchen Teilen der Welt wird es zu gewaltigen Erdbeben und Vulkanausbrüchen kommen. Aber ich kann keine Polverschiebung erkennen. Das würde voraussetzen, daß auf den Polkappen mehr Eis aufgehäuft wird. Was jetzt passiert, ist aber etwas ganz anderes: Die Polkappen schmilzen. Ich sehe auch nicht, daß die gesamte Landmasse der Erde auseinanderbricht. Warum sollte die Erde unter Problemen leiden, deren Urheber der Mensch ist?

Was ich sehe, sind zahlreiche Überflutungen der Küsten wegen des Treibhauseffekts, schwere Hurrikane und andere Stürme, die viele Küstenstriche der Erde wie auch Binnenländer heimsuchen werden, und zunehmende Klimaveränderungen. Ich sehe Küstenregionen, die von riesigen Sturmfluten getroffen werden, die sie völlig überschwemmen. Ich sehe weltweite Wasserverknappungen voraus, die noch zur Versteppung beitragen werden, von der große Teile des Globus betroffen sind.

Ich sehe Insekteninvasionen ungeahnten Ausmaßes, weil wir exzessiv von Pestiziden Gebrauch gemacht und die natürlichen Feinde, die sich von Insekten ernähren, ausgerottet haben. Ich sehe viele Unfälle in der Industrie voraus, die in zahlreichen Gegenden der Welt weiter zur Verschmutzung von Wasser, Luft und Boden beitragen werden. Ich sehe neue Seuchen aufkommen, über die die Menschen keine Macht haben: Seuchen wie AIDS zum Beispiel.

All das wird zum weltweiten politischen und ökonomischen Chaos beitragen, das bereits begonnen hat und Schuld am Tod vieler »Dinosaurier« trägt. Aus dem Chaos kann Krieg hervorgehen, der seinerseits die extreme Zuspitzung der Situation fördert. Doch die Menschen, die zu einem natürlichen Denken gefunden haben, die gelernt haben, wie sie die Erdmutter und all ihre Kinder umarmen können, werden am richtigen Platz sein und überleben.

Tritt der Notfall ein, dann wird zu den Hauptproblemen der Städte der Zusammenbruch nahezu aller Dienstleistungen zählen. Wenn nichts mehr funktioniert, können Städte zu tödlichen Fallen werden. Deshalb ist meiner Ansicht nach ein Abstand von mindestens 45 Kilometern wichtig, um sicher zu sein. Versuche solch einen Platz zu finden, wenn alles zusammenbricht! Idealiter sollte er über gute Wasserversorgung und natürliche Brennstoffe wie Holz oder Kohle verfügen.

Ich sehe in allen abgelegenen Gegenden der Erde Menschen überleben.

Wähle keinen Platz in einem Tal, wenn dahinter große Dämme liegen! Küstenstriche oder flache Ebenen sind der Gefahr von Sturmfluten und Stürmen ausgesetzt. Ich glaube, daß es mit der globalen Erwärmung, die durch die zunehmende Umweltverschmutzung hervorgerufen wird, viel schneller zu Überschwemmungen kommt, als die meisten Leute denken.

Achte auf das politische Klima des Landes, das du zum Überleben auswählst! Länder, die ihren Bürgern die meiste Freiheit gewähren, sind am ehesten zum Überleben geeignet.

Nun möchte ich euch meine Vorhersagen und Visionen für jeden Kontinent unserer Mutter Erde mitteilen (in alphabetischer Reihenfolge).

Afrika

Ich sehe, daß der größte Teil des afrikanischen Kontinents seiner Ressourcen noch mehr beraubt wird, da die reichen Nationen sich das nehmen werden, was sie selbst brauchen. Deswegen sage ich wachsende Massenhungersnöte voraus. Der Große Geist hat mir mitgeteilt, daß bis zu 150 Millionen Menschen in Afrika an Hunger sterben können. Ich sehe, daß sich die Lage in Ländern wie Äthiopien, dem Tschad, Zaire und dem Sudan – Länder, die von den entwickelten Nationen bereits aufgegeben werden, weil es keine Möglichkeit gibt, wie sie in Zukunft das notwendige Futter und die nötigen Lebensmittel aufbringen können – noch verschlechtern wird. Sie werden als erste Hungertod und großen Trokkenheiten entgegengehen. Die anderen afrikanischen Länder werden später darunter leiden. Wenn nicht massiv aufgeforstet wird, wird der größte Teil Afrikas – bis zu achtzig Prozent – Wüste werden. Ich sehe zunehmende politische Unruhen und wirtschaftliches Chaos viele der jetzt hauptsächlich von Schwarzen regierten Länder heimsuchen. Für das »weiße« Südafrika sage ich mehr politische Auseinandersetzungen und Krieg und damit einhergehend auch wirtschaftliches Chaos voraus. Das wird dazu führen, daß die Konflikte sich noch weiter zuspitzen.

Die Haupterdbebenrinne verläuft an der Ostküste des Kontinents, in der Nähe des Afar-Dreiecks. Dort könnte es zu einem gewaltigen Erdbeben kommen, durch das ein Teil des afrikanischen Kontinents abgespalten werden würde.

Ich glaube, daß Dschungel und Oasen die meiste Sicherheit bieten werden, besonders die Oasen in Nigeria und Algerien und das Buschland in Kenia, Sambia und Botswana. Auch an der südöstlichen Küste Südafrikas werden einige sichere Flecken zu finden sein.

Asien

Asien ist ein großer Kontinent, in dem viele Menschen leben; dieser Bereich der Erdmutter wird die ganze Skala von Veränderungen am eigenen Leib erfahren. Zum besseren Verständnis habe ich Asien in mehrere Gebiete eingeteilt, diese Einteilung basiert hauptsächlich auf der Ähnlichkeit der zu erwartenden Veränderungen.

Die arabischen Länder

Vor langer Zeit hatte ich einmal einen sehr eindringlichen Traum. Der Große Geist zeigte mir eine Karte des Iran, und dann verschwand das Wort »Iran« von der Karte. Ich fragte den Geist, was geschehen war. Der Geist sagte, der Iran würde völlig durch ein Erdbeben und durch seine Nachbarn zerstört werden. Ich denke, daß das Land gefährdet ist, weil es die Ölfelder anderer Länder vernichten will. Bis zu diesem Zeitpunkt wird im Iran politische Unterdrückung an der Tagesordnung sein; das Land wird von Erdbeben heimgesucht werden.

Im Libanon wird weiterhin der Krieg das Land erschüttern. Irak und Syrien werden unter inneren Spannungen leiden. Libyen wird größere wirtschaftliche Schwierigkeiten gewärtigen müssen.

Saudi-Arabien und die anderen reichen Ölländer werden eine Weile lang aus ihrem Reichtum schöpfen. Doch wenn es keine Nahrungsmittel mehr zu kaufen gibt, wird ihnen das Geld kaum helfen.

Ich sehe die Möglichkeit einer atomaren Auseinandersetzung in dieser Region zwischen 1994 und 1997. Wenn es so weit kommen sollte, dann wird Israel wahrscheinlich sich und den anderen Ländern dieser Region einen verheerenden Schaden zufügen.

Meine größte Sorge in Hinblick auf all diese Länder aber ist, daß das Wasser immer knapper wird. Doch selbst dort sehe ich Menschen überleben. Überall auf der Welt werden die überleben, die mit dem Land verbunden sind.

Indien, Pakistan und Bangladesch

In Pakistan und Indien sehe ich vor allem Wetteranomalien als Ursache der Zerstörung. Dort werden große Sturmfluten eine Region treffen, während in einer anderen Dürre herrscht. In Indien werden die politischen Unruhen noch zunehmen und in das Leben der Menschen eingreifen, so daß noch mehr Hunger und Hungersnöte entstehen. Und es wird Insekteninvasionen geben. Doch in Indien und Pakistan werden einige weise spirituelle Führer auftauchen, die wissen, was vor sich geht, die Menschen warnen und durch die umfassenden Veränderungen leiten werden. In Bangladesch sehe ich ungeheures Leid, sowohl aus Stürmen wie auch aus politischen Unruhen geboren. Es besteht die Möglichkeit, daß gewaltige Sturmfluten das Land im Meer versenken. Ich sehe noch mehr epidemische Krankheiten Indien, Pakistan und Bangladesch treffen. Indiens Hauptproblem wird die Bevölkerungszahl sein: zuwenig Nahrung für zu viele Menschen.

Südostasien

Teilweise aufgrund der noch immer andauernden politischen Kämpfe sehe ich hier große Nahrungsmittelverknappungen. Durch die Giftrückstände aus dem Krieg ist die Nahrungsmittelkette in dieser Region vollständig verseucht. Ich denke, daß der Reis so wie andere Getreidearten von Braunfäule befallen und daß das Trinkwasser knapp wird.

Indonesien und die Philippinen

Obwohl meiner Ansicht nach viele Menschen auf diesen Inseln überleben, sehe ich doch auch, daß sie von Meerbeben, gewaltigen Taifunen und Klimaveränderungen getroffen werden. Wegen der Überfischung und der allgemeinen Meeresverschmutzung wird es zu Hungersnöten kommen.

Die entwickelteren Inseln, besonders die Philippinen, werden in ein politisches und ökonomisches Chaos stürzen, wenn ihre Beziehungen zu den reichen Nationen gewaltsam unterbrochen werden.

Japan

Für Japan sehe ich noch mehr Erdbeben, einige Vulkanausbrüche und schlimme Überschwemmungen voraus. In Verbindung mit der industriellen Umweltverschmutzung und den Schäden, die auf die Erdbeben folgen, werden alle Faktoren dazu beitragen, daß dieses Land ein Platz wird, an dem nur schwer zu überleben ist.

All das wird Japan in ein wirtschaftliches Chaos stürzen. Übrigbleiben wird meines Erachtens ein Land, das weitaus kleiner ist und nur sehr wenig mit seiner früheren Entwicklung gemeinsam hat.

China

Ich sehe viel Hunger aufgrund von Mißernten und Klimaveränderungen, in deren Folge es zu politischen Unruhen kommen wird. China wird in vieler Hinsicht unter Mangel leiden. Zum Beispiel wird Brennstoff immer knapper werden, denn die Chinesen haben alle Wälder auf ihrem Boden ausgerottet. Ihr Volk muß immer weiter ziehen, um den Brennstoff zu finden, mit dem es sein Essen kocht und sich ernährt.

Korea und die Mongolei

Die Mongolen werden überleben, indem sie wieder, wie schon zu früheren Zeiten, plündernd umherziehen. Das gilt natürlich nur für diejenigen, die klug genug sind, wieder ein Nomadenleben zu führen.

In Korea ist wegen des langen Krieges das Land verwüstet, das Wasser ist schwer verseucht. Das wird zu bedeutenden Lebensmittelverknappungen und schweren wirtschaftlichen Krisen für Land und Leute führen.

UdSSR

Die Sowjetunion wird unter wachsenden Nationalitätenkonflikten leiden. Die damit einhergehenden politischen Probleme werden weitere Lebensmittelverknappungen und Hungersnöte zur Folge haben, denn die Menschen haben keine Zeit mehr, ihr Land zu bestellen. Die Sowjetunion wird immer stärker von ausländischen Lebensmittellieferungen abhängig werden, bis diese Quellen versiegen. Ein Teil der Mißernten geht auf das Konto der Tschernobyl-Katastrophe. Immer öfter werden starke Erdbeben das Land erschüttern; extreme Klimaveränderungen werden es treffen. Das Wasser wird immer knapper werden.

In manchen Teilen Rußlands sehe ich ein Wiedererwachen alter Schamanenweisheiten. Möglicherweise wird daraus ein prophetisches Wissen resultieren, das von Rußland aus andere Teile der Welt erreicht.

Türkei

Die Türkei wird von einer Dürrekatastrophe heimgesucht werden, die viele ihrer Bewohner zu Flüchtlingen machen wird.

Australien und der Pazifik

In Australien gibt es einige günstige Regionen, weitab von den großen Städten, und noch viel Wildnis. Doch es gibt auch eine Menge sehr trockener Regionen. Wichtig ist ein Platz mit Wasser. Hier wird es zu Klimaveränderungen und Vulkanausbrüchen kommen.

Auch Erdbeben, Sturmfluten und extreme Dürre werden auftreten. Ich sehe viele Tiere durch Umweltverschmutzung sterben.

In Australien wird es sichere Gebiete geben, vor allem in den Regenwäldern und in anderen Regionen, in denen Wasser vorkommt.

Neuseeland

Neuseeland gehört zu meinen Lieblingsplätzen auf der Welt. Es hat ein gutes Klima, eine kluge Regierung und nette Menschen. Zwar wird es auch hier einige Vulkanaktivitäten und Klimaveränderungen geben, aber hier finden sich eine Menge sichere Plätze.

Ich glaube, daß Australien und Neuseeland, mit Ausnahme der großen Städte, sichere Orte sein werden. Wenn die Menschen sich in einsamere Gegenden zurückziehen, werden sie kleine Gruppen bilden, die überlebensfähig sind. Menschen, die wissen, wie man vom Land lebt, werden hier eine gute Chance haben. Ich sehe, daß die Australier und die Neuseeländer ihre Lebensweise weitaus länger beibehalten können als die Bewohner anderer Teile der Welt.

Die Inseln des Pazifiks

Die pazifischen Inseln werden, wie die Philippinen und Indonesien, von Klimaveränderungen, ungeheuren Taifunen und Meerbeben betroffen wird. Sie werden auch unter wirtschaftlichen Schwierigkeiten leiden, weil sie von ihren früheren Einkommensquellen getrennt werden und auf eigenen Beinen stehen müssen. Dennoch werden hier viele Menschen überleben.

Mittel- und Südamerika

Hier wird es an vielen Orten vermehrt zu Erdbeben und Vulkanausbrüchen kommen, deren Wirkung noch durch die Klimaveränderungen verstärkt wird. Dürreperioden werden für eine Ausbreitung des schon vorhandenen Hungers sorgen.

Nur abseits der großen Städte wird man überleben können. Mexiko City, Buenos Aires und viele andere werden zu Todesfallen werden.

Weil die Nahrungsmittel knapper werden, wird das allgemeine Chaos zunehmen. Darunter werden vor allem die Fremden zu leiden haben. Wenn Nordamerikaner und Europäer nicht isolierte, sichere Rückzugsgebiete finden, dann wird in diesem Teil der Welt kein Platz mehr für sie sein.

Vor allem in Guatemala, Mexiko, Peru, Chile und Costa Rica wird es zu großen Erdbeben kommen, bei denen die großen Städte zerstört werden.

Durch die fortgesetzte Zerstörung der Regenwälder werden Dürre und Hunger das Land überziehen. Nur wenn die

Menschen lernen, wie sie mit dem Land leben können, werden sie überleben. Ich glaube, daß es vor allem die Eingeborenen sein werden, die sich wieder an ein Leben im Einklang mit der Natur erinnern werden.

Die Karibik

Kuba, Haiti, die Dominikanische Republik, Puerto Rico und andere Inseln werden unter Überschwemmungen, Hurrikanen und zunehmender Armut leiden.

Europa

In Europa gibt es viele Orte, die dem Land offen gegenüberstehen. Diejenigen, die klug genug sind, zu einer natürlichen Lebensweise zurückzukehren, werden diese Plätze auch überall finden. Schon jetzt kann man ein wachsendes Interesse an natürlicher Ernährung, ein zunehmendes Bewußtsein unserer Beziehung zur Erde beobachten. Je mehr die Menschen das Land respektieren und lieben lernen, desto besser sind ihre Überlebenschancen.

In Europa wird sich die Versorgungslage verschärfen, weil ein beträchtlicher Teil der Lebensmittel importiert wird. Einige Länder werden länger ausreichend Nahrungsmittel haben, besonders Deutschland, aber auch andere Länder, deren Bewohner so schlau sind, daß sie sich aus den Großstädten zurückziehen, die zunehmend in Chaos verfallen. In Frankreich und anderswo kann man überleben, wenn man sich in kleinen Gruppen auf das Land zurückzieht und in

Einklang mit der Natur zu leben versucht. Besonders in Dänemark, Schweden, Norwegen und Finnland werden viele überleben, wenn die Atomindustrie nicht weiter ausgebaut wird.

Island

Island ist, trotz einiger Vulkanausbrüche, ein relativ sicherer Ort. Das gilt auch für die Shetland-Inseln.

Skandinavien

Hier wird es zwar zu einigen Küstenüberschwemmungen kommen, vor allem in Dänemark und Norwegen, doch insgesamt wird diese Region die Erdumwälzungen recht gut überstehen. Allerdings besteht die Gefahr chemischer Katastrophen, und wenn die Atomindustrie noch weiter ausgebaut wird, wird das auch hier tiefgreifende Folgen haben. Schon jetzt sind die Meere fast leergefischt, und alles wird auf gute Ernten ankommen.

Großbritannien

Die britischen Inseln werden unter Stürmen, Küstenüberschwemmungen und Sturmfluten zu leiden haben.

England wird es schlechter ergehen als vielen anderen Teilen der Welt, weil es nicht genügend Lebensmittel produziert.

Am besten wird es noch in Schottland, Irland und Wales aussehen, dort werden die Menschen eher zur Natur zurückfinden.

Niederlande

Die Niederlande werden vor allem von Überschwemmungen betroffen sein. Möglicherweise werden große Teile dieses Landes unter Wasser stehen, viele Menschen werden in höhere Regionen umsiedeln müssen.

Deutschland

Im nun geeinten Deutschland bestehen bereits starke Tendenzen, die Erdmutter ins Denken miteinzubeziehen. Die Menschen ernähren sich bewußter. Es gibt viele Gärten, doch vielleicht könnten ja auch die Bauern ihre Höfe zugänglich machen und den Städtern kleine Fleckchen als Gärten vermieten. So hätten mehr Menschen zu essen, wenn es zu den großen Umwälzungen kommt, und die Menschen würden wieder teilen lernen.

Das alles ist ganz schön, aber es reicht nicht aus. Deutschland (besonders in seinen östlichen Bundesländern) muß mehr auf die industrielle Umweltverschmutzung achten. Eine große chemische oder nukleare Katastrophe könnte weite Teile des Landes zerstören.

Wer sich von den Großstädten und den Atomkraftwerken fernhält, hat gute Aussichten zu überleben. Die Umweltverschmutzung und die allgemeine Schwächung des Immunsystems werden allerdings neue Krankheiten zur Folge haben.

Auch das Wiedererstarken gewisser politischer Ansichten, die an Hitler erinnern, sehe ich mit Sorge. Unter einer repressiven Regierung wird das Überleben weitaus schwieriger.

Ich sehe eine geistige Erneuerung in Deutschland, die von hier aus nach Osteuropa ausstrahlen wird.

Polen, Tschechoslowakei, Ungarn, Rumänien, Bulgarien
All diese Länder sind von einer schlimmen Umweltverschmutzung betroffen. Mit Ausnahme Polens wird es überall zu Hungersnöten kommen. Polen wird andere Menschen ernähren, wenn sich das Land erst einmal erholt hat.

Schweiz und Österreich
In beiden Ländern kann es, vor allem in den südlichen Regionen, zu Erdbeben kommen, außerdem sind Industrieunfälle und Nahrungsknappheit möglich.

Italien und Jugoslawien
Neben Umweltverschmutzung und Wasserknappheit werden vor allem Erdbeben ein Problem.

Portugal, Spanien, Frankreich, Luxemburg und Belgien
In diesen Ländern wird es zu Dürreperioden und extremen Klimaveränderungen kommen. Die Küstenregionen werden überschwemmt werden; Stürme und Sturmfluten sind zu erwarten, und als Folge Nahrungsverknappungen und politische Wirren.

Nordamerika

Kanada
In weiten Teilen Kanadas läßt sich gut leben. Es gibt noch immer viel freies Land, Fisch und wilde Tiere und eine Menge Nahrung. Nur kalt ist es dort. Als Vegetarier dort zu überleben, dürfte sehr schwierig sein.

Wenn die kanadischen Städte auch ungleich sicherer sind

als die US-amerikanischen, so müssen sich trotzdem zu viele Menschen zu wenige Ressourcen teilen.

Grönland
Mit Ausnahme gewisser Vulkanaktivitäten eine sichere Gegend.

Die Vereinigten Staaten
Hier sind in erster Linie die großen Städte unter allen Umständen zu meiden. Lange vor den Städten Europas wird es mit Amerikas Großstädten bergab gehen. Die AIDS-Epidemie wird, zusammen mit anderen neuen Krankheiten, die Gesundheitsdienste so sehr in Anspruch nehmen, daß für andere Kranke keine Pflege mehr möglich ist. Das wird zuerst New York und San Francisco treffen; andere Städte werden folgen.

In den nördlichen Teilen der USA und Kanadas wird es einige sichere Gebiete geben. Einige Bundesstaaten im Südwesten werden von bedeutsamen Veränderungen betroffen sein. Der mittlere Westen wird größtenteils Wüste werden. An der Ostküste ist das Hauptproblem, daß dort zu viele Menschen leben. Wer überleben will, muß sich von diesen übervölkerten Landstrichen entfernen. Dort werden sich die Müllberge auftürmen, und die Wasserversorgung wird unter üblen Umweltgiften leiden.

Außerdem ist eine Reihe von Erdbeben zu erwarten, besonders eines davon in Kalifornien, das großen Schaden anrichten wird. Ein weiteres wird sich im mittleren Westen ereignen und möglicherweise zur Entstehung eines neuen Sees führen; der Mississippi wird daraufhin seinen Lauf ändern. Erdbeben wird es auch in Süd-Carolina, im Gebiet von New

York, in Nord-Carolina, in Montana, Alaska und Arkansas geben.

Die Nordostküste zwischen Boston und Washington D. C. wird wegen der Umweltvergiftung, großer Epidemien und wegen Erderschütterungen unbewohnbar.

Die gesamte Ostküste wird von Überschwemmungen und schweren Hurrikanen in Mitleidenschaft gezogen.

Ein neuer Tag bricht an

Nachdem wir nun einen Überblick über das Geschehen in verschiedensten Gebieten der Erde gewonnen haben, muß ich noch einmal darauf zurückkommen, warum diese Reinigung der Erde notwendig ist. Zu viele Menschen leben nicht mehr im Einklang mit der Erdmutter.

Diese Verrückten sind emsig damit beschäftigt, Dinge zu erschaffen, die andere Lebensformen auf der Mutter Erde zerstören. Damit der Planet überleben kann, müssen daher einige Veränderungen vollzogen werden. Die kreativen Mächte, die mit dem Großen Geist zusammenarbeiten, rufen die anderen Teile der Schöpfung auf, die Erde zu reinigen und neu zu erschaffen. Die Erde schüttelt sich in gewaltigen Erdbeben. Die Luft gebiert ungeheure Hurrikane und Tornados. Blitze senden ihr Feuer herab und verursachen große Waldbrände. Und die Vulkane sollen ihre Glut ausspucken. Das Wasser wird zu einer Waffe gegen die Menschen und bringt Stürme und Flutwellen mit sich. Die Insekten breiten sich aus und fressen die Ernten auf. Die Vögel bilden große Horden und verursachen Probleme. Alle Elemente der Natur erheben sich gegen die Menschen.

Nach dieser Phase der Reinigung werden wir in das eintreten, was wir die Fünfte Welt nennen. Die Menschen, die in diese neue Welt eingehen, kommen aus allen Teilen des Globus zusammen, doch sie werden denselben Bewußtseinsstand haben.

Manchmal träume ich, ich sei an einem Ort, wo eine kleine Gruppe von Menschen über einen Hügel herannaht. Wir umarmen uns alle und rufen aus: »Bruder, Schwester, du hast überlebt!« Es gibt keine Ismen mehr. Wir sagen nicht mehr: »Welcher Religion gehörst du an? Wozu gehörst du?« All das hat keine Bedeutung mehr.

Zu den Umwälzungen, deren Zeugen wir werden, gehört auch, daß ein Teil der alten Traditionen der Naturvölker wieder lebendig wird. Im Jahr 2000 werden dir viele Dinge überflüssig erscheinen; vieles wird nicht mehr in allen Lebensbereichen funktionieren.

Ich habe aus persönlicher Erfahrung gemerkt, daß ich mit oder ohne all den Komfort unserer Zivilisation funktionieren kann. Wenn ich weit reisen möchte, bemühe ich ein Flugzeug. Wenn ich aber in Spokane aus diesem Flugzeug aussteige und auf dem Highway nach Vision Mountain ein überfahrenes Reh finde, dann weiß ich, daß das frisches Fleisch ist. Ich hänge es an einem Baum auf und zeige meinen Schülern, wie man es häutet. Es wird zu einem Bestandteil der Tageslektion.

Ich habe überhaupt nichts gegen Glühbirnen, aber wir haben die Technologie mißbraucht. Wir machen in einem solchen Ausmaß Gebrauch davon, daß sie mehr als alles andere zur Zerstörung der Erde beiträgt. Um es klar zu sagen: Die Menschen haben mit ihrer extremen Technologie ein solches Chaos in ihrem eigenen Nest angerichtet, daß sie in Kürze überhaupt nicht mehr darin leben können.

Der Zweck der Großen Reinigung besteht darin, Mutter Erde von den Zerstörern zu befreien und diejenigen, die nach heiligen Regeln leben wollen, wieder zu einem natürlichen Denken in einer natürlichen Welt zurückzuführen.

Danach werden wir nur noch Menschen begegnen, die wissen, wie sie sich anstrengen müssen, und wie sie lernen können. Sie werden wissen, daß sie nur deshalb überlebt haben, weil sie versuchen, in Harmonie und im Gleichgewicht mit der Natur zu leben.

Es gab eine Zeit, da die ganze Schöpfung dieselbe Sprache sprach. Doch der egoistische Mensch maßte sich an, den Rest der Schöpfung für sich zu mißbrauchen. Er vergaß die gemeinsame Sprache und konnte nicht mehr mit den anderen Lebewesen des Planeten kommunizieren. Infolgedessen hat die Natur heute Angst vor den Menschen.

Nach der Großen Reinigung werden wir die Sprache der Natur wiedererlernen. Wir werden wieder lernen, das Land zu bewohnen, ohne es zu verletzen. In dem Maße, wie der Mensch wieder in Einklang mit der Natur lebt, wird er auch besser in seinem Körper leben.

Sind die Menschen nicht länger in Streß und innerer Unruhe, wird der Große Geist ihnen ein längeres Leben bescheren. Die Inkas in Peru behaupten, sie wären früher 350 Jahre alt geworden. Viele meiner Stammesangehörigen wurden 120 bis 140 Jahre alt, bevor der weiße Mann auftauchte. Die Medizinmänner lernten von den Bären. Manche von ihnen praktizierten eine Art Winterschlaf, schliefen im Winter und erwachten wieder im Frühling.

Es heißt, daß wir nach den großen Veränderungen wissen werden, wie man den Körper verjüngt. Das wird einfacher werden, weil wir nicht mehr von Leuten umgeben sind, die die Luft, den Boden und das Wasser vergiften. Wir werden wirklich gute Nahrung und saubere Luft und sauberes Wasser vorfinden. Weniger Menschen werden um die natürlichen Ressourcen zu kämpfen haben. All die kleinen Ego-Spielchen werden ein Ende haben.

Wenn man in Harmonie lebt und seine Gedanken nach heiligen Maßstäben ausrichtet, kann man viele Dinge tun. Der Alterungsprozeß verlangsamt sich, wenn man nicht ständig im Krieg mit dem Großen Geist liegt. Der Geist wird unser alleiniger Lehrer. Wir müssen wieder so viel erlernen, daß wir diese Hilfe auch brauchen.

In den Lehren meines Volkes gibt es Stufen der Macht. Die achte Stufe hat erreicht, wer sich ständig auf derselben Ebene befindet wie die Geister, wer mit ihnen spricht und mit ihnen denkt. Während und nach der großen Reinigung werden viele der großen Geisterlehrer menschliche Gestalt annehmen und unter uns wandeln.

Schon jetzt versuchen viele von uns, der Natur beizustehen. Auf dem Vision Mountain haben wir in all den Jahren, die wir dort gewohnt haben, das Jagen verboten. So konnte das Wild sich wieder erholen. Wir haben es im Winter gefüttert. Wir pflanzen Bäume an, von deren Samen sich die Vögel ernähren können, um sie wieder heimisch werden zu lassen.

Nach der Großen Reinigung wird ein Großteil der menschlichen Arbeit darin bestehen, das Gleichgewicht in der Natur wiederherzustellen: Wüsten und kahlgeschlagene Landstriche müssen wiederaufgeforstet werden; vom Aussterben bedrohte Tierarten müssen geschützt werden. Wir werden lernen, wie man das Land bestellt, ohne es zu schädigen; wir werden die Zeremonien, mit denen der Erde und den Elementen Ehre erwiesen wird, wieder erlernen; wir werden den Anweisungen unseres Schöpfers, wie wir die Erde erneuern sollen, lauschen.

Es gibt alte Tänze, die der Erneuerung der Erde dienen sollen. Die Menschen werden wieder die Zeit finden, diese Tänze und andere heilige Prozeduren zu erlernen. Wir müssen wieder lernen, daß wir auf der Erde sind, um zu tanzen und glücklich zu sein.

Wenn sie die Erde heilen, werden die Menschen gleichzeitig auch sich selbst heilen, denn es wird keine Getrenntheit mehr geben.

Wer in den Vollbesitz seiner Menschlichkeit gelangt, wird nie wieder Angst haben und alle Herausforderungen des Lebens gelassen annehmen. Er kann es sich erlauben, zu aller Welt großherzig und warm zu sein, weil er keine Angst mehr haben muß, daß irgend jemand ihm etwas wegnehmen will. Er wird das eigensüchtige Besitzstreben, das die Leute heute als Liebe ausgeben, abwerfen.

Die ganze Schöpfung wird wieder ein großes Ganzes werden. Wir werden wieder auf ein schönes, unberührtes Land blicken. Es wird ein wiederhergestelltes Paradies sein. Es wird gut sein.

12
Das Arbeitsbuch für die neue Erde

Nun, da du gelesen hast, was auf der Erde geschieht und was die Zukunft bringen wird, ist es an der Zeit, etwas zu unternehmen, damit du dich von allen Resten dieses »dinosaurierhaften Denkens«, die noch in dir stecken, befreist. Dieses Kapitel soll dir dabei eine Hilfe sein.

Das hier ist das Arbeitsbuch, deine Möglichkeit, dich mit eigenen Methoden auf die Veränderungen einzustellen. Nimm ein Umweltpapier zur Hand und schreib auf, was dir dazu einfällt. Einmal im Monat solltest du deine Papiersammlung herausnehmen und deine Ziele überprüfen. Überlege, was du tun kannst, um die nichterfüllten Vorsätze zu erreichen. Feiere die, die du erfüllt hast.

Vorbereitung auf die große Veränderung

– Ich werde folgendes tun, um mehr über das Land, in dem ich lebe, über die Wahrscheinlichkeit von Klimaveränderungen und Erdbeben zu erfahren.
  Aktivität:
  Datum der Ausführung:

– Wenn ich die potentiellen Gefahren in meiner Umgebung kenne, werde ich folgendes tun, um mich darauf vorzubereiten.
Aktivität:
Datum der Ausführung:

– Ich werde folgendes tun, damit auch andere Menschen von diesen Gefahren erfahren und hören, wie sie sich darauf vorbereiten können.
Aktivität:
Datum der Ausführung:

– Ich werde meine Überlebensausrüstung für das Auto zusammenstellen, sie wird am fertig sein.
Sie wird folgendes enthalten:

– Ich werde meinen Fünf-Tage-Vorrat bis zum packen.
Er wird folgendes enthalten:

– Ich werde mir eine klare Vorstellung davon machen, wohin ich mich zurückziehen würde, wenn in meiner Stadt etwas passieren würde, und zwar bis zum:

– Ich werde diesen Ort bis zum vorbereiten.

– Meine Wasserquelle wird sein:

– Meine Lebensmittelvorräte werden in folgenden Behältern gelagert:

– Meine Nahrungsvorräte werden bis zum fertig sein.
Sie werden enthalten:

– Meine Kleidungsvorräte werden bis zum gelagert sein.
Sie werden enthalten:

– Meine Medikamentenreserve wird bis zum fertig sein.
Sie wird enthalten:

– Welche Pläne habe ich in bezug auf ein gemeinsames Netzwerk mit anderen?

– Welche Pläne habe ich, um die Erde besser zu hören?

Wie heile ich die Erde jetzt?

Bei allen folgenden Übungen setze bitte ein Ausführungsdatum nach jedem Punkt, den du dir vornimmst:

- Ich werde zu den Bewahrern meines Lebensraumes in folgender Weise beten:

- Ich danke zuerst den Regengeistern.

- Ich werde Wettergeister anrufen, wie man den Regen macht.

- Ich werde meinen Lebensraum in Übereinstimmung mit dem Wetter so gestalten:

- Ich werde meine Heizung nicht höher einstellen als:

- Ich habe noch folgende andere Ideen, wie ich einen Bezug zum Wetter finden kann:

- Ich habe vor, folgendes zur Unterrichtung anderer Menschen über die Überbevölkerung zu unternehmen:

- Ich werde aufhören, soviel Wasser in meiner Toilette zu vergeuden.

- Ich werde folgendes tun, um meinen Wasserverbrauch zu reduzieren:

- Ich werde einen Wasserfilter oder abgefülltes Wasser verwenden.

- Ich werde bei folgenden Gelegenheiten Abwässer benutzen:

- Ich werde den Wassergeistern danken.

- Ich werde in diesem Jahr meinen ersten Garten anlegen.

- Ich werde mich über neue Methoden der Bodenbestellung erkundigen.

- Ich werde kompostieren lernen.

- Ich werde mich mit Geschäften befassen, in denen die Erde respektiert wird.

- Ich werde mit folgenden Firmen und Individuen Geschäfte machen:

– Ich werde bis zum mit dem Rauchen aufhören.

– Ich werde mich über biologisch abbaubare Reinigungsmittel informieren und sie benutzen ab:

– Ich werde auf harte Chemikalien verzichten und sie durch ersetzen.

– Ich werde herausfinden, wie meine Gesetzgeber mit der Erde umgehen und dann:

– Ich werde folgendes tun, um der Umwelt zu helfen:

– Ich werde Naturvölker unterstützen durch:

– Ich werde mich um folgende Straße kümmern:

– Ich werde zu folgenden Produkten aus Umweltschutzpapier greifen:

Ich werde künftig auf Dosengetränke verzichten.

– Ich werde meine Haushaltsgeräte überprüfen.

– Ich werde aus folgenden Gründen folgende Produkte boykottieren:

– Ich werde folgendes tun, um der Entwaldung entgegenzutreten:

– Ich werde meinen Energieverbrauch auf folgende Weise einschränken:

– Ich werde folgendes wegen der Atomanlagen unternehmen:

– Ich werde Sonnenenergie aktiv unterstützen.

– Ich werde aufhören, FCKWs zu benutzen.

– Ich werde kein Styropor mehr benutzen.

– Ich werde den Gebrauch meines Autos einschränken.

– Hier ist mein persönlicher Recycling-Plan:

– Hier sind einige andere Ideen, wie ich der Erde helfen könnte:

Einstellungen

– So sieht mein persönlicher Plan aus, wie ich mich meiner alten Konditionierungen entledigen kann:

– Das sind meine Vorstellungen über eine neue Erde.

– So sehen meine Vorschläge für eine Veränderung meiner eigenen Person aus, damit ich aktiv diese neue Welt mitgestalten kann.

– So werde ich anderen helfen, den neuen Tag zu erreichen.

Sun Bear & Wabun

Das Medizinrad

Eine Astrologie der Erde

Sun Bear & Wabun: »Das Wissen des Medizinrades wird in unserer heutigen Zeit dringend benötigt. Wir glauben, daß eine wachsende Menschlichkeit einhergehen muß mit einem besseren Verständnis unserer Umwelt. Gerade die Entfremdung des Menschen von seiner natürlichen Umwelt ist die Ursache vieler Probleme.

Mit diesem Buch fordern wir euch auf, eure Vorurteile beiseite zu werfen und mit uns in eine magische Welt hineinzutauchen, in der alle Dinge mit euch verbunden sind. In unserer heutigen Zeit neigt man dazu, die Erde als eine bloße Kulisse für das menschliche Tun und Treiben, und Mineralien, Pflanzen und Tiere als bloße Diener der Menschheit zu betrachten. Längst haben wir vergessen, daß sie auch unsere Lehrer sein können; daß sie in uns eine Welt von Gedanken und Gefühlen erschließen können, gegen die sich das menschliche Herz schon viel zu lange verschlossen hat.«

Ein gebundenes Buch im Goldmann Verlag
ISBN 3-442-30510-1

Ein Taschenbuch im Goldmann Verlag
ISBN 3-442-12108-6

Sun Bear

Der Pfad der Kraft

Sein Weg, wie er ihn Wabun und Barry Weinstock erzählt hat

Dies ist die Lebensgeschichte des indianischen Medizinmannes und Lehrers Sun Bear. Zugleich ist es auch die Beschreibung einer spirituellen Suche, die uns einen Weg eröffnet, den jeder gehen kann und den Sun Bear mit seinen Büchern und Vorträgen als Rückwendung zu tiefer Natur- und Erdverbundenheit lehrt. Er berichtet, wie er zur Vision des Medizinrades fand, warum er seinen eigenen aus Indianern und Nicht-Indianern bestehenden Stamm gründete und von welchem Nutzen die indianische Vision dem abendländischen Menschen sein kann.

Ein Taschenbuch im Goldmann Verlag
ISBN 3-442-11801-8

Leben mit der Kraft

Ein Selbsthilfebuch für das Leben in der Wildnis

Der Mensch und die Erde, auf der er lebt, sind eins. Dies ist die uralte indianische Weisheit, die sich Sun Bear und sein internationaler Bären-Stamm zur Leitlinie gewählt haben. Nur wer diese Regel beherzigt, ist fähig, in der Wildnis zu überleben. Denn die vom Abendland seit Jahrunderten praktizierte Vorstellung, die Natur sei ein Gegner des Menschen, den er erst zähmen und unterwerfen muß, haben die Indianer schon lange als falsch erkannt. Dieses Buch erleichtert die Rückkehr zur Mutter Erde.

Ein Taschenbuch im Goldmann Verlag
ISBN 3-442-11822-0